JN027015

関東大震災 神奈川県 朝鮮人虐殺関係資料

姜徳相
山本すみ子 共編

三一書房

はじめに

「朝鮮人虐殺の史料は、もう出尽くした」とよく聞く。また「朝鮮人虐殺の調査は絶対にやっているはずだ。だからその史料は、どこかにあるだろう」とも聞く。

何とその史料が見つかったのだ。それも徹底的に隠蔽された横浜・神奈川の官憲による調査報告なのである。この史料を発見したのは、朝鮮人虐殺の研究者第一人者、姜徳相先生である。一〇〇年近くの時を経て、史料が自ら先生の手元にやって来たような不思議な感じさえする。

「関東大震災時の朝鮮人虐殺を究明する横浜の会」は、かつて横浜での虐殺証言集をパンフレットにして発行していた。姜先生は、この新たに発見された横浜の調査報告と証言集を一冊にまとめ横浜・神奈川の資料集として刊行しようとかねがね言っておられた。

人の命は有限だが、その限界がわかった時、人は何を考えるだろう。穏やかな日を過ごすことで幸せを感じて逝く人もいるだろうし、好きなことをして幸せを感じて逝く人もいるだろう。

姜先生にとって、それは『呂運亨』3巻と4巻を発行すること、横浜・神奈川の関東大震災時の新史料をまとめて発表することだったのではないか。

生前、先生の机上に堆く積まれていた呂運亨の原稿。それは大変な作業を経て整理され出版された。虐殺調査史料については、時期、住所、番地まで把握し、それを確認する作業を現場にあたりながら始めていた。闘病中の姜先生は進行について気にされていたので、作業報告をしに行ったりもした。

同じ頃、文化センターアリランでの姜ゼミのメンバーたちが姜徳相先生のオーラルヒストリーをまとめようと、先生の病状の良い時に合わせて聞き書きを始めていた。

作業の大詰めにかかる頃、コロナ禍とも重なり、同時進行は困難を極めた。

そこで私たちは先生と話し合い、横浜の虐殺問題は後回しにすることにして、まずはオーラルヒストリーをまとめることを優先することを確認した。そのオーラルヒストリーは『時務の研究者　姜徳相――在日として日本の植民地史を考える』(二〇二一年、三一書房)として先生の元に届けることができた。姜先生がお亡くなりになる二ヶ月前のことである。

姜先生もお孫さんたちに本を手渡すことが出来たと喜んでおられた。

一方、コロナ禍が続く中で『虐殺史料』の方は手付かずになってしまった。

在日史学のパイオニアとしてその生涯を生きられた姜徳相先生がご存命であったならば、と日々思いながら編集を再開し、関東大震災時の朝鮮人虐殺から一〇〇年となる今年、ようやく『神奈川県　関東大震災朝鮮人虐殺関係資料』としてまとめることができた。執念の思いで史料を発掘された姜徳相先生に感謝とともに本書を捧げたい。

今後も新たな史料が出てくるに違いない。その事実にどう向き合い、乗り越え、生きていくのか、どんな社会を次の世代に引き渡していこうとするのか、私たちは問われていると思う。

目次

〈凡例〉

一、各史料における旧字表記などはできるだけ新字に改めた。（例：神奈川縣→神奈川県、團→団、髙→高など）

二、「鮮人」「支那人」など、差別表現が含まれるが、これらに関しては当時の表記のままとした。

三、各史料中、誤記と見られる単語、数の不明箇所（合計数が合わない等）が何ヶ所かあったが、そのままとした。

四、判読不明箇所については＊とした。

五、編者の注には※を付した。

1

鮮高秘収第22号（大12・11・21）

震災に伴う朝鮮人並に支那人に関する犯罪及び保護状況其他調査の件

解説

山本すみ子

この史料は、生前姜徳相先生が発見した大変貴重な史料である。

当時一九二三年から現在二〇二三年に至るまで、日本政府は横浜の朝鮮人虐殺は〇で、神奈川県では橘樹郡の二件だけであると徹底的に隠蔽し続けてきた。そのことが今まさに覆されようとしている。これまで隠蔽し続けてきた政府は、史料が見つからないと私たちを騙し続けてきたことについて厳しく責任を問われなくてはならない。

この史料は、朝鮮人虐殺一〇〇年に歴史事実を明らかにするだろう。

（姜徳相先生が亡くなられた後、ご自宅に保管されていた膨大な蔵書・史資料はそのほとんどが韓国に送られ、現在「姜徳相資料センター」の準備が進められている。この史料の原本も同センターに収蔵されている）

「朝鮮人保護状況調」

この史料にはいくつかの調査がまとめられている。

保護とは朝鮮人・中国人を保護という名の拘束である。神奈川県全体を見ると山間部を除いた地域ではほとんどが行なわれていた。横浜市はほとんどの警察署で保護拘束をしている。神奈川警察署以外は震火災に遭い仮警察本部で、あるいは近くの学校その他事業所などを借り収容している。横須賀は軍の施設を利用、その他の地域は警察、事業所、雇主の自宅など利用している。

そこでの給食状況は、「食事を給し、寝具を貸与」「食糧を給す」がほとんど、「保護中の状況」は「労務に服せしめず」がほとんど、所により「任意労働」をさせているところもある。

この中に「華山丸」での収容も入っている。「華山丸」の収容は、横浜の警察に保護検束されていた朝鮮人を船（華山丸）に移動したのである。九月八、九日に移動している。華山丸での保護検束中の状況は、「食料品を給し、医師を派遣傷病者の手当を為さん」「労働に服せしめず」と記録されている。詳しくは「甲板上にて風雨に曝されほとんど無塩無菜の握飯一個宛一日二回の配給を受けし為め、空腹を訴ふること甚だしく、夕食には一日分を一度に平らげし」（『横須賀震災誌』）状態であった。また一二日には、船内に診療所を設置したことからも相当数の負傷者がいたことが分かる。「傷病者三六名中、脚気、胃病患者一六名の外に皆重傷にして刀剣、竹槍の創及針金にて手首を強く縛られたる深き環状の創等凄惨を極め」（同前）という状況であったようだ。

華山丸に収容された朝鮮人はその後、九月二三日に労働に従事するため二二一名が横須賀海軍工廠へ向かった。「明日から労働」という訓示があったが、二七日まで休養せざるを得なかったほど健康状態はひどかったようである。

「支那人保護状況調」

朝鮮人と同じく警察に収容されている。横浜では、戸部、神奈川、都筑郡の都田警察署、そのほか高座郡の藤沢警察署と橘樹郡の鶴見警察署だけである。収容中の「主たる保護者」は朝鮮人は「警察署」となっているが、中国人は「署長」である。外国人と植民地支配の人間とは微妙に違う扱いを感じる。休養状況は「保護者に於いて食事を給す」であり、状況は、「鮮人と共に休養せしむ」である。

「朝鮮人の犯罪事件調」

すでに「政府発表による事件調査」の中で、「横浜地方裁判所管内に於ける鮮人の犯罪」として一五件の内五件は発表されている。発表の五件は、「微罪処分」であったり、犯人が死亡してしまったり、帰国してしまっている。残りの一〇件はなぜ発表しなかったのであろうか。発表した五件と違うところは、「民衆捕獲」「即時付近民衆が殺害」である。つまり、「薬品のような物を持っていた」「目潰しをした」「放火の疑い」「窃盗」という理由で捕獲即殺害である。これは虐殺ではないか、犯罪として成立するのか疑問である。

「内地人の朝鮮人に対して行いたる殺傷事件調」

この調査がいわゆる朝鮮人虐殺事件である。事件は五九件で、殺人五七件一四五人、傷害二件四人である。この事件のうち四三件と圧倒的多数が横浜市である。他の地域は、当時から県の報告の中で明らかになっていて、被害者はほとんどが名前、職業が明らかになっている。それに比べると横浜は四三件と圧倒的多数の事件であるが、名前が明らかなのはたったの二件である。

まず順に調べてみよう。犯罪の日時、場所は明確である。場所は番地まで明らかで、その先と明記してある。日時もはっきりしている。午前午後、時間もはっきりしていることが多い。その場所に訪れそこに立ち、目を瞑ると当時の風景が浮かんでくる。

次は犯罪の動機目的である。これは全件同じである。「鮮人犯行の喧伝を誤信し恐怖と不安に藉られたる結果」犯行に及んだのである。犯罪事実は、朝鮮人の犯行の喧伝があり、自警中、犯罪を敢行すると想像して虐殺したというのがほとんどである。横浜の場合、被害者の住所はほとんど不明である。職業は人夫体、土方体、労働者体、土工風、人夫風、労働者風、いろいろあるが、どう違うのか分からない。名前はほとんど不明である。年齢はいろいろ記入がある。他の地域は名前が分かっているので職業その他大体明らかである。

罪名は殺人、傷害である。被検挙者は横浜市内では氏名、住所、職業もほとんど不明である。検挙の顛末、処分結果は捜査中である。ということは何も分かっていないということではないか。横浜以外の地域ははっきりと分かっているが横浜地域は火災があったとはいえ年齢や職業等が読み取れていてなぜ名前が分かってないのであろうか。犯罪の動機目的が同じで、殺人ならば戦争と同じではないか。それならば、被害者と被検挙者を調べるべきだ。なぜ横浜地域だけ明らかにしないのか。一体この人たちの死亡届は出されているのだろうか。そして故郷に知らせてあるのであろうか。もし知らせてあるならば遺族を見つけることができるであろうに。なかなか見つからないのはどうしてだろうか。多くの疑問が残る。

当時の法律、旧戸籍法第一二二条は「死亡者の本籍が明らかでなく又は死亡者を認識することのできない場合においては警察官は検視調書を作りこれを添付して遅滞なく死亡地の市町村に死亡の報告をしなければならない」となっている。群馬県の藤岡の虐殺は警察が法律に従って届けてあるようだ。横浜はやってないのだろうか、疑問が残る。

「内地人の朝鮮人と誤認して行いたる殺傷事件調」（イ）内地人の支那人に対して行いたる殺傷事件調

全県で三件である。橘樹郡鶴見で二件、足柄下郡で一件である。足柄下郡の事件は、当初より調査が行なわれ、明らかになっているが、鶴見の事件も明らかになっていた。犯罪の動機目的は、三件とも同じで「当時鮮人犯行の風評を誤信して激昂の結果」である。鶴見において一件は傷害致死事件であり、被害者、被検挙者不明、もう一件は傷害であり、被害者は名前もはっきりしていて、被検挙者不明である。足柄下郡の事件は、殺人及び傷害であり、被害者は名前もはっきりしているが、被検挙者は不明、しかし検挙しうる見込みとなっている。

「内地人の朝鮮人と誤認して行いたる殺傷事件調」（ロ）内地人の台湾人に対して行いたる殺傷事件調

これは記事なしと記入され斜線が引かれている。「ない」ということであろう。

「内地人の朝鮮人と誤認して行いたる殺傷事件調」（八）内地人の内地人に対して行いたる殺傷事件調

全県で九件である（調査では一〇件となっている）。横浜市内六件、都筑郡が二件、高座郡一件である。殺人が七件、傷害が三件である。すでに横浜裁判所に於いて審理中が五件、捜査中が二件である。被害者は全てわかっている。

ここの部分の調査が朝鮮人が虐殺されたのに比べるとあまりにも差がある。

ここでの調査で一つ理解に苦しむ問題がある。横浜市の神奈川警察署の動きである。神奈川警察署は横浜に七警察ある中で唯一震火災に遭わなかった警察署である。それゆえ朝鮮人、中国人を収容することは他の警察に比べれば容易なことであった。神奈川警察署管内は、朝鮮人も、中国人も他の地域に比べればはるかに多く居住している。もちろん、『大正大震火災誌』にもそう書いてある。

> 鮮人の大多数は各警察署に収容し、後ち横浜市内各署及鶴見、川崎両警察署に於て保護中の者は当時横浜港内に停泊中の華山丸に七二三名を収容し水陸の交通を断ちたるため、少数の警察官にて保護の好果を収め得たると共に、鮮人も安神して官憲の保護に服従したるか。

西坂勝人が個人で出版した『大震火災と警察』にはもっと明確に書いてある。

> 二日から三日に亘り、不逞鮮人来襲の蜚語喧伝され、人心非常に殺気立ち鮮人の身辺頗る危険に瀕し同時に支那人労働者も鮮人と誤認される虞があったので、部内で労働に従事した鮮人二五七名、支那人二三五名を署内に収容して保護を加え鮮人は同月八日汽船華山丸に、支那人は同月一二日神戸在留同国人救援団に、何れも無事に引き渡した。

これは神奈川警察署の一般状況の中の文章であり、神奈川警察署は九月二、三日から朝鮮人、中国人を収容し、朝鮮人は八日に華山丸へ引き渡し、中国人は神戸の救援団に引き渡したということである。

しかし、新史料には、神奈川警察署は九月二、三日の収容記録がないばかりか、八日に華山丸に引き渡したという記録もない。新史料によると、初めて収容するのは九月一四日であり、その日に華山丸に引き渡している。では収容したというのは嘘なのか。いや目撃証言がある。

もうこれ以上歩きつづけるのは無理と観念し通りがかりにあった警察に三人は飛び込んだ。たき出しの握飯と沢庵づけがあった。それを無断でしたたか食った。「戦場のような」警察では私たちに注意する者などいなかった。三人は奥まったところにあった畳敷の部屋を見つけて寝てしまった。朝になって見ると廊下の向うは留置場で、朝鮮人がぎっしり入れられて立っていた。この警察は東神奈川署であった。(『一本の道』小林勇、岩波書店、一九七五)

小林勇さんは三日に鎌倉へ向かって東京を出発し、品川で貨車に乗り、六郷で降ろされ、その後は線路を歩き続け、東神奈川を少し行った所で警察署に飛び込んだ。そこで寝てしまったので留置場の朝鮮人を見たのは四日になる。新史料が正しいとするなら、ここにいた朝鮮人はどこへいってしまったのか。疑問が残る。五〇〇人近い朝鮮人と中国人はどこへ行ったのであろう。

また、横浜市以外に鶴見、川崎警察署からも華山丸へ送っているといろいろな資料に書かれている。しかし鶴見署からは送っているが川崎警察署からは送っていないのである。川崎署は収容もしていない。それなのに、なぜ川崎が鶴見とセットで送ったとなるのだろうか。

華山丸収容の人数で、神奈川警察署と川崎警察署において、何か隠された問題があるのではないかと想像してしまう。

ここで殺された被害者について見てみよう。住所も名前も職業もわかっているのはたった五件である。横浜市一名、橘樹郡二名、高座郡一名、足柄下郡一名である。横浜市はほとんどが殺された人が誰だかわかっていない。なぜだろうか。

横浜で四二人の朝鮮人が集団で殺されたところがある。彼らは内務省横浜土木主張所に雇われ、日本人の労務係のもとで一〇〇余人が働いていた。現在の国土交通省の京浜ドック（ドライドック）建造の基礎工事を行なっていたのである。

当時山ノ内町の埋立地と浅野船渠との中間に造函船渠を建造すべく一〇〇余名の鮮人人夫と共に、その掘鑿に余念がなかった私は、締切決壊に依る奔流と地面の亀裂とに脅威を感じつつ、兎に角夫々避難を完うしました。（『横浜市震災誌　第五冊』横浜市役所市史編纂係、一九二七年）

朝鮮人労働者たちは、おそらく飯場に戻ったのだろう。そして次の日の昼過ぎ二時頃警察に先導された自警団に急襲されたのである。自分の使っている朝鮮人はどうしているかと見にきた労務係の日本人がその直後見た風景は何だったのだろうか。

何せあの大袈裟な朝鮮人騒ぎ、そんな馬鹿なとは思い乍らも、矢張り尠なからず恐怖に襲われて居りました。放火・強盗・毒薬・追う人・追はれる人、正に剣戟の巷です。ふと自分達の使って居た忠実な鮮人達に思ひ及んだ私は、或る不吉な予想に思はずぞっとしてしまいました。

「何」っていふ目的ではなかった様です。慌しく行き交う人々の間を、山の内町へと出かけた私は、予め予期した恐ろしい幾多の事件に打つ突かりました。
恐るべき人間の残忍性、それは遂に尼港の露助も此処のこのジャップも共通でした。(同前)

虐殺された朝鮮人は、襲撃されたのだ。飯場にいた朝鮮人は逃げる間もなく急襲されたのである。新史料では四二人、当時の新聞では五〇人とも八〇人ともされていた。その虐殺された朝鮮人の遺体はどうしたのだろうか。震災後の記録を見ると、「九月一四日警察署員無断にて鮮人屍体を焼かんとせるに付制止めしたる旨機械工場より報告」(『横浜港震害復旧工事報告』内務省横浜土木出張所)とある。その後どうしたのか分からない。この機械工場は、内務省の機械工場で、その中に朝鮮人労働者の飯場があった。

この時点で誰が虐殺されたのか調べていたならば職場の人たちだからわかるはずである。雇用者は一人ひとり遺体を確認する必要があったのではないか。そうしなければ役所から死亡届を受け取ることはできない。そして遺体の処置をきちんとし、ふるさと朝鮮、遺族の元へ送るべきではなかったのか。それが人としての取るべき道理ではないか。大正時代の民法では、届ける人がいない場合には警察官が届けるとなっていたはずだ。名前が分かれば遺族が見つかっているはずだ。この調査報告をする時でも実施すれば分かったはずだ。だが一切行なっていない。

横浜の虐殺は名前が分かっていない。分かっていないとはどういうことだろうか。どこに住んで何をしていたのか、誰と仲が良くて、家族は誰がいたのか、それらすべてが分からないのだ。それは、その人が生きてきた証を奪うことであり、その人の生きてきた尊厳を奪うことではないか。抹殺そのものである。

第二次世界大戦後、ドイツから始まった「躓きの石」の取り組みがある。アウシュビッツ・その他で虐殺されたユダヤ人の一人ひとりの住んでいた所の前の道路に一〇センチ四方の石を置く。といってもちょっと躓いてしまう高さである。そこには生まれた日、いつここから連れて行かれたのか、虐殺された日、名前が記入された石が建っているそうだ。

虐殺されたことで人生を奪われてしまったが、その人の生きていた証は大切にしていこうということではないだろうか。

姜徳相先生とこの虐殺の史料をもとに横浜から、浅間町、天王町、保土ヶ谷と調べながら回っていた時のことである。夕闇迫る保土ヶ谷駅近くの渡線橋上で「あちこちに碑を建てたいね」とそっと呟かれていたことを思い出す。その頃の先生のノートにはこんなことが書かれてあった。

「横浜の時間・場所を特定した史料の発見は、ドイツだったらあの街角、この寺の裏門、あの河畔に突然の死を悼む碑が建つであろう」と。

虐殺された同胞の一人ひとりに出会いながらの虐殺地廻りだったのではないだろうか。

被害者は見えないが、加害者はどうだろうか。加害者がわかっているのは四件である。横浜市一件、橘樹郡（川崎、鶴見）二件、足柄下郡一件である。横浜、鶴見、川崎は裁判中であり、足柄下郡は加害者が逃走しているので捜査中である。処分結果はほとんどが捜査中となっている。その後はいったいどうなったのか。


この調査には軍隊の虐殺の調査報告がない。軍隊の虐殺は九月終わりには明らかになっている。この調査の報告は一一月である。意識して報告しなかったのであろうか。

私たちは虐殺を明らかにしていくための資料としては、一、「在日本関東地方朝鮮罹災同胞慰問班」の調査　二、小学生、高校生の体験作文、大人の証言を参考にしながら虐殺の様子を含めて虐殺の跡を辿っていった。その中で、新しい史料と合致するところはいくつかあるが、少ない。以下に示す。

	新史料	虐殺数	証言資料	虐殺数
1	橋本町2-1　宝町1-2（内務省雇用）	42	内務省機械工場（浅野造船所前広場）	50 or 80 42 or 48
2	青木町字反町681先	3	反町遊廓裏門辺り	17、8
3	大岡町719先（2日にわたって）	2	大岡町の虐殺	不明
4	市内中村町1366番地先	6	東坂の虐殺	不明

（横浜市内のみ）

新史料と証言などで一致するのはまだあるが新史料には多くの証言がある所、虐殺数の多い所の記録がない。新史料の中で、多くの人が目撃している中村橋を中心にした川に沿っての記録がないし、子どもたちが目撃している交番前の虐殺記録もない。また神奈川地域での神奈川警察付近での虐殺記録もないし、東神奈川付近の虐殺記録、鉄道に沿って子安から東神奈川の虐殺はあまりのひどさで「筆にできない」とさえ言われている記録も一つもない。一番虐殺数が多い神奈川鉄橋の虐殺記録もない。まだ他にもあるが、報告はかなり少なくしているのは事実だ。それはなぜなのか。当局の姿勢を疑う。

しかし、発見された調査報告を見る限り、このような実態調査をしていたこと、そして上部機関に報告していたことが明らかになった。これまで神奈川県は虐殺されたのは二名、横浜は〇であるとされてきたのだ。少ない報告とはいえこれを隠蔽してきたことは明らかである。政府は虐殺があった事実を素直に認め謝罪せねばならない。

また虐殺はどのように起こったのかがはっきりしてきた。流言をばら撒き、拡散して民衆のレイシズムを煽り、「朝鮮人ならば殺してもよい」と虐殺へと民衆を誘導組織していったのは横浜では警官であった。まさにジェノサイドを組織していったのは国家権力である。

現在起こっている、ヘイト・スピーチ、ヘイト・クライムも同じ構造である。

私たちは関東大震災における朝鮮人虐殺の教訓を学び、再び同じことがくり返されることがないよう、これからも史実を掘り起こし続けるとともに、国家責任・民衆責任を問うていかなければならない。

鮮高秘収第二二号

大正十二年十一月廿一日

神奈川県知事　安河内麻吉

警保局長　園田忠彦殿

震災ニ伴フ朝鮮人並ニ支那人ニ関スル
犯罪及保護状況其他調査ノ件

客月二十七日付警保発第三三号ノ一貴官御通牒ニ係ル標題ノ件別紙ノ通リニ有之候条此段及申報候也

朝鮮人保護状況調　神奈川県

保護期間	保護収容ノ場所	主タル保護者名	被保護人員 男女別	自ラ保ゴ方ヲ申出デタルモノノ数	各官庁ニテ予メ収容シタルモノノ数	自警団等ノ同行シ来リタルモノノ数	其他	給養状況	保護中ノ状況	保護解除後ノ状況	其他参考事項
自九月二日至仝八日	横浜市救護所	伊セ佐木町警察署	男		◦一三			食糧ヲ給ス	労務ニ服セシメズ	九月八日収容ノ場所狭隘ヲ感ジ横浜港淀泊中華山丸ニ移シタリ	
			女								
自九月十八日至仝十九日	伊セ佐木町警察署	同	男		◦一			同上	同上	同上	
			女								
自九月二日至仝二十日	新山下町信号所	加賀町警察署	男				四	同上		九月二十日罹災証明書ヲ給シ鉄道連絡船ニテ帰鮮ノ途ニ就カシム	間接保護
			女				五				
自九月四日至仝八日	寿警察署	同	男	◦一〇				同上	労務ニ服セシメズ	九月八日収容ノ場所狭隘ヲ感ジ華山丸ニ移ス	
			女	◦一三							
自九月十九日至十月二十五日	同上	同	男				一	日給九十銭宛ヲ給与ス	小使トシテ労務ニ服セシム	任意労働ノ為メ木賃宿ニ寄宿就業セリ	
			女								

（※人員数の右肩に付された◦印の意味は不明）

自九月二日至仝十四日	戸部警察仮事務所	同	男	○二九	○三四			食糧ヲ給ス	必要ノ都度労務ニ服セシム	内七名ハ其ノ希望ヲ容レ残留（次項参照）他、華山丸ニ移ス	
			女	○八	○一六						
自九月十三日至仝二十七日	同上	同	男		七			同上	同上	内一名ハ其ノ志望ニ依リ残留(次項)他ハ旧雇主ニ引渡シ労働ニ従事セシム	
			女								
自九月二十八日至十月二日	戸部警察署仮事務所	同	男		○一			食糧ヲ給ス	必要ノ都度労務ニ服セシム	本人ノ志望ニ依リ人力車輓子トシテ就業セシム	
			女								
自九月二日至同十四日	保土ヶ谷町帷子小学校	保土ヶ谷警部補派出所	男				九	一般配給品ヲ給シ寝具ヲ貸与ス	同上	各其希望ニ依リ旧ノ如ク労働ニ従事セシム	間接保護
			女			一					
同上	浅野セメント保土ヶ谷工場	土工親方斉藤政治	男				一三	保護者ニ於テ食事給シ且寝具ヲ貸与ス	同上	同上	
			女								
同上	鉄道工業株式会社保土ヶ谷工場	鉄道工業株式会社保土ヶ谷工場	男				六九	同上	同上	同上	
			女				四				

同上	富士瓦期紡績株式会社保土ヶ谷工場	同社	男				一三	同上	同上	同上	
			女								
自九月六日至同八日	山手本町警察署仮事務所	山手本町警察署	男	○一				食糧ヲ給ス	本人ノ望ミニ依リ警察署ノ雑役ニ従事セシム	華山丸ニ移シテ保護ス	
			女								
自九月二日至同九日	私人ノ邸宅	土工親方関根刄太郎	男		○四九			配給品ヲ支給シ寝具ヲ貸与ス	希望ニ依リ支給品ノ運搬ニ従事セシメタル外労働ニ服セシメズ	同上	
			女		○二						
自九月十四日至同十四日	神奈川警察署	同	男	○二九	○一三一	○七二		希望ヲ*嗜好品ヲ攝ラシム	労務ニ服セシメズ	内二一六名ハ希望ニテ當署ニ残留(次項)セシメ他ハ華山丸ニ移ス	
			女		○二二						
自九月十四日至同十九日	神奈川警察署	同	男		○一一六			食糧ヲ給シ嗜好品ヲ攝ラシム	労務ニ服セシメズ	内男六名ハ其希望ニ依リ労働セシメ他ハ華山丸ニ移ス	
			女		○九						

自九月三日至同九日	鶴見警察分署	同	男		°二二〇	°七〇		食糧ヲ給ス	同上	華山丸ニ移ス	
			女		°一一						
自九月二日至九月十四日	同上	同	男		一			同上	同上	本人希望ニヨリ従来ノ親方ニ託シテ労働ニ従事セシム	
			女								
自九月八日至九月十八日	横浜港碇泊華山丸	特別高等課及水上警察署	男		°六四〇			食糧品ヲ給シ医師ヲ派シテ傷病者ノ手当ヲ為サシム	同上		各項ノ収容人及＊＊ハ警察署等ニ残シタルモノ総計ナリ
			女		°六三						
自九月十九日至同二十三日	同上	同上	男		°六五一			同上	同上	二十二日十一名ハ其ノ＊引渡ス 二十三日内男七名ヲ従来雇用セシ親方ニ引渡ス 同日労働ニ従事セシムルタメ横須賀海軍工廠ニ移ス其数男二一〇女一二計二二二名	本収容人ハ引渡ノ数ニ神奈川署ヨリ十九日渡シタル三十名ヲ合セタルモノ
			女		四二						

			男	女	男	女	男	女	男	女				
自九月二十四日 至十月二日	同上	同上			○四三四	○五九					同上	同上	九月二十四日ヨリ九月三十日ニ亙リ男三〇〇女二八ヲ元雇用主ニ引渡シ任意労働ニ従事セシム	本収容員数ハ前項ノ残人員ナリ
自十月二日 至十月五日	同上	同上			○一二四	○二一					同上	帰鮮希望者ニ対シ朝鮮総督府発行ノ證明証及食糧十日分アンペラ及炊事ヲ給ス 他ノ者ニ対シテハ同上	十月二日朝鮮総督府ノ斡旋ニヨリ男一二一女一八八、朴ノ**ニテ**セシム男三八ノ取調ノ必要上神奈川署ニ残シ同日負傷シタル者三名ヲ社会館ニ収容ス、男七女一ハ其ノ希望ニヨリ大阪市ニテ労働ノタメ華山丸ニヨリ優輸送ス	本人員ハ**ノ残留ヲ示ス
自十月二日 至同十四日	神奈川警察署	同			○三	○一二					食事ヲ給シ傷アル者ハ手当ヲ為シ適宜嗜好品ヲ攝ラシム	労務ニ従事セシメズ	十月十四日本人希望ニヨリ朝鮮総督府発行ノ鎧明書及毛布十枚現金三拾円ヲ給シテ帰郷ノ途ニ就カシム	本人員ハ漸次****華山丸ヨリ移シタルモノナリ

自九月四日至同二十四日	都田警察署	同	男	一				食事ヲ給ス	本人ノ希望ニヨリ署内ノ雑役ニ従事セシム	希望ニ依リ東京府下ノ知人方ニ＊居労働ニ就カセシム＊＊＊＊一日分ノ食糧ヲ給ス	一時保護
			女								
自九月三日至九月六日	私人ノ邸宅	土工親方国方登	男				四	同上	労務ニ就カシム	保護者ニ於テ旅費ヲ給シ帰鮮ノ途ニ就カシム	
			女								
九月十日	横須賀警察署	同	男	○三二				食事ヲ給シ寝具ヲ貸与ス	仝上	九月十一日重砲兵聯隊練兵場ニ移ス（次項参照）	一時保護
			女								
自九月十一日至九月二十三日	重砲兵聯隊練兵場	土工親方上村清司	男	○三二				仝	＊＊村等ニテ雑役労務ニ従事セシメ日給一円七拾銭給ス	九月二十一日夜二十一名ヲ保ゴ者宅ニ移ス他ハ引続キ収容	
			女								
自九月二十一日至十月十日	横須賀市公郷二九六三土工部屋	上村清司	男	二一				仝上	同日給一円二十銭ヲ給ス	爾来引続キ労働ニ従事ス	
			女								

自九月二十四日至九月三十日	重砲兵聯隊練兵場	海軍工廠	男		二二四			食事ヲ給シ寝具ヲ貸与シ且傷病者ニ対シテハ医師ヲシテ治療セシム	海兵団海軍機関学校等ノ雑役ニ従事セシメ日給一円乃至二円ヲ支給ス	内二二名ハ十月一日朝鮮罹災証明書及有志鮮人ノ被給セル金百円ヲ給ス	本人員華山丸ヨリ移シタルモノ及在来一廠ニテ使用シタルモノヲ同一場所ニ集メテ保ゴシタルモノナリ、以テ以下＊新
			女		九						
自九月一日至十月二日	同上	同上	男		◦二〇二			仝上	仝上	示談成立	
			女		◦九						
自十月三日至十月五日	同上	同上	男	◦四	◦二〇二			仝上	仝上		＊＊十月三日在留者自ラ保護方願出ニ依リ収容シタルモノ
			女		◦九						
自十月六日至十月七日	同上	同上	男	◦四	◦一九六			同上	同上	六名ハ希望ニヨリ解放シタル処其後所在不明トナル	
			女		◦九						
自十月八日至十月十日	同上	同上	男	◦四	◦一九六			同上	同上	三名帰鮮ノ途ニ就ク	
			女		◦九						
自十月十一日至十月十五日	同上	同上	男	二二	◦一九三			同上	同上	内五十二名ハ帰鮮ノ途ニ就ク	十八名ハ浦賀ヨリ＊住者ヲ＊＊ニ依リ収容シタルモノ
			女		◦九						

自十月十六日至十月二十一日	同上	同上	男	◦二二	◦一四一			同上	同上	内九名ハ自主労働ニ従事スベク＊＊町ニ転住、内八十名ハ二十一日＊＊証明書ニ＊乗帰鮮ノ途ニ就ク	
			女		◦九						
自十月二十二日至十一月二十二日	同上	同上	男	◦二〇	◦五四			同上	同上	内二十六名ハ横浜市及隺見六一〇ニテ自由ニ労働希望ニツキ解放	
			女		◦九						
自十月二十三日至十一月五日	同上	同上	男		◦五四			同上	同上	＊＊＊二十一名ハ横浜市へ転住労働ニ従事セリ	残三十三名ハ市＊住宅バラックニ移シ各人ノ自由ニ任セタリ
			女		◦三						
自九月三日至九月四日	秦野警察分署仮事務所	秦野警察分署	男		一一			食事ヲ給シ寝具ヲ貸与ス	休養セシメタルノミ		罹災証明書ヲ与へ逐次ニテ帰鮮ノ途ニ就カシム
			女								
自九月五日至九月六日	同上	同上	男	二四				同上	同上		同上
			女	二							
自九月一日至同十九日	戸塚警察署仮事務所	戸塚警察署	男			一		食事ヲ給シ寝具ヲ貸与ス	本人ノ希望ニ依リ署内雑役ニ従事セシム	金十円ヲ給シ横浜刑務所ニ送ル	本人ハ解放囚人ニシテ服役中
			女								

自九月三日至九月六日	同上	同上	男	二				同上	同上	罹災証明書ヲ与へ帰鮮ノ途ニツカシム	
			女								
自九月四日至九月末日	川上村金百竜宅	土工親分金百竜	男				一六	同上	間接保護ニ願デタルモノ終始労働セリ	同上	
			女								
自九月二日至九月四日	鎌倉中学校	建長寺	男				三三	保護者ニ於テ食料ヲ給ス	労働ニ従事セシメズ	同上	
			女				三				
自九月六日至九月七日	鎌倉警察署	同	男	一				食事ヲ給シ寝具ヲ貸与ス	同上	七日注意労働ニ従事セリ	一時保護
			女								
自九月四日至九月六日	鎌倉銀行	同＊支配人金田作蔵	男				°三〇	昼食ノミヲ給シ日給二円三十銭宛ヲ給ス	希望ニ依リ従来ノ通リ労働ニ従事セシム	引続キ労働ニ従事セリ	
			女								
自九月七日至九月十日	鎌倉町役場	同町長	男				三〇	同上	同上	同上	本人員ハ書類記載ノモノヲ引続キ保護ノ意味ニ於テ町役場ニテ使用シタルモノ
			女								

自九月一日至九月五日	従来ノ住宅	各土工親分	男				一二〇	平常ノ如ク別ニ特ニ給シタルモノナシ	慰安ヲ与ヘタルノミ	従前ノ如ク労働ニ従事セリ	
			女				三				
自九月一日至九月十六日	藤沢警察署	同	男				七七	食事ヲ給シ寝具ヲ貸与ス	同上		保ゴ通達*一時保護ヲ加ヘタルモノノ人員ヲ計上ス
			女								
自九月二日至九月十五日	相模紡績株式会社	同社工場長	男				一二	従来通リ	平常通リ	引続工場労働ニ従事中	
			女				一				
自九月十七日至九月二十四日	大磯町鉄道線路天幕内	鉄道保線区出張所主任神山技手	男				一四	従来通リ日給ヲ給ス	同上	同上	
			女								
自九月四日至九月十一日	大磯警察署	同	男				八	食事ヲ給シ寝具ヲ貸与ス	慰安ヲ与ヘタルノミ		保ゴ通達ニ依ル一時保ゴ者ヲ計上ス
			女				一				
自九月六日至同十五日	平塚町平塚平十方	土工親方戸塚平十	男				六	平常ノ通リ	同	平常ノ通リ労務ニ従事ス	本件間接保ゴニ処シタルモノ
			女								
自九月二日至九月八日	小田原警察署	同	男			四		食事ヲ給シ日給一円宛ヲ支給ス	其志望ニヨリ雑役ニ従事セシム	従前通リ労働ニ従事中	一時保護シタルモノ
			女								

自九月三日至九月八日	土肥村所在土工飯場	土肥村役場	男				一九一	飯米及塩ヲ給ス	一時交通杜絶ニヨリ食料ニ窮シタルヨリ保護且慰安ヲ与ヘタルノミ	従前ノ如ク労働ニ従事中	
			女				九				
自九月三日至九月八日	宮城野村土工飯場	宮城野村役場	男				三〇	現金五十円及白米一斗五升ヲ給ス	同上	同上	
			女				三				
自九月四日至九月十六日	小田原警察署	同	男				六〇	食事ヲ給シ寝具ヲ貸与ス	同上		保護通達中ニ於ケル一時保護者ノ人員ヲ示シ
			女				二				
自九月四日至十月十五日	松田警察署	同	男				一一九	同上	同上	同上	同上
			女				一六				
自九月四日至九月五日	私人ノ邸宅	厚木警察署	男				三四	食料ヲ給シ病者ニ対シ治療ヲ与ヘ寝具ヲ貸与ス	厚木町若尾工場ヲ任意借受ケテ休養セシメタルモノ	帰鮮ノ途ニ就ク	此人員保護＊＊途次保護＊ト＊＊モノナリ
			女				二				

自九月二日至十月四日	高津警察分署	同	男	一	二	四		食料品及水＊ヲ給ス	各希望ニヨリ時々雑役ニ従事セシム	内一名ハ帰鮮ノ途ニツキ他ハ従来ノ如ク労働ニ従事セリ	
			女		一						
自九月三日至九月九日	浦賀町高坂小学校敷地	浦賀町役場	男				四二	飯米及副食物ヲ給ス	間接保護ヲ加ヘタルモノニテ自由ニ労働ニ従事シセリ	従来ノ通リ就カシメタリ	
			女				一七				
自九月三日至九月五日	溝警察分署	同	男			五		食事ヲ給シ寝具ヲ貸与ス	労務ニ服セシメズ		二人等ハ山梨県へ赴ク途中ニアリタルモノナリシニ依リ途次保護ノ下ニ同県へ赴カシム
			女								
自九月五日	伊セ原警察分署	同	男				三二	昼食ヲ給ス			本人員ハ通＊保護ノ途上ニアリタルモノ
			女				二				
自九月三日至九月十四日	中野警察署	同	男			三		食事ヲ給ス	労務ニ服セシメズ	労働従来＊＊＊長野県へ行クト称シテ出発	一時保護
			女								

自九月十七日至十月二十一日	與瀬隧道工事仮小屋内	與瀬警備隊	男	二六				鉄道省ヨリ日当二円五十銭ヲ給与	本人等ノ希望ニヨリ与瀬隧道工事ニ従事セシム	十月二十一日八王子市小安町ニ住所ヲ移籍引続キ就業セリ
			女	二						
自九月二日至十月二十二日	田島町渡田新田神社内バラック小屋	田島町役場	男	五三	一一二			食料ヲ給シテ自炊セシム	全人員ノ約三分ノ一宛順次雑役ニ服セシム	十月四日希望ニヨリ内七十九名ハ朝鮮総督府ノ証明書ヲ給シ帰鮮セシム他*町及大師河原町ニ散宿任意労働ニ従事セリ
			女	六	一二					
自九月二日至九月六日	川崎小学校	川崎町役場	男	一〇	一八			食料ヲ給ス	九月五日以後任意労働ニ従事セリ	希望ニヨリ従前ノ親方ニ引渡シ自由ニ労働従事セシム
			女							
自九月二日至仝十日	大師町富士製鉄会社合宿所	土工親方渡辺貞七	男				三六	同上	専ラ休養セシメ慰安ヲ与フ	保護者監督ノ下ニ任意河川工事ニ従事セリ
			女							
同	大師町西町風間嘉一方	土工親方風間嘉一	男				一四	同上	同上	同上
			女							
合計			男	一五一	七九八	一六〇	九八七			
			女	二九	七三		六八			

ヲ欠ケズ其従来ニ居ルニ付単ニ視察ニ止メタルモノ約六十名アリ尚本表ノ頁数ト前記在留鮮人トノ数ガ著シク相違スルハ他＊ヨリ避難シ来ルモノ多キヲ加ヘタルニ依ル

了

支那人保護状況

保護期間	保護収容ノ場所	主タル保護者名	被保護人員 男女別	自ラ保護方ヲ願出デシタルモノノ数	各官庁ニ収容シタルモノノ数	自警団等＊＊連行シタル来ルタルモノノ数	其他	給養状況	保護中ノ状況	保護解除ノ状況	其他参考事項
自九月三日至九月十四日	戸部警察仮庁舎	署長	男		九			保護者ニ於テ食事ヲ与フ	一室ニ鮮人ト共ニ休養セシム	帰国	
			女								
自九月二日至仝十六日	神奈川警察署	仝右	男	三二	一五四	四一		仝右	仝右	仝右	
			女		八						
自九月四日至仝二十五日	都田警察署	仝右	男			一		仝右	本人ノ申出デニヨリ警察署内掃除ヲ為サシム	東京ニ赴ク	
			女								
自九月一日至仝五日	自宅	藤沢警察署長	男				二		＊＊＊＊＊＊署員ヲ派シ警戒セシム	自宅ニ於テ職業ニ従事ス	
			女				一				

自九月三日 至仝七日	鶴見警察分署 分署国道敷地ノ空地	鶴見警察署長	男		五〇	二〇		焚出ヲ為シ食物ヲ給与	未成家屋ニ臥サシメ労務ニ服サシム	人心情安定シタルガ本人等ノ申出デニヨリ保ゴヲ要スベキ者ノ弐百ヲトナヘ保ゴヲ解除シタルガ二十三名帰国他ハ国道事務所へ赴ク	
			女								
自月日 至仝日			男								
			女								
合計			男	三二一	二一三	六二	二				
			女		八		一				

一　朝鮮人ノ犯罪事件調　神奈川県

犯罪ノ日時及場所	犯罪ノ動機目的	犯罪事実	被害者 住所	被害者 職業	被害者 男女別氏名年齢	罪名	被検挙者 住所	被検挙者 職業	被検挙者 男女別氏名年齢	検挙月日	検挙ノ顛末	処分結果
一．九月二日午前二時中村町字平楽	不明	自警団ニ追跡セラレツツアリ之ヲ保護セントシタル巡査ニ対シ切創ヲ負ハセ逃走ス	寿警察署警	巡査	男 影山辰雄 二七	傷害	不明	土工体	男 氏名年齢不明	ナシ	ナシ	逃走ノ途中崖ヨリ墜落死亡
二．九月二日午前西戸部町	偶発的	市内西戸部町火災ノ焼跡ヨリ焼銭一円七十八銭ヲ窃取ス	不明	不明	不明	窃盗	西戸部町二三〇阪口方	職工	男 李郷宰 二五	九月二日	警官認知	微罪処分ニ付ス
三．仝	仝	市内西戸部町火災焼跡ヨリ焼銭九十八円余ヲ窃取ス	西戸部町二三〇附近	不明	不明	仝	市内翁町二ノ六九土肥政蔵方	人夫	男 姜鳳禹 二八	仝	仝	事件取扱中朝鮮ニ帰国逃走
四．仝	仝	市内西戸部町ノ火災焼跡ヨリ焼銭三円十四銭ヲ窃取ス	仝	仝	仝	仝	花咲町七ノ八四清野方	人夫	男 李龍雨 二〇	仝	仝	仝
五．仝	仝	市内各所焼残リ倉庫ヨリ羅紗毛糸白布等約百円位ニ相当スルモノヲ窃取ス	不明	仝	仝	仝	末吉町七ノ七二山田方	人夫	男 金東山 三〇	仝	仝	仝

六．九月四日午前足柄下郡土肥村門川	内地人ニ対シ反抗心アリテ	内地人ト争論シツツアル際被害者ノ夫ガ仲裁シタルヲ憤慨シテ其妻ニ約一週間ヲ要スル負傷ヲナス	土肥村井上勝蔵妻	無職	女 井上トメ 三六	傷害	不明	土工	男 呉致鎬 三七	捜査中	仝上	犯人逃走捜査中
七．九月二日午後十一時神奈川県都築郡都岡村山林	不明	放火及投毒ノ目的ト認メラル悪臭アル薬品ヲ紙ニ包ミテ携帯ス	ナシ	ナシ	ナシ	殺人ノ予備ト認定	不明	人夫体	男三〇位 氏名年齢不明	ナシ	民衆捕獲	即時民衆殺害シタルモノノ如シ
八．九月三日午後四時横浜市堀ノ内町山林	仝	山林中ニ犯人潜伏シ居リテ該所ヲ通行セル内地人ニ対シ目潰シヲ為シ暴行ス	市内堀ノ内一二五避難中	不明	男 氏名不詳 三六年位	暴行	不明	土工体	男三〇位 氏名年齢不明	ナシ	民衆捕獲	即時附近民衆殺害シタルモノノ如シ
九．九月二日午後二時山下町埋立地	仝	犯人ガ盗取セル羅紗絽更紗等ヲ携帯シ居ルト豚切包丁六挺ヲ携帯ス	不明	不明	不明	窃盗	不明	土工体	男 氏名年齢不詳ノ三十位ノ者二名	ナシ	民衆捕獲	避難民中殺害シタルモノノ如シ
一〇．九月二日午後二時横浜市久保山太田小学校	仝	太田小学校舎ニ放火シツツアリタルモノ	久保山太田小学校	不明	学校管理者 横浜市役所	放火	不明	土工体	男四〇位 氏名不詳	ナシ	民衆捕獲	仝

一一．九月三日午前横浜市中村町池ノ下	仝	市内平沼町倒潰家屋ヨリ現金二百五十円余ヲ窃取ノ旨自白ス	市内平沼町	不明	不明	窃盗	不明	人夫体	男三〇位氏名年齢不明	ナシ	仝	仝
一二．九月二日午後二時市内根岸町字柏葉	不明	市内根岸町柏葉三五三四内藤三郎所有倒潰家屋ニマッチ蝋燭ヲ用意シテ放火セントシツツアリタルモノ	根岸町三五三四	貸家業	男内藤三郎家屋	放火未遂	不明	人夫体	男一名ハ二十位、一名ハ二十八位何レモ氏名不詳	ナシ	民衆捕獲	民衆激昂ノ余リ殺害シタルモノノ如シ
一三．九月三日午後五時市内中村町池ノ下	不明	毒薬混入ト認ル悪臭アル握飯ヲ中村町莨屋ノ妻女ニ提供ス	中村町池ノ下	莨及荒物商	女兼松まさ三五	殺人未遂	不明	人夫体	男三十七位氏名不詳	ナシ	仝	仝
一四．九月二日午後四時神奈川県橘樹郡保土ケ谷町山下	不明	警戒ノ民衆ニ対シ反抗挑戦的言辞ヲ弄シタル末民衆所持品ヲ奪取逃走ス	保土ヶ谷町字山下避難民	不明	不明	窃盗	不明	書生風	男二十七、八位氏名不詳	ナシ	仝	仝
一五．仝	不明	仝	仝	仝	仝	仝	仝	人夫体	男四十位氏名不詳	ナシ	仝	仝
一六．仝	不明	仝	仝	仝	仝	仝	仝	人夫体	男三十位氏名不詳	ナシ	仝	仝

備考　合計十四件　内訳

罪名	件数	人数
窃盗	七件	九人
傷害	二件	二人
暴行	一件	一人
放火及未遂	二件	二人
殺人未遂及予備	二件	二人

二　内地人ノ朝鮮人ニ対シテ行ヒタル殺傷事件調　神奈川県

犯罪ノ日時場所	犯罪ノ動機目的	犯罪事実	被害者 住所	被害者 職業	被害者 男女別氏名年齢	罪名	被検挙者 住所	被検挙者 職業	被検挙者 男女別氏名年齢	検挙月日	検挙ノ顛末	処分結果
1. 九月二日午前市内根岸町柏葉三一三四先	鮮人犯行ノ喧傳ヲ誤信シ恐怖ト不安ニ藉ラレタル結果	鮮人犯行ノ喧傳アリ之レカ自警中他ノ自警団員ニ追跡セラレツヽアル為メ不逞ノ鮮人ニシテ犯行アリ且ツ其ノ犯行ヲ継續スルモノト誤信シテ殺害シタルモノノ如シ	不明	人夫体	男 鮮人ト認容ノ氏名不詳 二十四、五年位	殺人	不明	不明	附近民衆ト認メ捜査中	ナシ	捜査中	捜査中
2. 九月二日午後一時頃市内根岸町三二五七先	右仝	鮮人ガ強盗強姦放火投毒等ノ犯行ヲ為ス喧傳アリ之レヲ誤信シ附近住民之レカ自警中鮮人ナリト認メ犯罪ヲ敢行スルモノト想像シテ多数ニテ之ヲ殺害シタルモノノ如シ	不明	飴行商体 人夫体 人夫体 飴行商体	男氏名不詳七十位 〃氏名不詳二四、五位 〃氏名不詳二六位 〃氏名不詳二五、六位	殺人	不明	不明	右仝	右仝	右仝	右仝

3. 九月二日午後八、九時頃市内中村町一四先	右仝	当時鮮人ガ前記ノ如キ犯罪ヲ敢行スル風評アリテ自警中避難民中ニ混シタル下記ノ者ガ終日言語ヲ発セス因テ鮮人ト認メ犯罪ヲ敢行スルモノト想像シテ之レヲ多数ニテ殺害シタルモノノ如シ	不明	労働者風	男 氏名不詳 三十一位	殺人	不明	不明	右仝	右仝	右仝	右仝
4. 九月二日午后十一時頃市内中村町一三六六番地先	右仝	当時鮮人ガ前記ノ如キ犯罪ヲ敢行スル風評アリテ自警中下記ノ被害者ガ中村町平楽方面ニテ発見寿警察署仮事務所ニ送致スル途中路傍ニ散在セル避難民等ガ其ノ誤信ノ結果激昂シテ大挙之レヲ殺害シタルモノノ如シ	不明	不明ナルモ何レモ労働者風	何レモ男性ニシテ氏名不詳ナルモ甲三十前后、乙二十五、六位、丙二十五、六位、丁二十五、六位、戊三十位、申三十位	殺人	不明	不明	右仝	ナシ	捜査中	捜査中
5. 九月三日午前七時頃市内大岡町七一九先	右仝	鮮人ガ放火強盗強姦投毒等ノ犯罪ヲ敢行スルトノ風評喧伝セラレ自警中下記ノ者ノ通行ヲ認メ問責中逃走ヲ企タル為メ犯行アルモノト誤信シテ之レヲ殺害シタルモノノ如シ	不明	土工体	男 氏名不詳 二十四、五位	殺人	不明	不明	右仝	ナシ	右仝	右仝

6. 九月二日午前十二時頃市内蒔田町六八二先	右仝	前記ノ如キ鮮人ガ犯罪ヲ敢行スル風評喧伝セラレ自警中山上ヨリ鮮人ガ五六十名来襲スルト云フ風評更ニ伝ハリ厳重自警中偶々一名ノ鮮人ガ民衆中ニ混シ居ルヲ間諜ト想像シテ之レヲ殺害シタルモノノ如シ	不明	労働者風	男 氏名不詳 三十二、三位	殺人	不明	不明	右仝	ナシ	右仝	右仝
7. 九月三日午後三時頃市内三吉町五ノ三八先	右仝	前記ノ如ク鮮人ガ犯罪ヲ敢行スル風評喧伝セラレ自警中下記ノ者カ偶々村町ノ某井戸ニ投薬セントシタルトカノ風評伝ハリ民衆ニ追跡セラレ犯所ニ於テ捕ヘラレ民衆ハ激昂ノ余リ殺害シタル如シ	不明	土工風	男 氏名不詳 三十前后	殺人	不明	不明	捜査中	ナシ	捜査中	捜査中
8. 九月三日午后二時頃市内中村町一三一四先	右仝	前記ノ如ク鮮人ガ犯行ヲ為スノ風評アリ民衆不安ヲ抱キ居ル際通称狸坂ト称スル山上ヨリ不逞鮮人ナリトシテ民衆ニ追跡セラレツツアルヲ焼跡整理ノ民衆ガ認メ激昂ノ余リ殺害シタルモノノ如シ	不明	土工風	男 氏名不詳 三十位 男 氏名不詳 二十五位	殺人	不明	不明	右仝	ナシ	右仝	右仝

9.	九月二日午后七時頃市内大岡町七一九先	右仝	前記ノ如ク鮮人ガ犯行ヲ為スノ風評アリ自警中其通行ヲ取押へ民衆ニ於テ身体ヲ捜索シタルニ鉢巻ニ針金ヲ混シ居リテ挑戦的態度ヲ示シ居リタル為メ犯行鮮人ト誤信シテ民衆殺害シタルモノノ如シ	不明	土工風	男 氏名不詳 二十八、九位	殺人	不明	不明	右仝	ナシ	右仝	右仝
10.	九月二日午后二時頃市内中村町池ノ下市営住宅附近	右仝	前記ノ如ク鮮人ガ犯行ヲ為スノ風評アリ自警中下記ノ者カ何処ヨリカ酒ノ餐応ヲ受ケ泥酔シテ避難民ノ婦女ニ戯レタルタメ不逞鮮人ト認メ民衆ノ激昂ニ遭ヒ遂ニ殺害セラレタルモノノ如シ	横浜市中村町池ノ下市営住宅食堂	料理人	男 朴考植 三〇	殺人	不明	不明	右仝	ナシ	右仝	右仝
11.	九月二日午后七時市内石川仲町三ノ一三先	右仝	前記ノ如ク鮮人ガ犯行ヲ為スノ風評アリ自警中下記ノ者ガ山上ヨリ不逞鮮人トシテ追跡セラレタルヲ民衆ハ犯行鮮人ト認メ激昂ノ余リ之レヲ殺害シタルモノノ如シ	不明	不明	男 氏名不詳 年齢不詳	殺人	不明	不明	右仝	ナシ	右仝	右仝

12. 九月三日午前六時市内石川仲町六ノ三〇先	右仝	右仝	不明	不明	男二名 氏名年齢不詳	殺人	不明	不明	右仝	ナシ	右仝	右仝
13. 九月三日午前七時頃市内南太田町一六六〇先川中	右仝	前記ノ如ク鮮人ガ犯行ヲ為スノ風評アリテ自警中下記ノ者ガ川中ノ材木ノ間ニ潜伏シ居リタルヲ発見シ不逞鮮人ガ潜伏スルト喊フヤ警戒中ノ民衆ハ犯行鮮人ト認メ之レヲ殺害シタルモノノ如シ	不明	不明	男 氏名不詳 二五、六位	殺人	不明	不明	右仝	ナシ	右仝	右仝
14. 九月二日午后一時頃市内太田町関東学院中学横手	右仝	前記ノ如ク鮮人ガ各種犯罪ヲ敢行スル風評アリ避難民自警中下記ノ者カ焼残家屋ノ笹藪ニ放火シタルト喧伝セラレタルタメ民衆ハ之ヲ誤信シ激昂ノ余リ殺害シタルモノノ如シ	不明	不明	男 氏名不詳 二十四、五位	殺人	不明	不明	右仝	ナシ	右仝	右仝

15. 九月二日午后四時頃市内南太田町一三一八先山林	右仝	前記ノ如ク鮮人ガ各種犯罪ヲ敢行スル風評アリ自警中犯所ニ於テ拳銃ノ音アリ犯行ノ鮮人ナルヘシト想像シ民衆捜索ノ結果発見シ犯罪敢行ノ鮮人ナルヘシト認メ殺害シタルモノノ如シ	不明	不明	男 氏名不詳 廿五位	殺人	不明	不明	右仝	ナシ	右仝	右仝
16. 九月二日午后三時市内南太田町一四七〇東光寺境内	右仝	前記ノ如ク鮮人ガ各種ノ犯行ヲ為スノ風評アリ自警中保土ケ谷方面ヨリ約十八、九名ノ鮮人体ノ男ヲ伊勢崎町仮警察署ニ同伴ノ途中其ノ一人ガ顔面ニ傷痕アルヲ以テ犯行ノ鮮人ナリト誤認シタル民衆ハ犯所ニ於テ問責シタル処被害者ガ逃走シタルタメ益ニ犯行ノ嫌疑ヲ深カラシメ之レヲ殺害シタルモノノ如シ	何レモ不明	何レモ土工若クハ人夫体	何レモ男ニシテ被害者ハ四名ナリ而シテ其ノ氏名不詳年齢何レモ三十前后	殺人	不明	不明	右仝	ナシ	右仝	右仝

17. 九月二日午后二時頃市内南太田町一九一二先電車軌道内	右仝	前記ノ如ク鮮人ガ各種ノ犯行ヲ為ス風評アリ民衆ハ之ヲ誤信シテ自警中境ノ谷方面ヨリ不逞鮮人トシテ数名ノ民衆ニ追跡セラレツツアルヲ捕ヘ犯行鮮人ト認メ之ヲ殺害シタルモノノ如シ	不明	何レモ人夫体	何レモ男 氏名不詳 甲廿二、三位 乙廿六、七位 ノ被害者二名	殺人	不明	不明	右仝	ナシ	右仝	右仝
18. 九月二日午后四、五時頃市内南太田町五七〇先山林	右仝	前記ノ如ク鮮人犯行ノ風評アリ民衆之ヲ誤信シテ自警中犯所ニ一名ノ下記ノ者潜伏シ居ルヲ発見スルヤ犯行鮮人ノ潜伏シ居ルモノト認メ包囲ノ上取押殺害シタルモノノ如シ	不明	労働者風	男 氏名不詳 二五位	殺人	不明	不明	右仝	ナシ	右仝	右仝
19. 九月三日正午頃市内久保町五一先空地	右仝	前記仝様ノ鮮人犯行ノ風評アリ民衆之ヲ信シテ自警中下記ノ者ヲ認メ人相言語等ニテ鮮人ト判明シ其ノ挙動ヨリシテ鮮人ノ犯罪者ト誤認シテ之ヲ殺害シタルモノノ如シ	不明	土工風	男 氏名不詳 廿三位	殺人	不明	不明	右仝	ナシ	右仝	右仝

20. 九月二日午前十一時市内久保町帆布会社前	右仝	前仝様鮮人犯行ノ風評アリ民衆之ヲ信シ警戒中保土ヶ谷方面ヨリ犯行アル鮮人トシテ追跡セラレ犯所ニ於テ取押ヘ其ノ挙動ニヨリ犯行鮮人トシテ殺害シタルモノノ如シ	不明	土工風	男 氏名不詳 四十一、二位	殺人	不明	不明	右仝	ナシ	右仝	右仝
21. 九月二日午後一、二時頃市内高島駅構内及其附近	右仝	前記ノ如ク鮮人ガ各種ノ犯罪ヲ敢行スルノ風評ヲ誤信シ居リタル約万余ノ避難民ガ警戒中下記数名ノ鮮人体男来襲シ恰モ駅構内ノ貨物中ノ物資ヲ掠奪スルノ気勢ヲ示シ居ル如キ状態ニアルヲ民衆ハ犯行ヲ逞フスル鮮人ノ一団ト見做シ激昂ノ余リ殺害シタルモノノ如シ	不明	何レモ労働者風	男 氏名不詳 二四位 男 氏名不詳 二七位 男 氏名不詳 二七位 男 氏名不詳 三〇位 男 氏名不詳 三七位 男 氏名不詳 三〇位 男 氏名不詳 三〇位	殺人	不明	不明	右仝	ナシ	右仝	右仝

22. 九月二日午後三時頃橘樹郡保土ヶ谷町神戸四二二先	右仝	前仝様鮮人ガ各種ノ犯罪ヲ敢行スルトノ風評ヲ信シ民衆警戒中山上ヨリ数百名ノ鮮人来襲スルトノ風評アリ警鐘乱打ノ下ニ厳重警戒中偶々浅間町方面ヨリ追跡セラレタルヲ犯所ニ於テ取押激昂ノ余リ殺害シタルモノノ如シ	不明	労働者風	男 氏名不詳 四〇位 男 氏名不詳 二七、八位	殺人	不明	不明	右仝	ナシ	右仝	右仝
23. 九月二日午後三時頃橘樹郡保土ヶ谷町神戸榮橋際	右仝	前仝様鮮人ガ各種ノ犯罪ヲ敢行スルノ風評ヲ信シ民衆警戒中山上ヨリ数百名ノ鮮人ガ来襲スルトノ風評アリ警鐘乱打ノ下ニ厳重警戒中横浜方面ヨリ不逞鮮人トシテ追跡セラレツツアルヲ取押殺害シタルモノノ如シ	不明	労働者風	男 氏名不詳 二二位 男 氏名不詳 二三位 男 氏名不詳 二七位	殺人	不明	不明	右仝	ナシ	右仝	右仝
24. 九月二日午后三時神奈川県橘樹郡保土ケ谷町神戸六八先	右仝	右仝	不明	労働者風	男 氏名不詳 三〇位	殺人	不明	不明	右仝	ナシ	右仝	右仝

25. 九月三日午後三時頃橘樹郡保土ケ谷町四七九先	右仝	右仝	不明	労働者風	男 氏名不詳 二八位	殺人	不明	不明	右仝	ナシ	右仝	右仝
26. 九月二日正午頃市内浅間町四一一先	右仝	前仝様鮮人ガ各種犯罪ヲ敢行スルノ風評ヲ誤信シ民衆警戒中偶々下記鮮人体ノ者通行スルヲ見テ犯行ノ鮮人ト思推シ不安ト激昂ノ余リ殺害シタルモノノ如シ	不明	労働者風	男 氏名不詳 二八、九位	殺人	不明	不明	右仝	ナシ	右仝	右仝
27. 九月二日午後九時頃市内浅間町五三三先	右仝	前記仝様ノ鮮人犯行ノ風評アリテ民衆之ヲ自警中偶々犯所附近ニ於テ発見之ヲ捕へ誤信ト不安ト激昂ノ余リ之ヲ殺害シタルモノノ如シ	不明	労働者風	男 氏名不詳 三〇前后	殺人	不明	不明	右仝	ナシ	右仝	右仝
28. 九月二日午后二時頃市内久保町杉山神社前鉄道線路	右仝	前仝様鮮人犯行ノ風評アリテ民衆自警中保土ヶ谷方面ヨリ犯行ノ疑アル鮮人トシテ同伴シ来リタルヲ犯所ニ於テ問責シ焼銭等ヲ所持シ居リタルタメ犯行者ト認メ殺害シタルモノノ如シ	不明	土工風	男 氏名不詳 四十二、三位	殺人	不明	不明	右仝	ナシ	右仝	右仝

29. 九月四日午後十時頃市内西戸部町一五七二先	右仝	前仝様ノ鮮人犯行ノ風評アリテ民衆警戒中被害者ガ通行スルヲ捕へ民衆ニ於テ不審訊問様ノコトヲナシ其ノ供述ニ不審ノ点アリシ為メ犯行アル鮮人ト認メ不安ト激昂トニ因リ殺害シタルモノノ如シ	不明	労働者風	男 氏名不詳 廿六、七位	殺人	不明	不明	右仝	ナシ	右仝	右仝
30. 九月二日午前十一時市内久保町七七七先	右仝	右仝	不明	土工風	男 元久保町七七七石川方居住 鄭応用 廿七、八位ト推定ス	殺人	不明	不明	右仝	ナシ	右仝	右仝
31. 九月二日正午頃市内神奈川新子安本慶寺裏鉄道線路内	右仝	前記ノ如ク鮮人犯行ノ風評アリテ民衆自警中新子安町三〇五七田辺方ノ裏手ノ井水ニ投薬シタルトノ風評更ニ伝ハリタル為メ下記被害者ヲ追跡シ犯所ニ於テ捕へ犯行アルモノト認メ殺害シタルモノノ如シ	不明	紳士風 土工風	男 氏名不詳 四五位 男 氏名不詳 四〇位	殺人	不明	不明	右仝	ナシ	右仝	右仝

32. 九月二日午後三時頃市内新子安町二九八三先	右仝	前記ノ如ク鮮人ガ各種犯行ヲ為スノ風評アリ民衆自警中犯所ヲ通行セル被害者ヲ認メ犯行アル鮮人トシテ不安ト激昂トニ因リ之レヲ殺害シタルモノノ如シ	不明	土工風	男 氏名不詳 三十位	殺人	不明	不明	捜査中	ナシ	捜査中	捜査中
33. 九月二日午後三時頃市内新子安町二九八三先	右仝	前記ノ如ク鮮人ガ各種ノ犯行ヲ逞フスルノ風評アリ民衆自警中附近ナル田辺方ノ井水ニ投毒セルトノ理由ノ下ニ追跡シ不安ト激昂ニ因リ殺害シタルモノノ如シ	不明	土工風	男 氏名不詳 三十位 二名	殺人	不明	不明	右仝	ナシ	右仝	右仝
34. 九月二日正午頃市内青木町字松本一三四九先	右仝	前記ノ如ク鮮人ガ各種ノ犯行ヲ逞フスル風評アリ民衆警戒中通行セル被害者ヲ捕ヘ問責ノ結果不審ヲ抱キ不安ト激昂ノ余リ殺害シタルモノノ如シ	不明	労働者風	男 氏名不詳 三十前后 二名	殺人	不明	不明	右仝	ナシ	右仝	右仝
35. 九月二日午后九時頃市内浦高島町省線踏切	右仝	前仝様ノ鮮人犯行ノ風評アリ民衆警戒中犯所ヲ通行シツツアル被害者ヲ捕ヘ問責ノ結果不審ヲ抱キ不安ト激昂ノ余リ殺害シタルモノノ如シ	不明	土工風	男 氏名不詳 四五位	殺人	不明	不明	右仝	ナシ	右仝	右仝

36. 九月二日午後二時頃市内神奈川青木町字栗田谷一一三〇先	右仝	前仝様鮮人犯行ノ風評アリ民衆警戒中神奈川岩崎山方面ヨリ犯行鮮人ノ如ク追跡セラレツツアルヲ民衆カ犯所ニ於テ捕へ犯行鮮人ト認メ殺害シタルモノノ如シ	不明	何レモ土工風	男 氏名不詳 四十位 男 氏名不詳 三十位	殺人	不明	不明	右仝	ナシ	右仝	右仝
37. 九月二日午後三時頃新子安町二九七五先	右仝	前仝様鮮人犯行ノ風評アリ不安ト恐怖トニ因リ民衆自警中神奈川方面ヨリ犯行アル鮮人トシテ追跡セラレツツアルヲ民衆激昂ノ余リ之ヲ捕へ殺害シタルモノノ如シ	不明	土工風	男 氏名不詳 三十位	殺人	不明	不明	右仝	ナシ	右仝	右仝

38.	39.
九月二日午後七時頃市内子安町三四六八先	九月二日午后十一時頃市内子安町一四六二先
右仝	右仝
前記仝様鮮人ガ各種ノ犯罪敢行ノ風評アリ不安ト恐怖トニ因リ自警中偶々犯所ヲ通行スル被害者ノ一団ノ挙動ガ尤モ不穏ノ態度及気勢ヲ示ス如キ状態ナリト想像シテ民衆之レヲ捕ヘ問責シタル処益々不審ノ点アリ将来犯行ヲ為スノ虞アリトシ不安ノ余リ激昂シテ之レヲ殺害シタルモノノ如シ	右仝
不明	不明
何レモ土工風	土工風
男 氏名不詳 三四位 男 氏名不詳 三〇位 男 氏名不詳 三二位 男 氏名不詳 三三位 男 氏名不詳 三一位 男 氏名不詳 三〇位	男 氏名不詳 三〇位
殺人	殺人
不明	不明
不明	不明
右仝	捜査中
ナシ	ナシ
右仝	捜査中
右仝	捜査中

40. 九月二日午后一時頃市内青木町字反町六八一先	右仝	前記ノ如ク鮮人犯行ノ風評喧伝セラレ民衆不安ト恐怖トニ因リ警戒中偶々空地方面ヨリ犯行鮮人ノ如ク民衆ニ追跡セラレツツアルヲ犯所ニ於テ之ヲ捕ヘ犯行アル鮮人トシテ激昂ノ余リ殺害シタルモノノ如シ	不明	労働者風	男 氏名不詳 三〇位 男 氏名不詳 三〇位 男 氏名不詳 三〇位	殺人	不明	不明	右仝	ナシ	右仝	右仝
41. 九月二日午后九時頃市内子安町停留場附近畑中	右仝	前記ノ如ク鮮人犯行ノ風評アリ不安ト恐怖トニ因リ民衆警戒中偶々該所ヲ通行スル被害者ヲ捕ヘ之ヲ問責シタル処不審ノ点アリ犯行アルモノト認メ殺害シタルモノノ如シ	不明	土工風	男 氏名不詳 三〇位	殺人	不明	不明	右仝	ナシ	右仝	右仝
42. 九月二日正午頃市内南太田一〇〇一先	右仝	前記ノ如ク鮮人犯行ノ風評アリ不安ト恐怖トニ因リ民衆警戒中偶々太田町方面ヨリ犯行鮮人トシテ民衆ニ追跡セラレツツアルヲ犯所ニ於テ捕ヘ犯行鮮人ト認メ殺害シタルモノノ如シ	不明	労働者風	男 氏名不詳 三〇位 男 氏名不詳 三〇前后	殺人	不明	不明	右仝	ナシ	右仝	右仝

43. 九月二日午后三時頃市内青木町字廣台一一二先	右仝	前記仝様鮮人犯行ノ風評喧伝セラレ民衆ハ不安ト恐怖トニ因リ自警中山上ヨリ犯行ノアル鮮人ノ如ク大挙追跡シツツアルヲ犯所ニ於テ捕ヘ犯行鮮人ト認メ殺害シタルモノノ如シ	不明	労働者風	男 氏名不詳 年齢不詳	殺人	不明	不明	右仝	ナシ	右仝	右仝
44. 九月二日午后一時頃市内神奈川立町一七三二先	右仝	前記仝様鮮人犯行ノ風評頻リト喧伝セラレ民衆ハ不安ト恐怖ニ籍ラレ自警中上方山手方面ヨリ犯行アル鮮人トシテ多数民衆追跡シタル処其ノ一メイカ民衆ニ潜伏シ居リタルヲ更ニ発見犯行アル鮮人ト認メ犯所ニ於テ捕ヘ殺害シタルモノノ如シ	不明	何レモ労働者風	男 氏名年齢不詳 三名	殺人	不明	不明	右仝	ナシ	右仝	右仝

45. 何レモ九月二日午后二時頃市内橋本町二ノ一先埋立地及約二町ヲ距テタル仝市宝町一ノ二先埋立地内ニ四ヶ所ニ散在シテ位置ス
右仝
前記仝様鮮人犯行ノ風評頻リト喧伝セラレ民衆ハ不安ト恐怖ニ籍ラレ自警中犯所ノ人夫部屋ニ居住セル鮮人ノ一団ト認ムル団体ガ附近ノ海神奈川駅構内貨物列車ヨリ物資ヲ略奪シタル事実アル風評更ニ伝ハリ益々不安ヲ抱キ真否ヲ内偵的視察スルニ貨物列車ヨリ掠奪シタル物資ト認ムルモノヲ多数隠匿シアルヲ発見スルヤ民衆ハ風評ノ如ク彼等鮮人ガ其犯行ヲ逞フスル一団ナリト推測シ附近民衆ノ一団大挙シテ之ヲ襲撃殺害シタルモノノ如シ而シテ鮮人人夫部屋ニ多数ノ贓品アリタルトノ風評アリ又事実ト認メラルヽモ類焼ノタメ家屋焼失シ眞否判明セス
何レモ市内橋本町二ノ一鮮人人夫部屋居住仝市宝町一ノ二鮮人人夫部屋居住ト推測セラル
何レモ横浜港内内務省経営船渠工事ノ人夫ト推測セラル
何レモ男 何レモ氏名年齢不詳鮮人ト認メラルヽ者被害者数四二名
殺人
不明
不明
右仝
ナシ
右仝
右仝

46. 九月二日午后七時頃神奈川新町横浜製鋼会社裏門内	右仝	前記仝様鮮人犯行ノ風評喧伝セラレ不安ト恐怖トニヨリ民衆自警中被害者三名カ通行スル其ノ動静不審ナル点アルモヨリ之ヲ取押問責シタル処言語動作ニ於テ不審ノ点アリ且ツ其ノ一名逃走スル気勢ヲ示シタルタメ不安ト激昂ニ籍ラレ殺害シタルモノノ如シ	不明	労働者風	男何レモ氏名年齢不詳ノ朝鮮人ト認ムルモノノ被害者三名	殺人	不明	不明	捜査中	ナシ	捜査中	捜査中
47. 九月三日午前二時頃神奈川県高座郡茅ケ崎町十間坂十字路	右仝	前記仝様横浜市方面ニ於テ鮮人ガ犯行ヲ為スノ風評頻リト喧伝セラレ不安ト恐怖トニ籍ラレ民衆自警中深夜ノ午前二時頃通行スル其ノ動静不審ナルヨリ犯行鮮人ト認定ノ上不安ニ籍ラレ激昂ノ余リ殺害シタルモノノ如シ	当時不明前住所茅ヶ崎町五二六一居住ノ由ナリ	土工煉瓦工	男橋本事河有学二五	殺人	不明	不明	右仝	ナシ	右仝	右仝

48. 九月三日午前十時神奈川県高座郡茅ヶ崎町本村鉄道線路	右仝	前記仝様横浜方面ヨリ鮮人犯行ヲ為スノ風評頻リト喧伝セラレ不安ト恐怖トニ籍ラレ民衆自警中辻堂方面ヨリ犯行ノ虞アル鮮人トシテ被害者四名ヲ逓信シ来リタルヲ警戒中更ニ其ノ附近ニ約三十名ノ不逞鮮人団体ガ来襲シタルト云フ風評更ニ伝ハリタル為メ不安ト憤激トニ籍ラレ遂ニ之ヲ犯行鮮人ト認メ殺害シタルモノノ如シ	不明	飴行商風	何レモ男 金福陽 金鳳桂 金在熙 金奇万ノ四名ナリト推測スルモ年齢不明	殺人	不明	不明	右仝	ナシ	右仝	右仝
49. 九月二日午后五時頃神奈川県鎌倉郡川上村字下拍尾一七九先	右仝	前記ノ如ク東京横浜方面ヨリ鮮人犯行ノ風評伝ハリ民衆自警中被害者ノ通行ヲ見テ問責シ身体検査ヲ為シタル処寸燐納小箱一ニケ及其ノ他薬物様ノモノヲ新聞紙ニ包ミ所持シ居リタル為メ放火投毒ノ犯罪ヲ逞フスル鮮人ナルヘシト認メ殺害シタルモノノ如シ	不明	何レモ土工風	男 氏名不詳 二四位 男 氏名不詳 二七位 男 氏名不詳 二七位	殺人	不明	不明	右仝	ナシ	右仝	右仝

50. 九月二日午后五時頃神奈川県橘樹郡川崎町附近鉄道線路内	右仝	前記ノ如ク横浜方面ニ於テ鮮人ガ犯行ヲ為スノ風評頻リト喧伝セラレ民衆自警中偶々警戒＊犯所ニ於テ鮮人四五名ト出会スルヤ被害者一名カ直チニ逃走シタルヲ以テ民民ハ之ヲ追跡ノ上犯行アル鮮人ト認メ殺害シタルモノノ如シ	不明	労働者風	男 朴敬徳 年齢不明	殺人	不明	不明	右仝	ナシ	右仝	右仝
51. 九月四日午后七時頃神奈川県橘樹郡田島町渡田二六七〇先	右仝	前記ノ如ク横浜方面ニ於テ鮮人カ犯行ヲ為シ川崎方面ニモ来襲スルノ風評アリ民衆自警中被害者カ附近ノ鮮人卞春端方ニ出入スル其ノ状態ヨリ犯行ノ計画アリ通謀スルモノト認メ之レヲ予防上殺害シタルモノノ如シ	神奈川県橘樹郡田島町渡田日本綱管会社内	職工	男 車泰淑 三四	殺人	神奈川県橘樹郡田島町渡田番地不詳石川方	人夫	男 佐久間久吉 三一	大正十二年九月廿日	警官認知	横浜地方裁判所ニ於テ審理中

52. 九月二日午后五時頃神奈川県橘樹郡堀ノ内富士紡績会社内	右仝	前記ノ如ク横浜方面ニ於テ鮮人犯行ノ風評アリテ不安ニ籍ラレ居ル際内地人ト共ニ富士紡績会社内倒潰家屋ノ取片付作業中ニ被害者ガ混シ居ルヲ見ルヤ忽チ不逞鮮人ト喧伝スルモノアリ民衆ハ犯行鮮人ト推測シ不安ト激昂ノ余リ殺害シタルモノノ如シ	不明	人夫体	男 宋錫國 年齢不詳 男 今成五 年齢不詳	殺人	不明	不明	捜査中	ナシ	捜査中	捜査中
53. 九月二日午後八時頃神奈川県橘樹郡鶴見町生麦五九三先	右仝	前記ノ如ク横浜方面ニ於テ鮮人カ犯行ヲ為シ尚鶴見方面ニ来襲スルトノ風評アリ民衆不安ト恐怖ニ籍ラレ自警中被害者カ時々ニ他出シテ各鮮人間ヲ訪問スルノ模様アリタル為メ民衆ハ犯行ノ共謀連絡ヲ為スモノナリト推断シテ不安ト激昂ニ籍ラレ予防上之レヲ殺害シタルモノノ如シ	隺見町生麦五九三	人夫	男 秦宇伊 三一	殺人	不明	不明	右仝	ナシ	右仝	右仝

54. 九月三日午后三時頃神奈川県橘樹郡旭村鶴見鉄橋ノ西端	右仝	前記仝様鮮人カ横浜方面ニ於テ犯行ヲ為シ神奈川方面ヨリ数百名来襲スルト云フ風評更ニ伝ハリ自警中總持寺方面ヨリ追跡セラレツツアル鮮人アルヲ認メ犯行アル鮮人ト推測シ不安ト激昂ノ余リ殺害シタルモノノ如シ	不明	何レモ土工風	男 氏名不詳 二七位 男 氏名不詳 二五位	殺人	不明	不明	右仝	ナシ	右仝	右仝
55. 九月二日午後八時頃神奈川県橘樹郡生見尾村生麦一〇六〇先	右仝	右同	不明	何レモ土工風	男何レモ氏名不詳ニシテ二六、七年位ノ鮮人ト認メラルルモノ二名	殺人	不明	不明	右仝	ナシ	右仝	右仝
56. 九月三日正午頃神奈川県橘樹郡鶴見町九九花山荘前	右仝	前記仝様鮮人カ横浜方面ニ於テ犯行ヲ為シ尚子安町方面ヨリ数百名来襲スルト云フ風評更ニ伝ハリ民衆極度ニ不安ヲ生シ警戒中其ノ通行セルヲ捕ヘ犯行アルモノト認メ殺害シタルモノノ如シ	不明	土工風	男 氏名年齢不詳	殺人	鶴見町九二六	氷卸商	男 森野忳造 三一 外三名	十月二十日	警官認知	横浜地方裁判所ニ於テ審理中

57. 九月四日午後四時頃神奈川県足柄下郡眞鶴村城口	右仝	前記仝様鮮人カ東京横浜方面ニ於テ犯行ヲ為スノ風評アリ民心不安ニ籍ラレ居ル際偶々犯所ニ鮮人ノ暴動起リタルト伝ヘ且ツ鮮人三百名来襲スルト云フ風評喧伝サレ極度ノ不安ニ籍ラレ警戒中通行中ノ被害者ヲ認メ暴動鮮人ト誤認シ之レラ傷害シタルモノノ如シ	不定	土工	男 辺容守 二九 男 殷想元 二六	傷害	神奈川県足柄下郡眞鶴村九〇五	土工	男 脇田兵五郎 三五	ナシ	逃走ニ付捜査中	＊秘捜査中
58. 九月二日午前八時頃市内山本町二丁目先	右仝	前記仝様鮮人カ各種ノ犯行ヲ為スノ風評アリ民衆不安ト恐怖ニ籍ラレツツアル際前方ヨリ何処ニ於テカ各自其ノ顔面ニ傷害ヲ受ケタル被害者二名逃走シ来ルヲ犯所ニ於テ認メ問責シタル処一語モ発セス益々犯行ノ容疑アルモノト認メ不安ト激昂ノ結果傷害シタルモノノ如シ	不明	労働者風	男 氏名不詳 三二位 男 氏名不詳 三四位 二名	傷害	中村町平楽一一二	人夫	男 山田由蔵 三八	大正十二年九月廿五日	警官認知	目下山口正憲一派ノ強盗事件ノ共犯者トシテ捜査ノ結果検挙シ取調ノ結果本件犯罪発覚横浜地方裁判所ニ於テ審理中

59. 九月二日午後三時頃市内北方町西ノ谷戸九二八善行寺前	右仝	前記ノ如ク鮮人カ各種ノ犯行ヲ為スノ風評アリ民衆極度ノ不安ト恐怖トニ籍ラレ自警中山上ヨリ犯行アル鮮人ノ如ク追跡セラレツツアルヲ犯所ニ於テ認メ問責シタル処益々不審ナ点アリ民衆ニ於テ犯行鮮人ト容疑シ激昂ノ余リ殺害シタルモノノ如シ	不明	人夫体	男 氏名年齢不詳	殺人	不明	不明	捜査中	ナシ	捜査中	捜査中

備考（一）合計　五九件　内訳　殺人　五七件　一四五人
　　　　　　　　　　　　　　傷害　　二件　　二人

（二）本表中被害者ヲ鮮人ト認メタルハ特ニ鮮人トシテ其ノ氏名明確ナルモノノ外民衆ニ於テ其ノ人相言語等ニ因リ鮮人ト認メラルル被害者中ニハ内地人ノ一部含有シ居ルモノト認メラル

（三）本表犯罪事実欄中ニ記載ノ概要ニアリテモ官憲ノ取調ヲ待タスシテ民衆ニ於テ殺害シタルモノナルヲ以テ鮮人犯罪ト認ムル点モ多々有之ベキモ被害者殺害後ナルヲ以テ鮮人犯罪トシテノ調査不能ナルモ鮮人中ノ犯罪モ多数有之ヘキノ状態ナリ

三　内地人ノ朝鮮人ト誤認シテ行ヒタル殺傷事件調　（イ）内地人ノ支那人ニ対シテ行ヒタル殺傷事件調　神奈川県

犯罪ノ日時及場所		大正十二年九月二日午后二時頃神奈川県橘樹郡鶴見町松本方前道路
犯罪ノ動機目的		当時鮮人犯行ノ風評ヲ誤信シテ激昂ノ結果
犯罪事実		当時該地方ニハ鮮人カ放火強盗強姦等ヲ敢行スルト云フ其ノ根拠明確ナラサル風評頻リト喧伝セラレ民衆極度ニ之レヲ誤信シ恐怖ト不安トニ因リ之レヲ警戒中下記支那人男カ通行シタルヲ民衆ニ於テ訊問様ノ問責ヲ為シ其ノ結果言語不明瞭ナル為民衆ハ忽チ之レヲ鮮人ト誤認シ居ル際逃走セントシタル為メ之レヲ棍棒ノモノニテ殴打負傷セシメタルモノナリ
被害者	住所	不明
	職業	不明
	男女別氏名年齢	年齢三十前后ノ人夫体ノ男一名
罪名		傷害致死
被検挙者	住所	附近民衆ト認メ捜査スルモ不明
	職業	不明
	男女別氏名年齢	男ナルヘシト思料シ捜査スルモ不明
検挙月日		ナシ
検挙顛末		ナシ
処分結果		目下犯人捜査中但シ被害者ハ県下鶴見分署員保護ヲ加ヘ鶴見町浅野分院ニテ加療中九月十五日午後六時死亡

九月二日午后一時三十分頃神奈川県橘樹郡鶴見町字豊岡部落	右仝	下記支那人ノ二名カ水ヲ求メントシ附近ノ民衆ノ井戸ニ寄リタル処ビール壜及支那醤油壜ヲ携行シ戻リタルヲ以テ当時鮮人カ井水ニ投毒スルト云フ風評喧伝セラレタル為メ民衆ニ於テハ犯行ヲ敢行シツツアルモノト誤信シ下記六名ノ支那人中四名ニ尤モ軽微ナル負傷セシメタルモノナリ	何レモ横浜市中村町一三二一支那料理店桜亭方	何レモ料理人	男 揚益謙 三一 嚴典章 二六 黎有基 二一 嚴錫釣 二八 黎法章 二四 黎＊券 四〇	傷害 尤モ軽微	右仝	右仝	右仝	ナシ	ナシ	犯人捜査中 被傷害者四名ニハ鶴見分署ニ於テ真田医師ヲ聘シ保護加療ノ上本人希望ニ任セ一時警察署ニ保護ノ後九月十日帰途ニ＊＊解放ス

九月四日午後一時頃神奈川県足柄下郡土肥村宮城堀
目下捜査中
熱海線第七工区ノ一部ヲ担当セル田中組ノ監督池田知一ノ下ニ入江金蔵及中森丈太郎ナル親方アリ前者ハ鮮人ヲ使役シ後者ハ支那人ヲ使役シ九月四日土肥村門川ニ於テ里道復旧工事為入江方鮮人土工呉辛福外十名之ガ衝ニ当リ怠業気分ナルヲ以テ入江ノ弟金蔵之ヲ叱責シ鮮人反抗争闘ヲ生シタル為メ入江ノ友人井上勝蔵之ヲ仲裁シ一時納マリタルモ鮮人ハ其ノ仲裁ヲ不公平ナリトシテ勝蔵ヲ殴打スル目的ニテ昆棒ヲ携行人家ノ周囲ヲ徘徊シ居リテ其ノ動静殺気ヲ帯ビ居リタル為メ民衆ハ当時横浜方面ニ於ケル鮮人犯行ヲ誤信シ居ル際ナリシ為メ警鐘ヲ乱打シテ数百名ニテ之レカ鮮人ヲ捜査中偶々上記個所ニ昼寝中ノ支那人六名ヲ鮮人ト誤認シテ内三名ヲ殺害シ一名ニ重傷ヲ負ハシメ一名ニ経傷ヲ負ハシメタルモノナリ
何レモ支那上海浙江州青田村
人夫体
即死 陳宝田 三七 負傷後即日死亡 玩王郷 二九 負傷三日后死亡 陳紀明 三四 重傷 喪杉昊 二一 軽傷 玩鳳鳴 二八 何レモ男
何レモ殺人及傷害
附近民衆ノ所為ト認メ捜査中
仝上
附近民衆ノ所為ト認メ目下捜査中ニ属スルモ殺人検挙シ得ル見込ナリ
ナシ
ナシ 但シ九月十七日横浜駅之支那領事館ヨリ交渉アリ極力捜査ノ結果上記事実判明ス而シテ該被害者ハ昨年九月廿日頃ヨリ台湾人ナリトシテ土工職ニ従事中ノモノナリ
目下捜査中

備考

（一）合計三件　　傷害致死　一件　一人

内訳　　殺人　一件　三人

傷害　二件　六人

（二）本件被害者ハ来住当時ヨリ其ノ本籍地ヲ台湾台北市大山街番地不詳ト自称台湾人ナル旨ヲ自称シ居リタルヲ以テ最初ハ所轄署ニ於テ台湾人トシテ取扱ヒ居リタル事件ニ有之候条申添候

三　内地人ノ朝鮮人ト誤認シテ行ヒタル殺傷事件調（ロ）内地人ノ台湾人ニ対シテ行ヒタル殺傷事件調　神奈川県

犯罪ノ日時及場所		
犯罪ノ動機目的		
犯罪事実		記事ナシ
被害者	住所	
	職業	
	男女別氏名年齢	
罪名		
被検挙者	住所	
	職業	
	男女別氏名年齢	
検挙月日		
検挙顛末		
処分結果		

三　内地人ノ朝鮮人ト誤認シテ行ヒタル殺傷事件調（八）内地人ノ内地人ニ対シテ行ヒタル殺傷事件調　神奈川県

犯罪ノ日時及場所	犯罪ノ動機目的	犯罪事実	被害者 住所	被害者 職業	被害者 男女別氏名年齢	罪名	被検挙者 住所	被検挙者 職業	被検挙者 男女別氏名年齢	検挙月日	検挙顛末	処分結果
九月二日午後七時横浜市本牧町二五二九先	偶発的ト認ム	当時鮮人犯行ノ風評頻リト喧伝セラレ民衆ニ於テ警戒中相貌言語鮮人ニ酷似セルト問責セラレテ追跡シタル為メ鮮人ト誤信ノ結果	本牧町字矢五二九	志成学校教師	男 志良以環 三六 志良以実 二二	傷害 微傷	犯所附近ノ青年団員ト認メ捜査中	仝上	仝上	捜査中	仝上	ナシ
九月三日午前神奈川県高座郡茅ヶ崎矢畑	偶発的	震災ニ因リ横浜方面ニ於テ鮮人暴動ノ風評喧伝セラレ警戒中相貌ニ因リ犯罪敢行スル鮮人ト誤認ノ結果	神奈川県高座郡寒川村字一ノ宮	砂利運搬自動車運転手	男 岩井寛治 三二	殺人	高座郡茅ヶ崎町三三五八	魚行商	男 石田保治 三二	大正十二年十月廿日	警官認知	横浜地方裁判所ニ於テ審理中
九月二日午后一二時神奈川県橘樹郡川崎町小土呂水田中	右仝	鮮人犯行ト其ノ来襲ヲ誤信シ自警中其ノ相貌ニ因リ鮮人ナリト誤認シ携帯セル猟銃ニテ橋本ヲ即死大野ニ重傷ヲ負ハシメタルモノナリ	川崎町新宿三四〇 東京府下荏原郡池上村井上春光方	射的場営業 蒟蒻屋雇人	男即死 橋本吉平 二八 男重症 大野市太郎 一九	殺人 傷害	川崎町小土呂貝塚一〇五	鳶職	菱沼喜太郎 二八	九月三日	右仝	右仝
九月三日午后一時神奈川県橘樹郡大師町四七八九附近空地	右仝	被害者カ自警団員ニ誰何セラレタル処其ノ答弁ヲ為サスシテ逃走シタル為メ当時鮮人犯行ノ風評伝セラレ居リタル際ナリシ為メ之ヲ鮮人ト誤信ノ結果	大師町字田町七四九〇	農業	男 石渡國五郎 五〇	傷害	大師町字田町七九九〇	土工職	男 野口興四郎 四二	捜査中	右仝	捜査中

九月六日午前八時市内根岸町字加曽海岸	右仝	当時鮮人犯行ノ風評喧伝セラレ自警ニ従事中抜刀セル二人連レノ挙動不審者ヲ認メ其ノ一人ヲ取押ヘ其ノ相貌及挙動ニテ鮮人ト誤認シテ之レヲ殺害シタルモノナリ	不明	不明 仕事師風	男 氏名不詳 三十位	殺人	市内根岸町二三一六 上滝七五郎方	鳶職	男 岸健次 二一	十月廿七日	仝	横浜地方裁判所ニ於テ審理中
九月十日午后二時横浜市根岸町字加曽海岸	右仝	被害者二名カ根岸町二三一五美国人マルコルム方ニ窃盗ノ目的ヲ以テ侵入シタルヲ自警団員取押ヘ一部ヲ鮮人ト認メ一部ヲ日本人ト認メタルモ当時鮮人犯行ノ風評喧伝セラレタル際ナリシ為メ激昂ノ余リ之ヲ殺害ス	市内根岸町一五二九 市内根岸町一五二九	日稼 日稼	男 南藤壮八郎 二八 男 原子久一郎 二二	殺人	根岸町二四八〇 中村町一三五二 根岸町二四〇三 根岸町二四二六 根岸町二四一一	鉱力職 自動車運転手 鋳物師 農業 職工	男 古世子福次郎二二 男 雑賀市太郎二二 男 小堀清二郎二二 男 金原常吉 三五 男 岸＊五郎 五〇 岸健次二一	十月廿七日	警官認知	横浜地方裁判所ニ於テ審理中

九月二日午后四時頃市内橋本町埋立地	不明	当時該地方ニハ鮮人カ犯行ヲ為スノ風評専ラナリシ為メ其ノ相貌挙動ニ因リ鮮人ト誤認シテ之ヲ激昂ノ余リ殺害シタルモノノ如シ	神奈川県橘樹郡城郷村神大寺六八三	人夫	男 石井惟久 三七	殺人	附近民衆ノ行為ト認メ捜査中	仝上	仝上	捜査中	仝	ナシ
九月四日正午頃横浜市堀ノ内町爆発物貯庫前	不明	被害者カ精神病者ナリシ為メ其ノ言語挙動ヨリ鮮人ト誤認シ当時鮮人犯行ノ風評喧伝セラレタル為メ鮮人ト認メ激昂ノ余リ殺害ス	横浜市南太田町市役所救護所内	無職	男 吉野菊次郎 五一	殺人	横浜市堀ノ内町四	塗物職	男 脇田金太郎 二八	大正十二年十月五日	仝	横浜地方裁判所ニ於テ審理中
九月一日午后十時頃市内中村町西有寺上方	偶発的	当時鮮人カ放火強姦強盗等ヲ敢行スルト云フ風評アリ自警中其ノ人相着衣等ヨリ犯行鮮人ト誤認シテ殺害シタルモノノ如シ	市内三吉町五ノ三八三田村次郎方	人夫	男 大城牛栄 二五位	殺人	附近住民ト認メ捜査中	捜査中	仝上	ナシ	捜査中	捜査中ナルモ犯人検挙ノ見込

備考　合計一〇件　内訳　殺人　七件　八人
　　　　　　　　　　　傷害　三件　四人

2　神奈川県知事から内務大臣、その他宛の報告（大12・9・3～9・7）

神奈川県知事から内務大臣宛の『震災状況報告』

この報告書は震災時治安の中心人物だった西坂勝人が亡くなった後、遺族から「神奈川県公文書館」に委託保存されたものである。『神奈川県史　資料編Ⅱ　近代現代(1)』に一部掲載されているが、それらは「西坂勝人氏蔵」となっている。生前は西坂勝人が所持していたと考えられる。

この報告書は警察がまとめたものであり、西坂がまとめの段階で何らかの形で関与していたのではないだろうか。彼は震災時情報係であり、情報を集約する立場であった。

彼は後に横浜市神奈川警察署署長になった時、神奈川県警察部の『大震火災誌』をまとめたので、彼に情報は集中したと考えられる。その後も彼は自宅に資料を保管しておいたのではないだろうか。もちろんマル秘の資料も入っている。だが横浜では虐殺がなかったことになっているので公にはすべきでない、隠しておくべきだと考えていたようだ。

関東大震災から五〇年近く経った後、「隠蔽」に触れてこんなことを語っている。

金原　西坂さんの本にも、(朝)鮮人を保護した事例が美談として描かれていますね。
西坂　いや書かなかった。いや少し書いたかな。
金原　いくつか資料があがっていますよ。個人で朝鮮人をかばった実例なども含めまして。
西坂　そういう事例はあります。美談ということですね。いくつか挙げましたが、将来、流言蜚語をあまり露骨に書くと、これは問題を残すと困ると思ったから、実は極めて筆を少なくしたのです。だから私の本には載せてないのです。

金原　そうすると美談は割合多いことになりますね。

西坂　美談だけは載せました。

金原　実際、「不逞朝鮮人」云々というこの問題は、あとあとまで尾をひく残念な問題になりましたね。

（『神奈川県史研究』１９７１・11　語る人：西坂勝人　聞き手：金原左門）

神奈川県知事から内務大臣子爵後藤新平宛の文書であるが六報ぐらいから朝鮮人に関する報告が出されてくる。全部を記載せず朝鮮人関係のみを取り上げることにする。マル秘、部外秘が付けられている文書が多い。朝鮮人関係は「別綴じにせよ」との指示がされている。「別綴じ」の文書が全部あるのかどうかは分からない。

震災に関する報告（第一報）

これは九月三日午後七時に報告している。横浜市の震災の様子を震火災の状況をはじめ、交通通信の杜絶、水道断水、避難民の飢餓、食糧問題、そして、流言蜚語の打ち消しなど問題とその取り組みなどを報告

震災状況報告（続報）第二報

一号と同じ日に報告している。不安の状態にある中、赤坂第一連隊一一〇名、習志野騎兵一五連隊二五〇名が到着したことの報告、そして軍隊の配置箇所の具体的報告

陸軍隊及応援巡査来着の件（第三報）

九月四日報告　戒厳令布告せられたことそれに伴い軍隊が到着。海路にて救援物資が届けられるとのこと。

震災に関する件（第四報）

九月四日報告　事務所処理のための職員分担

戒厳令施行の件（第五報）

九月四日報告　一〇時二〇分戒厳令施行、関東戒厳司令官告諭、関東戒厳司令官命令　受

震災に関する概況報告続報（第六報）

九月五日報告　横浜市以外の震災状況報告

横浜以外の横須賀市、各郡の概況報告

以下秩序維持の概要、朝鮮人に関する件（1）（2）（3）、横浜刑務所に関する件

横浜市内警察官に関する件、軍隊配置に関する件　等選ぶ

神奈川県郡部（横須賀市を含む）震災状況

九月七日現在、九月一〇日報告　臨時震災救護事務局　神奈川支部警備部

1～11まで省略　付記（1）民心の変動及掃響（2）鮮人の動静及民心の反動のみ記載

震災状況に関する件

九月二〇日報告

民心の動揺思想の変化并に推移の状況、自警団の状況、死体処置の状況のみ記載

これ以後の報告については略す。各地域の被害の実態など特に横浜の警察署管内の被害の状況が続く。また、文章が継続しないページもいくつかあり、理解に苦しむところもあった。

県の報告について、朝鮮人関係のものは「別綴じ」にしていることは何を意味するのであろうか。西坂勝人が死ぬまで持っていた書類の中にそれは入っているのか否か不明である。「マル秘」の文書がそうであるのか否か、それも不明である。他の地域では虐殺の実態が報告されているが横浜の報告は全くない。そういうことから見ると、「別綴じ」の文書はまだまだあったのではないかと考えられる。

大正十二年九月三日午後七時報告
神奈川県知事　安河内麻吉

内務大臣子爵　後藤新平　殿

震災ニ関スル報告（第一報）

横浜市ニ於ケル本月一日ノ震災ハ全市火ノ海ト化シ市民ノ若干カ身ヲ以テ難ヲ免レ其惨禍タルヤ到底夢想タモ為シ能ハサル底ノ悲惨事ニシテ一瞬ニシテ天空冥蒙骨肉相分レ死生ヲ異ニスルカ如キ状態ナリ然モ全市ノ震災ハ時恰モ陰暦二百十日ノ厄日ニ際会シ烈風火ヲ吹キ火焔ハ瞬間ニシテ全市ニ拡大シ避難民ハ殆ト行ク処ヲ知ラサラムトス仍テ身ヲ以テ難ヲ免レタル當庁員ヲ以テ臨時救護所ヲ横浜公園ニ移シ警察部長ハ警察部ノ巡査ヲシテ各署長ニ非番巡査ノ非常召集ヲ命シタルモ公園集合地ニ集合スルニ先タチ已ニ諸所ニ発生シタル震火ハ交通ヲ杜絶シ集合自由ナラス然モ余震ハ絶エス継続シ揮発物爆発物ハ巨弾ヲ放ツカ如キ奇響ヲ続発シ空中爆発管飛散シ殆ト戦争状態ト何等異ナルコトナク為ニ市民ハ人心恟々トシテ殆ト死生ヲ知ラサルカ如キ不安ノ間ニ夜ヲ徹シ警察官モ亦タ殆ト不意ノ天災ニテ如何トモ手ヲ施スベキ手段ナク辛フシテ警察官ヲ以テ避難民ヲ保護警戒セシムルト共ニ負傷者ニ応急手当ヲ施シタルモ材料及医師乏シク遺憾ノ間ニ天明ヲ待ツ当夜ノ市民ハ附近公園広場又ハ高台等ヲ選ヒ萬一ノ僥倖ヲ冀フテ避難シタルモ逃迷ヒタルモノ不尠而シテ当夜ノ避難民ハ市公園ニ約五萬、掃部山、伊勢山ニ約一万本牧三渓園附近磯子方面久保山等約一万宛アリ其ノ他互ニ先ヲ争フテ適所々ニ難ヲ避ケタル者尠カラサリシモ震火ノ拡大急速ナリシ為メ各々其適所ヲ得ルニ苦ミ右往左往シツ、黒煙ニ巻カレ若クハ焼灼ニ堪ヘスシテ河中ニ身ヲ投シ溺死シタル者実ニ尠ナカラス其ノ惨状タルヤ実ニ筆紙ニ尽シ難シ被害程度ハ其ノ惨禍甚大ニシテ調査スル能ハサルモ戸数八万五千中殆ト九分焼失又ハ倒潰シ死者約十萬傷者無数ナルベシト思料セラル而シテ官公署ノ如キ殆ト一トシテ存立スルモノナシ横浜地方裁判所長及検事正代理福鎌検事其他判検事税関郵便局ノ高等官中ニモ多数ノ死者アルヘキモ未タ判明セサル者多シ震災一度到リ余震尚去ラス海嘯来襲ノ謡言盛ニ行ハレ又不逞鮮人暴行掠奪凌辱等ノ風説行ハレ人心安定セス然モ其ノ間生死不明ノ家族カ互ニ之ヲ捜索スルモノ、状態ハ殆ト現在ニ於テ再ヒ見ル能ハス随時随所ニ起ル哀話悲語ハ流涕聴クニ堪ヘサルコト而已ナリ然モ他面県下郡市ノ状勢ハ交通通信ノ杜絶ニ依リ之ヲ知ル能ハサレモ県下到ル処其ノ惨禍ノ激甚ナルハ想像ニ難カラス差當リ人心ノ安定食料ノ給與ハ最モ急ヲ要スルモ當市中ヨリ需ル能ハス水道ハ断水シテ市中殆ト水ヲ得ル能ハズ濁水ヲ飲ンテ僅カニ飢餓ヲ医スルニ過キス止ムナク横浜船渠会社ノ貯蔵米ヲ解放シテ之ヲ罹災民ニ供與シタルモ何分飢餓ニ瀕セル罹災民ハ平穏適切ナル分配ヲ受クル能ハサルモ罹災民ノ共同生活的感念ニ依リ幾分ツ、ハ之カ配給ヲ受ケタルカ如シト雖モ食料問題ハ時々刻々ニ其ノ必要ニ迫ラレツ、アリ依テ庁中ヨリ職員ヲ簡抜シテ陸軍大臣第一師団長ニ出兵ノ要求ヲ為シ兼テ貴官ニ口頭ヲ以テ報告セシメタル通リナルカ震災ノ翌二日ハ人心ノ安定ヲ除去スル能ハス各所ニ掲示シテ流言蜚語ノ打消シ罹災民ノ救助傷者ノ応急処置ニ努メ一面物資ノ来着ヲ待ツヨリハ寧ロ物資ノ需給上可能性ヲ有スル郡部ニ避難スルノ得策ナルヲ力説シテ漸次避難セシメツ、アルモ何シロ交通杜絶市民ハ疲労困憊シタルヲ以テ意ノ如クナラス止ナク船舶ヲ徴発シテ静岡及阪神地方ニ輸送ヲ開始セムト欲シ努力中ナルト共ニ當港停泊船これや丸ノ無電ヲ利用シ大阪、兵庫、両府県知事ニ糧食ノ配給ヲ依頼シツ、アリ

右及申報候也

大正十二年九月三日

神奈川県知事　安河内麻吉

内務大臣子爵　後藤新平　殿

震災状況報告（続報）第二報

爾来人心恟々トシテ不安ノ状態ニ在ル横浜市ハ本三日午前十一時駆逐艦ニテ赤坂第一聯隊中隊長正木雪儀少佐ノ率ユル兵員百十名（外ニ鳩班二名鳩二十羽）上陸次テ午後二時四十分習志野騎兵第十五聯隊長丸野尾順太郎大佐ハ騎兵二百五十名ヲ引率シテ到着午後三時軍艦山城ヨリ陸戦隊二小隊上陸直ニ別紙個所ニ配備シタル為メ市民ハ梢々安堵ノ色アリト雖モ市ノ外囲部落ニハ朝鮮人ノ来襲説盛ニシテ未タ全ク安定セス軍隊ノ来援尚一層必要ナルヲ認メツヽアリ

右及申報候也

軍隊配置個所

（一）食料飲料水配給場所

一、高島倉庫

一、新山下町

一、八幡谷戸

（二）食料品倉庫所在地

一、横浜ドック

一、神奈川横浜船渠

一、横浜税関（三菱倉庫及附近ニ物資ヲ積メル船舶モ含ム）

（三）現在家屋所在地

一、藤棚附近、浅間町、程ヶ谷方面（火薬製造会社モ含ム）

一、磯子方面（爆発物貯庫ヲ含ム刑務所付近共）

一、本牧方面（根岸）

一、神奈川三ツ澤方面

一、弘明寺蒔田方面

（四）罹災者集団ノ主ナルモノ

一、横浜競馬場　　　　　　　　　　一、横浜公園

一、一本松ヨリ掃部山ニ至ル地点　　一、山手公園

大正十二年九月四日

神奈川県知事　安河内麻吉

内務大臣子爵　後藤新平　殿

陸軍隊及応援巡査来着ノ件（第三報）

本日旅団長奥平少将以下陸軍ノ大部隊及群馬県ヨリ多数警官左記ノ通リ来着市民稍安堵ノ状アルモ食糧ノ供給等未タ

完カラサルト震火災以来極度ニ不安ト驚愕トニ襲ハレ然モ興奮セル市民ハ未タ全ク安堵スルニ至ラサルモ本日神戸港ヨリ入港セル山城丸ノ食料ヲ配給セントスルヲ以テ今夕ニハ大部分ノ安定ヲ見ルニ至ルヘシト思料セラル、モ今後宣伝等ニヨリ動揺ノ防止ヲ図ルベク努力中尚本日ノ宣伝左記ノ如シ

記

一、陸軍々隊
　奥平旅団長以下
　歩兵一ヶ聯隊
　騎兵一ヶ聯隊
　工兵一ヶ大隊
　其他衛生部隊
二、群馬県警察官
　警視　一
　警部　四
　警部補　九
　巡査部長　一六
　巡査　一八四
　計　二一六

「左記」宣伝文

（一）

戒厳令布告セラル

九月四日　　　　神奈川県

（二）

軍隊来る物資は大阪、神戸、仙台方面より海路盛に輸送せられつゝあり

暴漢は事実多からす殊に軍隊の到着に依り其の形を一見す戒厳令の施行に依り市民は兇器の携帯を禁せられ発見すれは直ちに徴収し処かせらるべし

陸軍よりは奥平少将以下騎兵各一個聯隊工兵一大隊其の他多数の兵員来り市民の保護に任す市民は安心して保護と食料の供與とを待つべし

九月四日　　　　神奈川県知事

大正十二年九月四日

神奈川県知事　安河内麻吉

内務大臣子爵　後藤新平　殿

震災ニ関スル件（**第四報**）

今回ノ震災ニ対スル事務処理ノ為ノ庁内職員左記分担ヲ命シ不取＊及警備ノ任ニ當ラシムルコト、セリ

記

総務部長　松原内務部長
　給糧係長　草柳農務課長
　給水係長　上田工場課長
　庶務係長　安藤地方課長
　会計係長　岡田会計課長
警務部長　森岡警察部長
　警備係長　野口警務課長
　通信係長　西坂高等課長
　朝鮮人係長　島川刑事課長
　救護係長　福田衛生課長
　　（但屍体処置ヲ含ム）
渉外部長　山宮産業部長
　船舶配給ニ関スル件
　食水調達ニ関スル事項
　其他渉外ニ関スル事項
徴発係長　小山保安課長

大正十二年九月四日

神奈川県知事　安河内麻吉

内務大臣子爵　後藤新平　殿

戒厳令施行ノ件（第五報）

本日午前十時二十分戒厳令施行セラレ＊条與殷及報告候也

関東戒厳司令官告諭

今般勅令第四〇一号戒厳令ヲ以テ本職ニ関東地方治安ヲ維持スルノ権ヲ委セラレタリ

本職隷下ノ軍隊及諸機関（在京部隊ノ外各地方ヨリ招致セラレタルモノ）ハ全力ヲ尽シテ警備、救護、救恤ニ従事シツ、アルモ此際地方諸団隊及一般人士モ亦極力自衛協同ノ実ヲ発揮シテ災害ノ防止ニ努メラレンコトヲ望ム

現在ノ状況ニ鑑ミ特ニ左ノ諸件ニ注意スルヲ要ス

一、不逞団体蜂起ノ事実ヲ誇大流言シ却テ紛乱ヲ増加スルノ不利ヲ招カサルコト

帝都ノ警備ハ軍隊及各自衛団ニ依リ既ニ安泰ニ近ツキツ、アリ

二、糧水欠乏ノ為不穏破廉恥ノ行動ニ出テ若クハ其ノ分配等ニ方リ秩序ヲ紊乱スル等ナカルベキコト

右告諭ス

大正十二年九月三日

関東戒厳司令官陸軍大将　福田雅太郎

関東戒厳司令官命令

本年勅令第四〇一号施行ニ関シ警視総監　関係地方長官

及警察官並郵便局長電信局長ハ勅令第四〇一号施行地域内ニ於テ本司令官ノ管掌ノ下ニ左ノ諸勤務ヲ施行スベシ但シ之カ施行ハ罹災者ノ救護ヲ容易ニシ不逞ノ挙ニ対シ之ヲ保護スルヲ目的トスルヲ以テヨク時勢ノ緩急ニ応シ寛厳宣シキニ適スルヲ要ス

一、警視総監及関係地方長官並警察官ハ時勢ニ妨害アリト認ムル集会若ハ新聞紙雑誌広告ヲ停止スルコト

二、警視総監及関係地方長官並警察官ハ兵器弾薬等其ノ他危険ニ亘ル諸物品ハ時宜ニ依リ之ヲ検査押収スルコト

三、警視総監及関係地方長官並警察官ハ時宜ニ依リ出入ノ船舶及諸物品ヲ検査スルコト

四、警視総監及関係地方長官並警察官ハ各要所ニ問所問所ヲ設ケ通行人ノ時勢ニ妨害アリト認ムルモノハ出入ヲシ又ハ時宜ニ依リ水陸ノ通路ヲ停止スルコト

五、警視総監及関係地方長官並警察官ハ昼夜ノ別（※以下不明）民ノ家屋建造物、船舶中ニ立入リ検察スルコト

六、警視総監及関係地方長官並警察官ハ本令施行（※以下不明）ニ寄宿スル者ニ対シ時機ニ依リ地境外ニ退去ヲ命ス（※以下不明）

七、関係郵便局長及電信局長ハ時勢ニ妨害アリタル郵便電信ハ開緘スルコト

大正十二年九月五日

神奈川県知事　安河内麻吉

内務大臣子爵　後藤新平殿

震災ニ関スル概況報告続報（第六報）

横浜市ノ概況ニ就テハ曩ニ報告ニ及置候処尚横須賀市外各郡ノ概況左記ノ通ニ有之候

一、横須賀市

全市ハ全戸約一万一千八百戸ノ処之カ被害ヲ受ケサルモノハ約百五十戸ニ過キスシテ而モ之等ハ孰レモ倒潰又ハ半潰ナリ而シテ夫以外ノ戸数約四千戸ハ震災ト同時ニ四個所ヨリ発生シタル火災ノ為焼失シ本四日迄ニ発見シタル焼死体ハ約四百五十個尚続々発見シツヽアリテ其ノ惨状筆紙ニ尽シ難キ状況ニシテ真ニ阿鼻叫喚其ノ極ニ達ス又焼失家屋ノ重ナルモノハ海軍病院海軍機関学校海兵団及横須賀郵便局等ニシテ全ク全市軍港ノ全滅ト謂フベキ状況ニ有之候

二、都筑郡

全郡ハ郡部タル関係上稍々其ノ被害ハ軽微ナリト雖モ尚且死者一五名重軽傷一三名全潰家屋一八六半潰一三二ニシテ幸ニ火災ノ起ラサルハ不幸中ノ幸ニシテ唯郡民ハ余震続発ト共ニ海嘯ノ襲来ニ人心不安ノ念ニ駆ラルヽ際不逞鮮人ノ襲撃説ハ一層民心ヲ脅威セシメ為メニ在郷軍人及青年団員ハ挙テ之カ警戒ニ任スル等人心極度ニ昂奮シ大ニ注意ヲ要スベキ状況ニアリ

三、久良岐郡

全郡ハ横浜市ノ南部ニ接シ其ノ被害モ相當強烈ニシテ今日迄ノ調査ニ依レハ死者一百名重軽傷七二五名住家全潰一二一二戸半潰二九九九戸ニシテ殆ト三分ノ二以上ノ倒潰家屋ヲ見ルノ状況ニシテ其ノ内重ナル建造物ハ大岡川村役場全村小学校金沢村小学校及日下村役場等ニシテ其ノ他道路ノ崩壊及橋梁ノ破損等数カ所ニシテ其ノ惨害ノ甚大ナルモノ名状スベカラズ、又本郡ニ於テモ不逞鮮人カ此ノ非常事変ヲ好機ニ物資ノ掠奪強姦放火ヲ為スノ説熾ニ伝ハリ民心愈々不安ノ状況ニアリ各消防組在郷軍人団等ハ自衛的ニ之カ警防ノ任ニ當リツヽアリシ処二日午後三時頃ヨリ追浜飛行場ノ附近ナル屛風浦、金沢其他隣接村落ニ横須賀海兵団駆逐艦及横須賀航空隊ヨリ海軍兵武装上陸シ之カ警戒ニ当リタル為人心稍安堵ノ傾向ヲ呈シ来リツヽアリ

四、鎌倉郡

全郡ノ被害又甚大ニシテ未タ之カ調査ヲ為ス能ハサルカ鎌倉、戸塚及腰越津ノ各町村ノ如キハ殆ト全滅ノ状況ニアリ殊ニ鎌倉町及腰越津村ノ如キハ数ヶ所ニ火災発生シ其ノ死傷無数ニ達スベキ状況ナルト共ニ其ノ実数ヲ知ル能ハス戸塚町ノ如キハ死者二十七名倒潰家屋三百十戸半潰家屋ハ約九分五厘ニ達シ倒潰家屋ノ重ナルモノハ戸塚小学校役場警察署及郵便局等ニシテ其ノ他鎌倉郡役所及鎌倉警察署ノ半潰等アリテ尚引続キ調査中ナリト雖其ノ被害ハ重大ナルコト予想外ニアリ

五、足柄上郡

全郡は被害比較的僅少ニシテ目下詳細取調中ナルモ今日迄概略調査シタル処ニ依レハ死傷三九名倒潰（半潰）家屋約七割ノ見込ミニシテ特ニ顕著ナル建物ノ被害ナキモ全郡ハ医師ノ欠乏セル為メ之カ救護ニ関シ幾分困難ヲ感シツヽアル模様ナルモ他市郡ニ比シ軽微ナルヲ以テ人心稍安定セル状況ナリ

六、高座郡

全郡ハ他ノ各郡ニ比シ範囲広汎ナル為メ全部ニ亘ル調査極メテ困難ナルカ現在調査シタル処ニ依レハ死傷二九三名倒潰家屋三二〇九戸半潰一一四五戸ニシテ其ノ被害ハ決シテ僅少ニアラサルモ幸ヒ火災ノ発生セサリシハ最モ幸トスル処ニシテ目下引継キ調査中

七、三浦郡

全郡ハ被害又甚大ニシテ目下調査中ナルモ死者五、六百名重軽傷者四、五千名全潰家屋二五〇戸半潰三五〇戸ニシテ重ナル建物トシテ浦賀船渠会社工場、三崎警察分署ノ半潰、三崎病院及三崎小学校ノ全潰等殊ニ船渠会社ノ被害等ハ最モ大ナルモノトス其ノ他浦賀町ニ於ケル断崖ノ崩壊等ハ数ヶ所ニ及ヒ殆ト全町全滅ノ状態ニアリテ尚引続キ調査中

八、中郡

全郡ノ被害ニ就テハ尚引続キ調査中ナルカ概要調査シタル処ニ依レハ死傷者ハ平塚町約二百三十八名其ノ他ノ各町村ハ約二十名内外ノ模様ナルト共ニ又倒壊家屋モ全戸数ノ二分一乃至六分ノ状況ニシテ現ニ判明セルハ死者四百二十五名重軽傷者数百名焼失家屋十数戸全潰家屋二千八百六〇戸半潰二千四百六〇戸ニシテ又震災ト同時ニ各所ニ火災ヲ発生シ其ノ惨状殆ト筆紙ニ尽シ難ク其レト仝時ニ上リ急行列車ハ大磯町高麗山下ニ於テ顛覆シ死者重軽傷者三十数名ヲ出シ又平塚火薬廠ハ爆発ト共ニ火災ヲ発シ其ノ死傷者最モ多数ノ見込ニシテ未々調査不能ノ状況ニアリ其ノ他尚被害ノ重ナルモノハ大磯、平塚、二ノ宮ノ各駅ノ倒壊並相模紡績会社工場ノ倒潰ニ因ル数百名内外ノ死傷之ニ次クニ杏雲堂病院ノ倒潰ニ基ク死亡者二十名内外等ハ最モ顕著ナルモノニシテ尚詳細ハ調査中

九、橘樹郡

全郡ハ川崎ヲ中心トセル工場地帯ナル為メ其ノ被害モ重大ナルモノ、如クシテ今尚調査中ナルカ今日迄ニ判明

セル処ニ依レハ富士瓦斯紡績工場ノ死者約百名重軽傷者ニ百名ヲ筆頭ニ明治製糖、東京電気其ノ他各工場ノ被害莫大ニシテ之カ調査ハ尚今後数日ヲ要スルニアラザレハ之カ調査ヲスル不能其ノ他各町村ノ倒潰家屋ハ約七割以上ニ達シ実ニ惨憺タル光景ヲ呈セルモ鶴見町ハ被害極メテ少ナリ

一〇、愛甲郡

全郡ノ被害又甚大ニシテ震災ト仝時ニ各所ニ火災ヲ発シ死者（傷死者共）五十七名重傷者百数十名焼失家屋二百四十三戸全潰家屋一〇一八戸半潰二百七十戸其ノ内重ナル建物ハ厚木実科高等女学校、税務署、郵便局、役場等ニシテ引続キ調査中

一一、足柄下郡

全郡ハ被害最モ甚大ニシテ各町村ニ亘リ目下調査中ナルカ殊ニ小田原町ノ如キハ其ノ最モ莫大ナルモノニシテ殆ト全町全滅ノ状態ナルヲ以テ死傷算ナク引続キ取調中

以上ノ如キ状況ニシテ之カ被害ハ到底一朝一夕ニ調査スル能ハス殊ニ被害民ニ対スル救済問題ハ焦眉ノ急ナルモ市部ノ救済急ニシテ郡部ニ及ホス能ハス郡部ハ郡長、署長、町村長、適宜協商救済中尚又前期死傷者中皇族其他知名人士ノ被害者別記ノ通ニ有之候

朝鮮人ニ関スル件

（一）九月一日正午未曽有ノ震火災ヲ惹起スルヤ或ハ朝鮮人三百名許集合シテ邦人虐殺ノ協議ヲナシタリトカ或ハ邦人ノ家ヲ焼払ヒ婦女ヲ強姦シ掠奪ヲナシツヽアリトノ風説市内各所ニ伝ハリ罹災民ハ戦々競々トシテ之ガ警戒ニ任シ居タルガ風評ノ生ジタル根拠ハ市外程ヶ谷町ニ於テ震災前百数十名ノ鮮人土工ヲ線路復旧工事ニ使用シ居タリシガ此等ノ者ガ今回ノ震災ニヨリ罹災民中ニ交ハリ言語通セズ食スルニ物ナカリシヨリ意思ノ疎通ヲ欠キ為メニ此方ニ種々ノ流言蜚語ヲ生シタルモノト思ハルヽモ尚或ハ邦人中此機会ニ於テ為メニスル所アラント欲シ虚偽ノ風説ヲ宣伝シタルニ非スヤトモ思料セラレ目下極力之ガ出所ニツキ捜査中

（二）鮮人中燐寸ヲ所持シタルモノアルモ放火シタリトノ風評ハ目下捜査中鮮人中婦女ヲ強姦シタリトノ風評ニ就テハ被害者及加害者行衛不明ニシテ具体的事実ヲ捕捉シ難ク目下捜査中鮮人中掠奪ヲ為シタリトノ風評ニツキテハ食料ニ窮シタル結果掠奪的行為ヲ敢テシタルモノ（此種ノ行為ハ邦人中ニハ多々コレアリ）有之ハ想像スルニ難カラザルニ適確ナル確証ヲ握ル能ハズ目下捜査中

九月二日午後十一時四十分頃市内西戸部町神奈川県立第一中学校裏ニ於テ加藤某、飯田某ナル両名ノ青年ガ夜警中二名ノ鮮人ノ為メ狙撃セラレタリトノ報告ヲ受ケタルヲ以テ捜査スルニ大熊某ナル邦人ガ飯田某ヲ負傷セシメタル事実ガ誇大ニ伝ハリシモモノニシテ鮮人狙撃ノ事実ナシ

九月二日午前二時頃市内中村町字平楽一一五番地岡田熊蔵居宅前道路ニ於テ寿町警察署巡査影山辰男ハ住所氏名年齢不詳ノ鮮人ノ為メ右手甲中指ヨリ小指ニ渉リ短刀様ノ物ニテ斬付ケラレ深サ骨膜ニ達スル傷害ヲ負ハシメラレタル事実アルモ犯人逃走シ之ヲ捕フル事ヲ得ズ

九月四日午後一時頃市内新山下町グランドホテル前ニ不逞鮮人三十名上陸シタリトノ報告ヲ受ケ捜査シタルニ当時鮮人ノ上陸シタル事実ナク支那人三十名許上陸シタルヲ鮮人ナリト誤リテ伝ヘラルモノナリ

（三）目下横浜市及附近警察署ニ収容保護サレツヽアル鮮人ハ全部約六百名アリ
一部民衆ハ＊項ニヨリ＊＊＊＊鮮人ノ暴行々為ハ風説ニヨリ恐怖ノ念ヲ生シ転ジテ今ヤ鮮人ヲ＊＊憎悪ノ念著シク飛常ノ敵愾心ニ駆ラレツヽアル現状ナルヲ以テ直チニ開放シ生業ニ従事セシムルガ如キ事ハ勿論＊挙ニ警察署ニ保護収容シ＊リハ＊＊ノ結果如何ナル事変ヲ発生スルヤモ計カレザル処アルヲ以テ本日ヨリ＊＊鈴木商店華山丸ニ収容保護シ＊ヲ見テ適当ノ処示ヲ講ずる方針ナリ

大正十二年九月七日現在

「九月十日報告」ト後日記載シタ模様

神奈川県郡部（横須賀市ヲ含ム）震災状況

臨時震災救護事務局　　神奈川支部警備部

目次

五、重ナル官公署学校社寺及特殊建物ノ被害
六、官公吏員ノ死傷数
七、糧食ノ現在状況
八、死傷者ノ救護方法
九、罹災者ノ救済方法
一〇、警察官及家族ノ死傷並救済状況
一一、罹災民集散並ニ其ノ他待遇状況
付記（一）民心ノ変動及掃嚮（二）鮮人ノ動静及民心ノ反動ハ「秘」トシテ別綴シ為ス
（※ここには、付記（一）民心ノ変動及掃嚮（二）鮮人ノ動静及民心ノ反動のみ記載する）

付記

㊙（一）**民心ノ変動及掃嚮**

郡部（横須賀市ヲ含ム）ニ於ケル震災ノ態様及其ノ程度ハ場所ニ依リテ差異アリ一様ナラサルヲ以テ震災ニ依リテ受ケタル民心ノ変動モ亦厚薄アルヲ免シ難ク惨害其極ニ達セル横須賀小田原ノ如キハ強震ニ次々ニ火災ヲ以テシ死傷者甚大ナルニ加ウルニ余震益益屢々至レリヲ以テ民心ノ恐怖言語ニ絶シ仝地方ハ一帯ニ不安ニ充タサレタルノミナラス糧食ノ窮乏朝鮮人襲来ノ風説流布サレタル為メ恐怖ノ念ヲシテ一層激甚ナラシメ殊ニ糧食窮乏ノ為メ罹災民中一時的ニ共産主義的傾向ニ走リ人心悪化ノ風アリシガ横須賀方面ハ海軍ヨリ小田原方面ハ附近村落及静岡方面ヨリ鎌倉方面モ亦其附近ヨリ糧食ノ補給ヲ受クルニ至リ一面鮮人ノ襲来騒モ漸次薄ラキ時日ヲ経ルニ従テ民心安定ニ赴キ棈、平静ニ復セントシツヽアリ横須賀、小田原、鎌倉以外ノ各町村ニ於ケル被

害＊少カラサレシト幸ニ大火災ヲ免レタルリ以テ人心ノ恐怖横須賀小田原鎌倉方面ニ比シ其度薄ク加フルニ市＊＊＊＊セルヲ以テ其ノ附近ヨリ糧食＊＊以テ受クルハ困難ナラサリシ為鮮人襲来騒ノ為メ一時民心ノ安定ヲ奪ワレン外ハ糧食欠乏ニ基因セル脅威ハ比較的少ク民心ノ赴ク処＊＊復旧ニ努メツ、アルノ状況ナリ

（二）不逞鮮人ノ動静及民心ノ反動（※原本は「不逞」箇所に取消線入り）

（1）鎌倉方面

当地方ニハ不逞鮮人ノ出没スルコト絶ヘテ無カリシモ本月二日以後東京横浜地方ヨリノ避難民中全地ニ於テハ鮮人ガ大挙シテ暴動ヲ起シ己ニ続々当地近ク来襲セリトノ蜚語スルモノアリ為メニ一昨人心恟々タルモノアリシヲ以テ警察官署ハ青年団在郷軍人等ノ助力ヲ得テ之ガ警戒ニ備フルト共ニ其真相ヲ調査シタルニ事実無根又ハ誇大ニ報道セラレタルモノナルコト判明セルヲ以テ之ヲ速カニ一般ニ発表シ宣伝セル結果民心漸次鎮静ニ赴タリ

（2）松田方面

震災後本月二三日以来朝鮮人来襲の報頻々トシテ宣伝セラレタルヲ以テ警察官ハ各部落ノ青年団在郷軍人等ヲ指導シテ日夜之カ警戒ニ腐心シタルモ遂ニ其事ナリ単ニ鮮人ノ取調ノミニ止マリ青年団等ニシテ彼等ニ対シ暴行ヲ加ヘタルガ如キモノナク遂ニ之ガ虚報ナルコト判明シ且ツ軍隊ノ駐屯ニ依リ漸次恟々タル人心ヲ鎮静セシムルニ至レリ

（3）小田原方面

当地方ニ於ケル鮮人ハ主トシテ熱海線工事ニ従事スル関係上足柄下郡土肥村及吉濱村箱根方面ニ居住スルモ

ノ多ク比較的平穏ナリシカ震災後東京、横浜方面ノ避難民ニシテ鮮人ガ大挙シテ押寄セ来ルヘシトノ虚報ヲ流布スルモノアリタルヨリ民心頓ニ悪化シ各竹槍刀剣等ヲ携ヘ警戒ニ任シ殺気横溢ノ状勢ニ示セリ警察官署ニ於テハ急遽調査ノ結果事実無根ナルヲ発表スルト共ニ兇器ノ携帯ヲ禁止シ極力人心ノ安定ニ奔命シタル結果一旦漸ク鎮静ニ帰シタリ然ルニ土肥村ニ於テ土工輩ノ喧嘩ヨリ終ニ鮮人ガ日本婦人ヲ水田中ニ突飛バシタル事件突発シタル為メ之ヲ瞥見シタル民衆ハ仝婦人ヲ殺害シタルモノト誤認シ直ニ警鐘ヲ乱打シテ消防組ヲ召集シ該鮮人ヲ追跡中偶々他ニ台湾人二名ニ遭遇シ之ヲ鮮人ト誤マリ殺害シタル外真鶴村ニ於テ鮮人二名ニ対シ重傷ヲ負ハシメタル事件アリ仝地方ニハ静岡県熱海地方ノモノヲ合シテ鮮人凡ソ七百名アリ人心益々不安ニ陥リシカ軍隊ノ派遣ニ依リ漸次其不安ヲ一掃セラルヽニ至リ居住鮮人モ亦何等不穏ノ行動ニ出ツルモノナシ

（4）厚木地方

当地方ニハ不逞鮮人ノ入込ミタル形跡ナキモ京浜地方ノ避難民ニシテ仝地ニ於ケル鮮人ノ暴動ノ流言蜚語スルモノアリタルヨリ部民ハ之ニ対シ異常ノ恐怖ニ襲ハレ遂ニ鮮人ニ対スル反抗心ト化シ不安嫌悪ノ気勢漲リタリシモ警察官署ニ於テ極力之カ鎮静ニ努メ且ツ何等争闘ヲ醸成スルコトナクシテ止ミタリ

（5）伊勢原方面

不逞鮮人ノ京浜地方ニ於ケル暴動ヲ＊ツルモノアリタルモ終ニ入リ込ミタル形跡ナリ民心ノ反動等ナシ

（6）秦野方面

仝　上

（7）三崎方面

仝　上

（8）浦賀方面
　仝　上
（9）横須賀方面
当地方ニハ現在鮮人二百五十名アルモ極メテ平穏ニシテ一般民衆中京浜地方ヨリ来集セルモノ、流言蜚語ニ依リ竹槍刀剣等ヲ携帯シ徘徊スルモノアル為メ彼等ヘ危害ヲ加ヘラレンコトヲ恐ル、状況ナルヨリ警察官署ニ於テハ横須賀市不入斗練兵場ニ鮮人救護所ヲ設ケ散在者ヲ救護収容シ且ツ民衆ニ対シテハ其浮説ナルヲ表明シ不安ヲ鎮静セシメ兇器ノ所持ヲ禁シタリ
（10）大磯方面
当地方ニハ不逞鮮人ノ立入横行暴虐ヲ敢行シタル事実絶無ナルモ一般部民ハ鮮人ガ東京横浜方面ニ於テ大挙暴動ヲ為シタリトノ風評ヲ聞知シ戦々恟々トシテ不安ノ念ニ襲ハレ鮮人発見ノ際ハ殺害ヲ加ヘンコトヲ企図シ極度ノ反感ヲ持セリ而シテ仝地居住ノ鮮人十数名ハ性行善良ニシテ目下相模紡績会社ノ死者発掘ニ従事シ外出セスシテ労務ニ服シツ、アリ而シテ警察官署ニ於テ取調ヘヲ為シタルモノ二十三名ニ達シタルモ何レモ他ヨリ入込ミタルモノニシテ之等ハ保護ノ為メ関西方面ニ向ケ逓送シ民心ノ鎮静ニ尽シタル結果全ク其不安ヲ一掃スルニ至レリ
（11）戸塚方面
不逞鮮人六七名横浜方面ヨリ遁走シ来リシモ当地ニ於テハ更ニ不穏行為ニ出テス而カモ民衆の横浜方面ヨリノ流言ニヨリ極度ニ激昂シ不安ノ気漲リ地方青年団等ハ日夜之カ警戒ニ努メ不逞鮮人ノ発見ニ腐心シ居ル際二日午後四時頃川上村国道筋ニ於テ通行人ハ遂ニ鮮人三名ヲ殺害スルニ至レリ
（12）藤沢方面

不逞鮮人ノ入込ミタル形跡ナシ而カモ横浜方面ニ於テ鮮人暴挙ノ報ヲ伝聞シ一般部民ハ鮮人ニ対スル憎悪反感ノ念ヲ強メ鮮人ト見レバ無抵抗平穏ノ者ト雖モ悉ク之ヲ殺害セントする状勢ヲ馴度シ遂ニ茅ヶ崎町ニ於テ鮮人五名日本人一名（鮮人ト誤認ス）計六名ヲ殺害スルニ至シリ而シテ警察官署ノ鎮度ト本月五日軍隊ノ来着トニ依リ民心漸次安定ヲ致セリ

(13) 日下方面

不逞鮮人ノ立廻リタル形跡ナキモ部民ハ横浜地方ヨリノ蜚語ニ依リ不安ノ念ニ駆ラル、ト共ニ鮮人ニ対スル反感憎悪甚シク青年団在郷軍人会ハ日夜警戒ニ努メ人心恂々タルモノアリシモ何等争闘ヲ演スルコトナクシテ止シ漸次民心ノ鎮静ヲ見ルニ至レリ

(14) 葉山方面

仝　上

(15) 川崎方面

当地方ニハ約二百名ノ鮮人居住スルモ平穏ニシテ不逞行為ヲ敢行スルモノナカリシモ部民ハ京浜両地方ヨリノ頻々タル飛報ニ依リ極度ノ不安ト恐怖ニ襲ハレ鮮人ニ対スル憎悪反感ノ念甚敷一時殺気横溢ノ状態ヲ現出セシヲ以テ警察官署ニ於テ居住鮮人三百名ヲ安全ノ箇所ニ保護シ且ツ其気根ノ事実ナルヲ表明シ鎮撫ニ尽シタルモ極度ニ昂奮セル民心ハ益々ソノ勢ヲ増シ警鐘ヲ乱打シ法螺貝ヲ鳴ラシ竹槍刀剣等ヲ携帯シテ随所ニ争闘ヲ演シ遂ニ死者四人（内　内地人一鮮人三）負傷者五人（内　内地人二鮮人三）ヲ出スニ至リ而カモ鮮人ニ対スル之等ノ反感ハ漸次緩和鎮静セラレ不安ノ気ヲ一掃スルニ至レリ

(16) 鶴見方面

当地方ニ居住セル鮮人ハ潮田鶴見ヲ通シ約三百名ニ達シ仝所土工部屋并国道事務所属土工部屋ニ寄寓シ比較

的善良ノ分子ニシテ敢テ不逞ノ行為ナカリシモ東京、横浜方面ニ於ケル鮮人ノ放火強盗強姦等犯行ノ風評頻々トシテ宣伝セラレタルヨリ一般部民ハ不安ト恐怖に襲ハレ鮮人ヲ憎悪敵視スルニ至リ各自警団ハ兇器ヲ持シ警戒ノ任ニ当リ険悪ノ気漲リタルヲ以テ保護ノ為メ鮮人三百八名ヲ安全ノ箇所ニ収容シ極力其流言浮説ナルヲ説示シ民心ノ鎮静ニ尽シタルモ遂ニ随所ニ争闘ヲ演シ殺傷者ヲ出スニ至リナリ而シテ軍隊ノ来着駐屯ニヨリ人心漸次安定ヲ見ルニ至レリ

(17) 高津方面

不逞鮮人ノ入込ミタル形跡ナキモ京浜地方ヨリ流言浮説ニ惑ハサレ部民ハ極度ノ不安ニ襲ハレ青年団消防組等ハ日夜警戒ノ任ニ当リツヽアリシモ何等争闘ヲ見ルニ至ラス終ニ其念根ノ蜚語ナルコトヲ知リ民心漸次鎮静スルニ至レリ

(18) 都田方面

仝　上

(19) 中野方面

仝　上

(20) 秦野方面

仝　上

（了）

＊情発第七号

大正十二年九月二十日

神奈川県知事　安河内麻吉

内務大臣子爵後藤新平

震災状況ニ関スル件

管下横浜市及郡部ノ震災状況ハ数次及御報告置候＊其ノ後ノ概況左記ノ通ニ有之＊条＊＊及報告候也

一、災害ノ概数（略）

（※以下の文章の上に『部外秘』の記入あり）

一、民心ノ動揺思想ノ変化并推移ノ状況

震災ニ亜リニ火災ヲ以テシ加フルニ鮮人ノ襲撃又ハ海嘯来襲等謡言盛ニ流布セラレタルノ結果トシテ横浜市民ハ勿論郡部ニ於テモ異状ノ驚怖ニ襲ハレ人心恟々タリ殊ニ衣食住ニ窮スル罹災民就中労働者階級ノ者ハ当時異状ノ心理状態ニ変シ其ノ多クハ狂暴性トナリ暴力者ノ活躍時代ノ如キ観ヲ呈シ人心ノ帰嚮ニ多大ノ不安ヲ感セシメタリシモ糧食供給ノ普及ハ軍隊警察官ノ秩序維持ノ漸次周到ナルニ従ヒ人心漸リ安定シ本月七八日頃ヨリハ仮住避難民間ニ談笑ノ声ヲ聞クニ至リ十日頃ヨリ露天行商モ安全ニ行ハル丶ニ至リ横浜市又本月十四日ヨリ臨時公設市場十一ヶ所ヲ開設スルニ至レリ之レヨリ先キ震災当初ニ於テハ警察官ノ不足ニ救護事務ノ繁忙トニ依リ周到ナル警備ヲ尽ス能ハサルヨリ略奪窃盗等ノ行為頻出ノ傾向アリシモ本月九日ヨリ断＊犯罪ノ検挙方針ヲ執リ市内各署一斉ニ之ヲ実行シ続ケ之カ検挙ヲ為シタル為メ犯罪ノ日々減少シ秩序ノ維持モ亦漸次良好ニ赴キツヽアルニ至レリ而シテ之ヲ精細ニ観察スルニ今回ノ災害ニ依リ都市ノ全滅ト社会ノ破壊的現象ハ不逞者ノ理想実現ノ絶好機会

ナルコトヲ感得セシメタルニアラサルヤノ憂ヒナキニアラスト雖モ一般人民ニハ只不安ト驚怖ト失望トヲ与ヘタルノミニシテ思想上ニハ大ナル変化ナリ之カ推移モ概ネ変化ナカルヘキモ救済方法ノ適否ハ人心ノ推移ニ影響ヲ及ホスヘキヲ以テ特ニ留意ヲ要スルモノト認メラル

一、罹災民ノ救済及食糧ノ配給状況（略）

一、電燈ノ供給（略）

一、罹災民ノ避難状況（略）

一、商取引状況と暴利取締

一、銀行郵便貯金の払出（略）

一、自警団の状況

震災当時ニ於テハ各人異常ノ恐愕ニ襲ハレ更ニ流言蜚語ノ為ニ人心恂々タルモノアリ従テ地方住民中ノ男子ハ何レモ自警共衛ノ為メ自然之カ設置ノ必要生シ県下到ル処自警団ノ組織ナキハナク何レモ昼夜ヲ分タス警戒ニ努メタルモ日ヲ経ルニ従ヒ人心安定其必要ナキ＊ナラス自警団設置ノ為メ却テ永ク住民ニ不安ノ念ヲ懐カシムルニ至ルヘキヲ以テ自警団ハ可成廃止スル様所轄警察署長ヲシテ懇諭セシメ若シ地方ノ状況ニヨリ盗難火災ノ防止及衛生上設置ノ必要アル地ニ於テハア所轄署長ニ願出テ許可ヲ受ルヘキ方針ヲ樹テタリ尚之ヨリ先キ横浜市を中心ニ二十九箇所ノ検問所ヲ設ケ警察官及警備軍派遣ノ兵士ト共ニ検問ニ従事セシメタル為メ殆ント人心安定ニ赴キツ、アリト雖モ市及郡部中家屋ノ残存セル地域ニ於テハ盗難予防及火防上必要アリ末々全ク之ヲ廃止スルニ至ラサルモ震災当時ノ如ク兇器棍棒ヲ持シ自警団カ自ラ通行人ヲ誰何訊問スル等ノコト全ク跡ヲ絶チタルヲ以テ敢テ大ナル弊害ナキ限リ暫ク之ヲ認容シ漸次廃止セシメント欲シツ、アリ今横浜市ノ中心トセル検問所ヲ挙クレハ左ノ如

シ

記

一、川崎町六郷橋際
二、横浜市青木町鉄橋際
三、程ケ谷町元町都筑街道分岐点
四、横浜駅前
五、横浜水上警察署
六、横浜市西戸部町藤棚
七、南吉田町日本橋
八、井土ヶ谷町
九、八幡橋
一〇、弘明寺
一一、大岡町派出所
一二、横浜市尾上町五丁目
一三、本町六丁目弁天橋
一四、山手地蔵坂上
一六、浅間町追分
一七、北方町桜道停留所付近

一八、山手町谷戸坂上

一九、本牧町原巡査派出所

一、傷病者救済ノ状況（略）

一、死体処置ノ状況（略）

一、警察署派出所ノ焼失ト復旧（略）

一、巡査ノ勤務ト健康状態（略）

一、警察官ノ死傷（略）

3 神奈川方面警備部隊法務部日誌（大12・9・3〜10・30）

解説

山本すみ子

この文書は、二〇一三年横浜市立中央図書館で公開され、私たちはコピー文書で見ることができる。この文書がなぜここに存在し、九〇年経って見れるようになったのかは不明である。この文書は公文書に準ずる文書だそうだ。

何よりも重要なのは、日誌の中で軍隊が虐殺した事実が書かれていることだ。これまで横浜では多くの虐殺の事実が隠蔽されてきたが、この日誌で軍隊が虐殺したことが明らかになったことは重要である。

この日誌は、陸軍法務官鈴木忠純の行動を陸軍録事天童正男が記録したものである。つまり一九二三年九月三日から一〇月三〇日まで、鈴木忠純が神奈川方面警備部隊付きの法務官に任命されてから免ぜられるまでの活動が記録されている。

いったい法務官とはどんな役割をしているのだろうか。日本には戦前、軍法会議という特別な裁判所が存在していた。軍法会議の下では五人の裁判官がいて、四人は武官、一人が分文官で構成されていた。この文官は司法官試補の資格を持った法律の専門家であり、軍の法務官とし称されていた。(この制度は一九二一年より行われていた)

この日誌で何よりも重要なことは、法務官鈴木忠純が朝鮮人虐殺跡を視察に行ったということである。それも一回ではなく、翌日憲兵長植木鎮夫と一緒に同じ虐殺地を視察している。

軍隊内の朝鮮人虐殺調査

虐殺跡に至る法務官鈴木忠純の行動を追跡してみよう。

九月一九日（水）この日法務官鈴木忠純は、「災害ニ基因スル朝鮮人ニ関スル事件調査報告書提出方ヲ各部隊ニ通達」した。おそらくこれは陸軍法務部に調査要請が来たのだと考えられる。各部隊、つまり横浜の軍隊内での調査である。その報告はすぐ集約したと思われるが、その結果についての記録はない。

九月二二日（土）「朝鮮人犯罪調査ニ関スル件ニツキ長時間話シ合イ」を行なっている。

一九日の各部隊からの調査結果がまとまり、問題が出てきているということではないかと考えられる。では、誰と長時間話し合っているのか。横浜地方裁判所次席検事滝川秀雄および検事事務応援のため来浜した東京控訴院検事乙骨半二および石塚揆一等、当司令部附陸軍歩兵大尉平岡潤一、それに憲兵隊長植木鎮夫を招致し「相共ニ鮮人犯罪捜査ニ関スル件」に付き長時間打合せをしたようだ。内容は記録されていないが、一九日調査をした結果の会議であること、調査の結果、話さねばならないことがあるということ、つまり犯罪が明らかになったことが伺える。

この前日法務官の鈴木の行動に、私は気になった記録がある。それは、事務打合せの為と言う理由で「横浜根岸加曽若尾幾造別荘内歩兵第57連隊本部」を訪れていることである。二二日の会議はあらかじめ設定されてメンバーにも連絡が前もってされていると思う。その会議で調査の結果を報告するのは鈴木であろう。その鈴木が、調査から伺える事件に関して直接聞き確かめておく必要があったのではないだろうか。歩兵第57連隊は、九月四日戒厳司令官奥平俊蔵と一緒に来浜した部隊（二二〇名）で当初は根岸小学校に本部を置いていた。

会議は、メンバーから想像するとどのように処理するかの意思統一を図ったのではないかと想像する。特に東京からのメンバーの来席は、東京の軍隊の虐殺の処理と同一行動を取ることも考えたのではないか。軍隊が朝鮮人虐殺をしたのではないかということが見えてくる。

九月二三日から司令部が歩兵第2旅団から歩兵第4旅団に引き継がれることになり、鈴木法務官も「陸軍少将奥平俊蔵ノ隷下カラ、陸軍少将斎藤恒ノ指揮下ニ在リテ勤務スベシトノ命令」を受ける。事務引き継ぎ、挨拶などの行動が多い。

九月三〇日（日）「鮮人ニ対スル内地人迫害ニ干スル件及犯罪容疑者報告」を陸軍省法務局長、山田法務官、湯原司法事務官に提出している。ここで明らかになったことは、軍が朝鮮人虐殺をやったということだ。

横浜も軍隊が朝鮮人虐殺

ここまでは、どこでやったのかは明らかになっていない。

一〇月四日（木）「横浜市青木町栗田谷岩崎山鮮人虐殺ノ跡ヲ視察シタリ」と場所も特定され、朝鮮人虐殺をしたこと、この場所で行なったことが明らかになった。

一〇月五日（金）朝鮮人虐殺跡へ憲兵長植木鎮夫と一緒に視察に行き「憲兵長ト種々打合セヲ為シタリ」している。その時、死体はどうなっていたのだろうか。すでにどこかに撤去されていたのだろうか。法務官鈴木忠純は、昨日は場所を確認することは出来たが、虐殺地での問題が発生し一人では解決できないので憲兵長を連れて来たのであろうか。憲兵長とはこの間、九月七日以来高島山の松下邸で執務に当たり共に起臥している相手だが、現場に立っての問題認識も意思統一しておかねばならないだろう。虐殺現場は、彼等が執務している高島山から眼下に見えるし、歩いて五分程度の場所である。

虐殺地は岩崎山と呼ばれていた。現在はその名を知る人はほとんどいない。しかし、横浜市の震災誌にはこの名前は出てくる。町名は幸ケ谷であるが岩崎山と呼ばれる麓に岩崎さんと呼ばれる方が、かなり広い土地を所有している。それで彼らは岩崎山と称していたのだろうと推測する。

軍隊が虐殺した場所は分かったが、虐殺された、被害者の朝鮮人はどこから何人ぐらい連れてきたのか、誰が連れてきたのか、朝鮮人の名前は、年齢は、どこに住んでいたのか、仕事は、出身地は、加害者の軍隊はどの部隊か、誰なのか、武器は何か、それらは全く不明である。

この近くに横浜で七つ警察署がある中で、唯一震火災に遭わなかった神奈川警察署がある。神奈川警察署のまわりには、朝鮮人が多く住んでいた。また中国人もたくさん住んでいた。
「在日本関東地方罹災朝鮮同胞慰問班」の調査では、神奈川警察署の中でも三人虐殺されているし、警察のすぐ裏、御殿町で四〇名も虐殺されているとされている。御殿町に住んでいた朝鮮人は、移転した神奈川小学校の古い校舎に一〇〇人ほどが住んでいたと思われる。また、海に向かって埋立地に建設された工場、電気会社内での虐殺、京浜ドック（ドライドック）の基礎工事に励んでいた一〇〇余人の労働者が浅野造船所隣内務省機械工場の広場に建てた飯場で、また宝町の飯場で襲撃されている五〇人とも八〇人とも言われる朝鮮人が虐殺された。また慰問班の調査には出てこないが、線路を隔てた反町遊郭の裏門近くで一七、八人、二つ谷橋で二〇人、東神奈川の駅の近くの神明町で中国人がたくさん虐殺されているし高島町でも多くの中国人が警官と労働者（自警団）によって二日虐殺されている。このように警察署のまわり一帯は正に神奈川虐殺地帯と言っても過言ではない。

この日誌で分かったことは、

一、横浜で軍隊が朝鮮人虐殺をした。
二、虐殺は、横浜市青木町栗田谷岩崎山でやった。
三、この事実を軍隊は、「鮮人虐殺」と言っている。（当時軍隊内において朝鮮人虐殺と言っていた）

以上三点が確認できた。今後の課題は、神奈川警察署で保護という検束で九月二日から収容した五〇〇人ほどの朝鮮人、中国人の行くへの問題、神奈川鉄橋の五〇〇人の虐殺の事実など神奈川での虐殺の行くへの課題はたくさんあり、重要な課題である。

神奈川方面警備部隊法務部日誌

大正十二年

九月三日　月曜　曇後雨

一、陸軍法務官鈴木忠純陸軍録事天童正男ハ関東戒厳神奈川警備隊司令部要員ヲ命セラレタリ

二、陸軍法務官鈴木忠純第一師団軍法会議検察官ヲ命セラレ陸軍録事天童正男ハ第一師団軍法会議検察部附ヲ命セラレタリ

三、午後二時陸軍法務官鈴木忠純、陸軍録事天童正男ハ関東戒厳神奈川警備隊司令部編成場所タル東京赤坂青山一丁目所在歩兵第二旅団司令部ニ集合シタリ

四、午後二時四十分関東戒厳神奈川警備隊指令部員一同東京芝浦ニ到着

五、午後八時司令部員及歩兵第五十七連隊第二大隊ト共ニ帝国特務艦膠州ニ乗艦

六、午後八時三十分芝浦沖ヲ出帆

七、午後十一時横浜沖船風波荒キ為艦中ニ宿泊ス

九月四日　火曜　晴

一、午前七時横浜市谷戸橋ニ上陸同所附近ニ設置シアル海軍陸戦隊ニ到リ隊長其ノ他ヨ震災後ノ当地ノ状況ヲ聴取シタリ

二、午前九時海軍陸戦隊長ノ案内ノ下ニ司令部職員一同ト共ニ横浜市桜木町県立海外渡航者身体検査所及市立中央職業紹介所跡ニ到リ神奈川県知事安河内麻吉、横浜市長渡邊勝三郎並神奈川県警察部長森岡三朗等ト会見種々打合ヲ為シタリ

三、右県立海外渡航者身体検査所跡二階ニ設ケアル横浜地方裁判所及同検事局仮事務所ヲ訪ネ東京控訴院検事吉益俊次、横浜地方裁判所長代理新保勘解人ニ会見事務ノ打合を為シタリ

四、午前九時県立海外渡航者身体検査所跡ニ関東戒厳神奈川警備隊司令部ヲ置キ事務を執リタリ

五、神奈川警備隊司令部附憲兵長陸軍憲兵大尉植木鎮夫以下四名到着事務上ノ打合ヲ為シタリ

六、鉄砲弾薬兇器其他危険ニ渉ル物品ノ所持禁止ノ件ニ付配属各部隊ニ対シ司令官ノ名ヲ以テ命令シタリ

七、東京控訴院検事吉益俊次来訪シ事務ノ打合ヲ為シタリ

八、市立職業紹介所跡二階ノ一室ニ法務部ヲ置キ三階ノ一室ニ憲兵隊ヲ置キ各事務ヲ執リタリ

九月五日　水曜　晴

一、横浜市浅間町字社宮司五百三十六番地佐々木信一外六名歩兵第五十七聯隊ニ於テ取押へ引致シ来リタルヲ以テ取調タル処信一外三名ハ夜警ノ為兇器等ヲ携行シ居タルモ犯罪ヲ為シタル形跡ナク其他ノ三名ハ信一等ノ取押ヘラレタル旨ヲ聞知シ事情具陳ノ為来隊シタルモノナルコト明トナリタルヲ以テ説諭ヲ加ヘ放還シタリ

九月六日　木曜　晴

一、会報ニ於テ陸軍法務官鈴木忠純ハ今次ノ戒厳ハ緊急勅令ニ依リ一定ノ地域ニ戒厳令中第九条及第十四条ノ規定ヲ適用シタルモノニ止リ地方行政事務及司法事務ノ軍事ニ関係ナキ事件ニ限リ其他ノ司法官ニ管掌ノ権ヲ委セラレタルモノニシテ軍事ニ関係ナキ事件ニ付テハ其権ナキモノナルコト及猶此ノ際此ノ地警備ニ任スル軍隊ハ地方人民ニ対シ丁寧懇切ニ処理シ苟モ苛酷ナル取扱ヲ為シ国軍ノ威信ヲ毀損スルカ如キコトナキ様希望スル旨注意ヲ与ヘタリ

二、今後毎日将校会報ヲ開クコトトシタリ

三、横浜地方裁判所及同検事局仮事務所ハ市内伊勢町横浜地方裁判所長官舎焼跡ニ移転シタル旨通報ヲ受ケタリ

九月七日　金曜　曇

一、午後三時関東戒厳神奈川警備隊司令部ヲ横浜市青木町台町千七百七十八番地（高島山）松下久治郎邸ニ移転ス

二、同時法務部、経理部、憲兵隊ハ同市青木町桐畑佐伯藤之助邸ニ置キ法務官及憲兵長ハ常時司令部内ニ起臥シ執務ス

三、関東戒厳神奈川司令部ノ名称ヲ関東戒厳神奈川方面警備隊司令部ト改称ス

四、同隊ノ警備地区ハ神奈川県橘樹郡、都筑郡、久良岐郡及横浜市ノ一市三郡ニ短縮セラル

五、午後八時陸軍法務官鈴木忠純ハ警備隊司令官、参謀副官、憲兵長等ト共ニ市内桜木町所在神奈川県庁仮事務所ニ至リ神奈川県知事、同県内務部長、同県警察部長、同県港務部長、横浜市長、同市助役、内務省監察官等ト会合事務ノ打合ヲ為シタリ

九月八日　土曜　晴

一、会報ニ於テ陸軍法務官鈴木忠純ハ陸軍刑法第二条常人ノ犯罪中特ニ哨兵ニ対スル暴行脅迫ノ罪、哨兵面前侮辱罪、軍用物損壊ノ罪、哨兵ヲ欺キ哨所ヲ通過シ又は哨兵ノ制止ニ背キタル罪、軍事ニ関シ造言飛語ヲ為シタル罪ハ軍事ニ関係アル事件ノ主要ナルモノナル旨注意ヲ為シタリ

九月九日　日曜　晴

一、新任横浜地方裁判所長立石謙輔、同検事正吉益俊次、新任挨拶ノ為来訪、司令官ト共ニ会見事務ノ打合ヲ為シタリ

九月十日　月曜　雨

一、東京府荏原郡馬込村上台千七百七十五番地慶応大学理財科本科三年生山崎晃勅令第四百三号違反事件ニ付鶴見警察分署ヨリ引致取調タル処鶴見青年会屯所ニ於テ茶飲話ノ際前夜夜警ノ際聞知シタル鮮人ノ暗号ヲ談話シタルノ

ミナリシヲ以テ説諭ヲ加ヘ放還シタリ
二、横浜市中村町九百八十九番地横浜市寿警察署巡査小川春三外三名強盗未遂事件、歩兵第五十七聯隊ヨリ引致シ来リ取調タル処小川春三ハ農家ニ至リ米ヲ差出ササレ、斬ルヘシト白刃ヲ擬シテ威嚇シ米ヲ強取セントシテ遂ケサレシ事実アリシヲ以テ神奈川県警察本部ニ引渡シ他ノ二名ハ強盗ノ犯意ナキモノナルヲ以テ同部ノ諒解ヲ待テ説諭ノ上放還シタリ
三、横浜市山元町二丁目十六番地工藤萬之輔ハ夜間友人宅ヨリ帰宅ノ際自衛ノ為抜刀ヲ携行シタルノミニシテ犯罪ナク説諭ヲ加ヘ放還シタリ
四、午後八時陸軍法務官鈴木忠純ハ司令官、参謀、副官、軍医正、憲兵長等ト共ニ市内桜木町県庁仮事務所ニ赴キ神奈川県知事、同県内務部長、同県警察部長、内務省監察官、横浜市長、同助役等ト会同事務ノ打合ヲ為シタリ

九月十一日　火曜　曇後晴

一、陸軍大臣横浜市震災地視察ノ為来浜司令部ニ立寄ラレタリ
二、陸軍法務官鈴木忠純ハ市内桜木町所在神奈川県警察部本部ニ赴キ刑事課長警務課長竝同所ニ出張ノ検事西村耶卜会見事務ノ打合ヲ為シタリ
三、陸軍法務官鈴木忠純ハ市内伊勢町横浜地方裁判所長官舎焼跡所在横浜地方並区裁判所、同検事局仮事務所ニ赴キ同裁判所検事局ノ震災ノ状況並現時執務ノ状況ニ付長岡予審判事等ヨリ聴取シタリ
四、陸軍法務官鈴木忠純ハ第一師団軍法会議検察官山田喬三郎ニ右ニ関スル報告ヲ為シタリ
五、陸軍省法務局局員ヨリ陸軍法務官鈴木忠純ニ対シ九月六日附東京控訴院検事長宛関東戒厳司令官命令第四号ヲ通牒シ来リタリ
六、陸軍法務官鈴木忠純ハ関東戒厳司令部附陸軍司法事務官湯原綱ニ対シ執務ノ一般状況ニ関スル報告ヲ為シタリ

九月十二日　水曜　晴

一、会報ニ於テ陸軍法務官鈴木忠純ハ東京控訴院検事長宛関東戒厳司令官九月六日附命令第四号等ニ付キ注意シタリ

二、陸軍法務官鈴木忠純ハ横浜地方裁判所検事局ニ到リ前項ニ付打合ヲ為シタリ

九月十三日　木曜　曇時々雨

一、会報ニ於テ陸軍法務官鈴木忠純ハ此度ノ事変ニ際シ臨時軍法会議開設ノ緊急勅令発布セラルヘキコトヲ予想シ居タルモ目下ノ処発布ノ模様ナキ旨ヲ告ケ之ニ関スル諸種ノ注意ヲ為シタリ

九月十四日　金曜　雨

一、陸軍法務官鈴木忠純ハ横浜刑務所ニ到リ同刑務所長ニ就キ震災状況並現在執務ノ状況ヲ聴取シタリ

二、法務部ノ市内青木町台町千七百七十八番地（高島山）松下久治郎方ニ移転シ録事ハ隣家高島方ニ起臥スルコトトセリ

九月十五日　土曜　暴風雨

一、横浜地方裁判所検事正吉益俊次来訪事務打合ヲ為シタリ

九月十六日　日曜　晴

一、横浜地方裁判所ハ市内青木町上台百九十番地ニ同地方裁判所検事局並同区裁判所検事局ハ同所＊千八百二十一番地ニ同区裁判所ハ同所百八十五番地ニ移転ノ通報アリタリ

二、陸軍法務官鈴木忠純ハ憲兵長植木鎮夫ト共ニ事務打合ノ為横浜地方裁判所検事局ニ次席検事滝川秀雄ノ訪問セシモ不在、神奈川警察署ニ訪問セシモ復不在

三、横浜地方裁判所次席検事滝川秀雄来訪事務打合ノ後共ニ神奈川県警察部本部ニ到ル

四、陸軍法務官鈴木忠純ハ神奈川県警察部本部ニ於テ震災状況視察ノ為出張中ノ検事総長鈴木喜三郎、東京控訴院検

事長豊島直通竝横浜地方裁判所長立石謙輔（検事正ハ上京中）ニ会見事務上ニ付キ意見ヲ開陳シタリ

五、陸軍法務官鈴木忠純ハ横浜地方裁判所次席検事滝川秀雄ト共ニ横浜税関ニ到リ監視所次席ニ会見震災並盗難状況ヲ聴取シ出張中ノ大蔵書記官ノ一行ト共ニ構内ヲ巡視シタリ

六、陸軍法務官鈴木忠純ハ会報ニ於テ配属各部隊ニ対シ其ノ隊ノ犯罪容疑者処理報告ヲ差出スヘキ旨ヲ告ケタリ

七、陸軍法務官鈴木忠純ハ当法務部及憲兵隊処理ニ係ル犯罪容疑者処理報告書ヲ第一師団軍法会議検察官山田喬三郎、陸軍省法務局局員鈴木直太朗、関東戒厳司令部附陸軍司法事務官湯原綱ニ宛各送付シタリ

八、午後七時陸軍法務官鈴木忠純ハ憲兵長植木鎮夫ト共ニ横浜地方裁判所検事局ニ到リ事務打合ノ為次席検事滝川秀雄ヲ訪問セシモ不在検事西村耶ニ会見事務打合ヲ為シ次テ同検事ノ案内ノ下ニ横浜地方裁判所ニ到リ所長立石謙輔ニ会見事務打合ヲ為シタリ

九月十七日　月曜　晴

一、陸軍法務官鈴木忠純ハ留置場設置ノ件ニ付憲兵長植木鎮夫ト共ニ市内青木町三ツ澤神奈川県立横浜第二中学校ニ到リ校長ニ会見打合ノ後横浜地方裁判所検事局ニ到リ次席検事滝川秀雄ヲ訪問セシモ不在次テ横浜地方裁判所及検事局焼跡ニ到リ滝川検事ニ会見同検事ト共ニ憲兵長ノ案内ノ下ニ市内大江橋附近ニ到リ憲兵カ昨日検挙シタル犯罪場所ヲ視察シ憲兵長ヨリ説明ヲ聴取シ再ヒ前示中学校ニ到リ同検事ト打合ヲ為シタリ

二、憲兵留置場ハ仮ニ市内青木町桐畑佐伯藤之助方（憲兵隊）庭園ニ天幕ヲ張リ設置スルコトト為シタリ

九月十八日　火曜　晴

一、陸軍法務官鈴木忠純ハ会報ニ於テ此ノ度ノ事変ニ於テ陸軍刑法上軍中又ハ戒厳地境ナリト解スヘキニアラサル旨ヲ注意シタリ

九月十九日　水曜　晴

一、横浜地方裁判所検事局ノ依頼ニ依リ当分ノ間留置場ヲ横浜市斎藤分神奈川県立工業学校内ニ設置シ憲兵及補助憲兵ヲシテ監視セシムルコトトシ本日移転シタリ

二、犯罪容疑者処理報告書ヲ陸軍省法務局長、関東戒厳司令部附湯原事務官、山田第一師団軍法会議検察官ニ提出シタリ

三、陸軍法務官鈴木忠純ハ、災害ニ基因スル朝鮮人ニ関スル事件調査報告書提出方ヲ各部隊ニ通達シタリ

四、午後五時三十分ヨリ当警備隊司令官配属各部隊長ヲ集合シ司令官ヨリ訓示並事務打合アリタリ陸軍法務官鈴木忠純列席ス

五、午後七時ヨリ神奈川県知事、同県内務部長、横浜地方裁判所長、同検事正、同滝川次席検事、三矢内務監査官、横浜市長、横浜刑務所長及当警備地区内ノ部隊長ヲ招待シ司令官、参謀、副官、主計正、軍医、憲兵長及法務官之ニ列席シ事務打合並ニ簡素ナル晩餐ヲ共ニシタリ

九月二十日　木曜　晴後雨

九月二十一日　金曜　晴

一、午前九時侍従武官陸軍歩兵少佐大島陸太郎来着司令部ノ隣家高島邸ニ於テ聖旨ノ伝達アリタリ

二、陸軍法務官鈴木忠純ハ事務打合ノ為横浜市根岸町加曽若尾幾造別荘内歩兵五十七聯隊本部ニ赴キタリ

九月二十二日　土曜　雨後晴

一、午前横浜地方裁判所次席検事滝川秀雄及検察事務応援ノ為来浜サレタル東京控訴院検事乙骨半二及同石塚揆一来訪、陸軍法務官鈴木忠純ハ当司令部附陸軍歩兵大尉平岡潤一及憲兵長植木鎮夫ヲ招致シ相共ニ鮮人犯罪捜査ニ関スル件ニ付長時間打合ヲ為シタリ

二、午後陸軍法務官鈴木忠純ハ当警備隊司令官奥平俊蔵ト共ニ神奈川県藤沢町藤沢方面警備隊司令部ニ到リ同司令部附法務官高澤雄二ト会見事務ノ打合ヲ為シタリ

九月二十三日　日曜　晴

一、第四旅団長陸軍少将斎藤恒以下幕僚到着

二、秩父宮殿下華頂宮博忠王殿下傷病兵御慰問ノ為御来浜ノ序ヲ以テ当司令部ニ御立寄被遊陸軍法務官鈴木忠純御送迎申上ケタリ

九月二十四日　月曜　雨

一、関東戒厳司令官山梨半造状況視察ノ為当司令部ニ来着

二、犯罪容疑者処理報告書ヲ陸軍省法務局長、関東戒厳司令部附湯原事務官、山田第一師団軍法会議検察官ニ提出シタリ

九月二十五日　火曜　曇後晴

一、第一師団ニ於テ編成シタル歩兵第二旅団ヲ基幹トスル神奈川方面警備隊司令部ハ本日午前八時ヲ以テ歩兵第四旅団司令部ニ其ノ業務ヲ引継キタリ陸軍少将奥平俊蔵ノ隷下並区署ヲ受ケタル各部隊ハ爾今陸軍少将斎藤恒ノ隷下並区署ヲ受クヘシ法務官並憲兵ハ尚引続キ斎藤少将ノ指揮下ニ在リテ勤務スヘシトノ命令アリタリ

二、閑院宮載仁親王殿下赤十字社総裁在郷軍人会総裁ノ資格ヲ以テ来浜アラセラレタリ

三、午後四時司令部ニ於テ配属各部隊長会同催シ午後五時ヨリ配属以外各部隊長会同催シ事務ノ打合ヲ為シタリ

四、陸軍法務官鈴木忠純ハ午後六時ヨリ右会同ノ各部隊長ト共ニ晩餐ヲ共ニシタリ

九月二十六日　水曜　晴

一、陸軍法務官鈴木忠純ハ警備隊司令官斎藤少将新任ノ挨拶ニ随行シテ横浜地方裁判所検事局ニ至リ検事正吉益俊次

及次席検事滝川秀雄ニ面会兼テ事務ノ打合ヲ為シ次テ横浜地方裁判所ニ到リタルモ所長及次席上京不在神奈川県庁ニ至リ知事、内務部長並三矢内務監察官及警察部長ニ会合兼テ事務ノ打合ヲ為シタリ

九月二十七日　木曜　曇

一、爾今会報ニ於テ神奈川県内務部同警察部及横浜市役所ヨリ会報者一名宛列席スルコトト為リ本日ヨリ実施シタリ

二、本日ヨリ毎日午後八時前後ニ於テ部内会報ヲ開キ司令部高等官一同参集シ執務其他一切ノ事項ニ付懇談的協議ヲ為スコトトシタリ

九月二十八日　金曜　曇

一、震災後当地状況報告書ヲ陸軍省法務局長、山田法務官、湯原司法事務官ニ各提出シタリ

二、犯罪容疑者処理ノ件報告書ヲ陸軍省法務局長、山田法務官、湯原司法事務官ニ各提出シタリ

三、陸軍法務官鈴木忠純ハ神奈川方面警備部隊司令官斎藤恒及同憲兵長植木鎮夫ト司令部ノ一室ニ於テ晩餐ヲ共ニシ干係事項等ニ付懇談シタリ

九月二十九日　土曜　晴

一、神奈川方面警備部隊司令部斎藤恒ハ神奈川県知事、同内務部長、三矢内務監察官、横浜市長ヲ招待シ昼餐ヲ共ニシ懇談シタリ

九月三十日　日曜　雨

一、鮮人ニ対スル内地人迫害ニ干スル件及犯罪容疑者報告ヲ陸軍省法務局長、山田法務官湯原司法事務官ニ各提出シタリ

二、午後六時当司法官ハ横浜地方裁判所長、同検事正、同次席検事、神奈川県警察部長ヲ招待シタル所裁判所長、警察部長ハ上京中ノ為不参裁判所長ノ代理トシテ長岡予審判事、検事正吉益俊次検事滝川秀雄出席シ陸軍法務官鈴

木忠純モ陪席シ晩餐ヲ共ニシ懇談シタリ

十月一日　月曜　曇後晴

一、本日ヨリ会報ヲ水曜日、金曜日、日曜日午前九時開始ニ決定シタリ

二、歩兵三十一聯隊第一大隊徴用ノ自働動車運転手業務上過失致死被告事件ニ付同聯隊副官ヨリ本日午後五時頃報告ヲ受ケタリ

三、横浜刑務所内バラック竣成シタルヲ以テ本日ヲ以テ憲兵隊留置場ヲ廃止シ留置者ヲ刑務所内ニ送致シタリ

四、司令部内将校ニ赤痢患者及同疑似患者続出ノ為分宿ノ計画ヲ協議シタリ

十月二日　火曜　曇

一、参謀総長当司令部ニ立寄リタリ

二、司令部内将校以下糞便ノ検査アリタリ

三、午後七時三十分横浜地方裁判所検事局ニ到リ陸軍徴用自動車運転手ノ業務上過失致死被告事件其他ニ付検事滝川秀雄、同西村耶ニ面会シ次テ検事正吉益俊次ニ面会事務ノ打合ヲ為シタリ

十月三日　水曜　曇

一、法務ニ関スル概況報告書ヲ陸軍省法務局長、山田法務官、湯原司法事務官ニ各提出シタリ

二、事務連絡ノ為藤沢方面警備部隊司令部ニ到リ高澤法務官不在大岡録事ニ面会事務ノ打合ヲ為シタリ

十月四日　木曜　晴

一、横浜市青木町栗田谷岩崎山鮮人虐殺ノ跡ヲ視察シタリ

二、午後五時頃関東戒厳司令部ヨリ陸軍法務官鈴木忠純ニ対シ当分ノ内藤沢方面警備部隊司令部附兼勤ヲ命スル旨ノ電話命令アリタリ

三、陸軍法務官鈴木忠純ヨリ藤澤方面警備部隊司令官松井兵四郎ニ宛藤沢方面警備部隊司令部兼勤ヲ命セラレタル旨ノ申告ノ電報ヲ発シタリ

十月五日

一、藤沢方面警部部隊司令官松井兵四郎ヨリ陸軍法務官鈴木忠純ニ宛御多忙ノ折何分ノ御配慮ヲ乞フ旨電報アリタリ

二、陸軍法務官鈴木忠純ハ憲兵長植木鎮夫ト共ニ横浜市青木町栗田谷岩崎山ニ到リ再ヒ鮮人虐殺ノ跡ヲ視察シ憲兵長ト種々打合ヲ為シタリ

三、藤沢方面警備部隊司令部附法務官高澤雄二同録事大岡時次郎原所属復帰ノ途次立寄リ事務ノ引継ヲ受ケタリ

四、犯罪容疑者処理ノ件報告書ヲ陸軍省法務局長、山田法務官、湯原司法事務官宛各送付シタリ

十月六日　土曜　雨

一、司令部内将校中司令官及管理部将校ヲ除クノ外本日ヲ以テ夫々他ニ分宿シタルモ陸軍法務官鈴木忠純及憲兵長植木鎮夫ノ宿舎ハ都合ニ依リ数日後ニ決定スルコトトシタリ

十月七日　日曜　雨

一、陸軍法務官鈴木忠純ハ関東戒厳司令ニ到リ同部附陸軍司法事務官湯原綱ニ面会事務ノ打合ヲ為シタリ

二、陸軍法務官鈴木忠純ハ第一師団軍法会議ニ到リ山田、服部、岡村、高澤ノ各法務官ニ面会事務ノ打合ヲ為シタリ

十月八日　月曜　曇後雨

一、陸軍法務官鈴木忠純ハ第一師団軍法会議ニ到リ各法務官ニ面会事務ノ打合ヲ為シタリ

十月九日　火曜　曇

一、陸軍法務官鈴木忠純ハ参謀大尉七田一郎本郷義夫ト共ニ横浜市青木町二百四番地成毛金次郎邸ニ宿舎ヲ定メタリ

十月十日　水曜　曇

一、摂政宮殿下横浜横須賀震災状況御視察ノ為来浜セラレ午前八時四十分横浜ニ御着直ニ司令部附近ノ高地ニ於テ司令官ヨリ状況報告ヲ聴取セラレ終テ横浜市中御視察ノ上午前十時四十分税関桟橋ヨリ軍艦夕張ニ御乗船横須賀ニ向ハセラレタリ

十月十一日　木曜　晴

十月十二日　金曜　雨後晴

十月十三日　土曜　晴

一、陸軍法務官鈴木忠純ハ藤沢方面警備部隊司令部ニ赴キ司令官松井忠四郎其他ニ面会事務ノ打合ヲ為シタリ

十月十四日　日曜　曇

一、新ニ着任シタル臨時横浜憲兵隊長千々和種助ト面会事務上ノ打合ヲ為シタリ

十月十五日　月曜　雨

十月十六日　火曜　晴

一、陸軍法務官鈴木忠純ハ参謀陸軍歩兵大尉七田一郎ト共ニ横浜市青木町四百九十八番地伊藤達策方ニ転宿シタリ

十月十七日　水曜　晴

一、爾今会報ヲ毎週火曜、金曜両日ニ開クコトニ改定シタリ

十月十八日　木曜　晴

一、横浜地方裁判所予審判事古松鉄太郎ハ新任挨拶ノ為来訪シタリ

十月十九日　金曜　晴

一、横浜地方裁判所検事正吉益俊次及同次席検事滝川秀雄ヲ同検事局ニ訪問新任予審判事古松鉄太郎ヲ訪問事務打合

並挨拶ヲ為シタリ
二、干東戒厳司令部附陸軍司法事務官湯原綱来訪シ事務ノ打合ヲ為シタリ
十月二十日　土曜　晴
十月二十一日　日曜　晴
十月二十二日　月曜　晴
一、干東戒厳司令部ニ於ケル会報ニ於テ録事天童正男ニ対シ来ル二十六日原所属ニ復帰ヲ命スル旨ノ命令ヲ受ケタリ
十月二十三日　火曜　晴
一、爾今会報ヲ毎週火曜土曜ニ開クコトニ改定シタリ
二、神奈川方面警備部隊ヨリ録事天童正男ニ対シ来ル二十六日原所属ニ復帰をヲ命する旨ノ命令アリタリ
三、陸軍法務官鈴木忠純ハ司令官ト共ニ軍艦五十鈴ニ招待セラレ昼餐ノ饗ヲ受ケタリ
十月二十四日　水曜　雨後晴
一、高松宮殿下海軍兵学校御帰校ノ途次司令部ニ御立寄アリタリ
十月二十五日　木曜　晴
十月二十六日　金曜　晴
一、録事天童正男原所属タル第一師団軍法会議ニ復帰シタリ
二、司令部近ク帰還ニ付将校一同晩餐ヲ共ニシタリ
三、第四旅団司令部来ル三十日ヲ以テ関東戒厳司令官ノ隷下ヲ離レ陸軍法務官鈴木忠純ハ同日ヲ以テ原所属ニ復帰ヲ命セラレタリ

十月二十七日　土曜　晴

十月二十八日　日曜　晴

十月二十九日　月曜　晴

一、陸軍法務官鈴木忠純ハ帰還挨拶ノ為横浜地方裁判所、同検事局、神奈川県庁、横浜市役所、横浜憲兵隊、神奈川憲兵分隊ヲ訪問シタリ

二、鶴見花月園ニ於テ英独支三国領事ヲ招待昼餐ヲ共ニシタリ

十月三十日　火曜　晴

一、陸軍法務官鈴木忠純ハ本日ヲ以テ神奈川方面警備隊司令部附ヲ免セラレ原所属ニ復帰シタリ

4　神高秘発第55号（大12・11・7）
震災後の状況報告（続報）

解説

山本すみ子

自警団の資料は、当時の神奈川県知事安河内麻吉が内務大臣後藤新平、臨時震災事務局総代表山本権兵衛、社会局長官池田宏宛てに報告した「震災後の状況報告」の一部である。

この報告書は一九二三年当時、この報告書を書いたであろうと思われる神奈川県警察本部高等課課長西坂勝人が後にその一部を自分の家に保存していた。彼の死後、それらの文書を遺族が神奈川県公文書館に委託保存されていた。

震災状況報告は、一九二三年九月三日から始まり翌年まで続いている。自警団の報告書は、一九二三年（大正一二年）一一月七日に報告と記載されているが、一一月九日の日付ゴム印が押されている。調査は、横浜市をはじめ、神奈川県内の各郡からの報告を受け、それをまとめ神奈川県として内務大臣を始め、山本権兵衛、池田宏に報告していると思われる。

調査内容は、自警団名、活動の地域（自警の区域）、活動の構成メンバー（従事人員）、従事月日、許可不許可の別、備考欄となっている。

県内での自警団数六三四（『大正大震火災誌』神奈川県警察部編）、六六一（『神奈川県警察史』神奈川県警察部編）、六〇三（一〇月下旬調査「関東大震災の治安回顧」）と言われているが、この調査では各地どのくらいあったのであろうか。『神奈川県警察史』資料と比べてみよう。

（表1）神奈川県の自警団数

地域	震災後の状況報告	神奈川県警察史	備考
横浜市	137	130	
久良岐郡	19	19	同じ
橘樹郡	85	98	
三浦郡	22	32	
鎌倉郡	53	57	
高座郡	65	65	同じ
都筑郡	13	13	同じ
愛甲郡	49	49	同じ
中郡	78	144	本調査は警察調査の約半分
津久井郡	22	22	同じ
足柄上郡	20	20	同じ
足柄下郡	12	12	同じ
神奈川県全体（計）	575	661	

自警団数は各地域「同じ」または「大体同じ」がほとんどであるが、中郡だけは本調査数が『神奈川県警察史』の半分である。なぜなのであろうか。

そこで地域を確かめてみると、中郡の中部地域の自警団が記載されていないのが分かった。では、その地域は自警団が組織されていなかったのだろうか。

欠落している代表的な地域秦野地区を見てみよう。北秦野村では「厚木まで来た朝鮮人の一隊が丹沢山を越えて北秦野村若しくは東秦野村に来る恐れがあるとし、在郷軍人会、青年団、消防組員を非常召集して警戒」（『秦野市史』通史3）にあたらせていた。南秦野村も「村民が水無川堤防に集まり、警戒している」。西秦野村でも「『横野山に一〇〇人ほどの朝鮮人が現れた』と言う流言で野営警備をしている」（前同）。このように自警団は急遽組織されている。自警団が存在したのに、記載するのを忘れたのか、それとも意図的に抹消したのか、理由は不明である。

ただ「状況報告」において中郡が半分ぐらいの地域の集計がないということだけは確かである。

自警団は、在郷軍人、青年団、消防が中心で組織されたと言われているが地域によって多少違い、地域内でもばらつきがある。構成メンバーを見てみよう。神奈川県の西部足柄下郡は、「消防」だけで自警団を組織している。久良岐郡（現在は横浜市）や三浦郡も「消防」だけである。

また、鎌倉郡でも鎌倉警察署管内ではなく、戸塚警察署管内の本郷村、永野村、中和田村など三〇の地域は「其他」だけである。現在の横浜市戸塚区、栄区の一部、瀬谷区の一部である。その他中郡の一部にも「其他」だけの地域がある。一体この構成メンバーの「其他」とはどういう人たちを指しているのだろうか。自警団活動の従事者である「有志」「在郷軍人」「青年団」「消防」というのはわかるが、「其他」というのはそれ以外の人を指すと思われる。つまり地域住民ではないということになる。地域住民なら「有志」の項目に入るからだ。そう考えると、支援に来た警察官、在郷軍人、青年団、そして治安警備に関わった軍隊ではないかと推測できる。

在郷軍人の支援は、九月一二日から始まり九月末で終わっている。延人員九四五名が、県や市の避難者用の収容所建設の手伝い、県水道工事の手伝い、配給の手伝いなどの支援活動で自警団活動ではないようだ。

青年団の応援は、「又尠なからす」である。（『大正大震火災誌』）

警察官の応援は何をしたか。群馬県から九月三日に二一七名が二週間応援、その後九月中旬に、九月下旬そして一〇月下旬にと延べ一〇二六名が応援に来ている。主な活動は、倉庫の警備と各警察への協力である。こう見てくると自警団への応援ではないことが分かる。

では、軍隊はどうなのか。

まず、横浜市内で「其他」の人数が多い所を見てみよう。横浜市浅間町の一部七二五人、中村町西支部二〇〇人、中村町字中村一〇〇人、滝頭字浜ノ内一一四人、滝頭字浜ノ内東部一一四人、根岸加曽一一四人、根岸坂馬場二五六人、神奈川上反町一四〇人、下反町二六〇人、神奈川二本榎八〇人、神奈川太田八三人、神奈川栗田谷七五人、神奈川松本七五人、神奈川浦島三二五人、神奈川柳町三〇〇人、大岡一〇三人、大岡九九人などである。

横浜での「其他」の多い地域からは何が見えるだろうか。浅間町、中村町、滝頭、根岸、大岡、と神奈川地域である。これらの地域は虐殺事件が多い所である。神奈川警察署は横浜に七つ警察署がある中で唯一震火災の被害を免れた警察署である。神奈川警察署の状況について西坂勝人は、「……神奈川方面は比較的地盤堅牢で倒壊家屋も少なかったので神奈川地方のため、どれ程幸福をもたらしたかしれぬ。然し同署管内は火災の被害が少なかったに反し倉庫其の他残存家屋の略奪は盛んに行われ、又鮮人騒ぎ等が猛烈であったため、署長以下署員の苦心努力は焼失地帯のそれに何等変わりなかったのである。」（『大震火災と警察』西坂勝人）警察自らが言っているように「鮮人騒ぎが猛烈」にあり、軍隊による虐殺、警察、自警団による朝鮮人虐殺が行なわれた地域である。

『神奈川方面警備部隊法務部日誌』（虐殺後九〇年目にして閲覧できた）には、軍隊が「朝鮮人虐殺」をしたことがはっきり記載されている。陸軍法務官鈴木忠純と憲兵長植木鎮夫は、軍隊が朝鮮人を虐殺した現場である横浜市青木町栗田谷岩崎山を現場視察している。警備の軍隊が朝鮮人虐殺をしているのだ。そのため多くの軍隊が投入されたのであろう。自警団の「其他」は警備の軍隊をカウントしていると推測できる。

県内で「其他」が桁違いに多い自警団がある。見てみよう。

「其他」が二〇六〇人の鎌倉郡本郷村（現横浜市）である。本郷村は、自警団員合計が四〇〇八人である。他地域に比べて自警団員も「其他」が桁違い多い。この村に隣接している豊田村は自警団員三五〇人で一〇倍以上である。

鎌倉郡の本郷地域の自警団組織と軍隊の警備を見てみよう。この地域は震災前から自衛団体が組織されていた地域である。「自衛組合（警察管下による既設）、青年団、消防組等により毎夜毎日数人宛警戒中なり」また軍隊の警備状況については、「軍隊は歩兵四九連隊九月一〇日頃より六名役場を中心にして配備せられたるも、今後其の永継の要なし」（「震災庶務書類」鎌倉郡役所）そして、九月一五日に軍隊の増員に対しての鎌倉郡長からの質問に対して、「本村に駐屯せらるる兵員下士以下七名、目下に適所に駐屯せらるに付き他に必要を認めず」（「震災庶務書類」鎌倉郡役所）と軍隊の増員必要ないと回答している。本郷村の報告は、軍隊六名で二〇六〇名には程遠い。何か特別な事態が起こったようには見えないがこの人数は異常とも思える人数である。

この地域はどのような地域なのであろうか。当時警察は流言が伝わると直ぐに朝鮮人がまとまって仕事をしている作業現場や飯場に急行し検閲をしている。ここの地域にも朝鮮人が居住し作業をしているのではないだろうか。

横須賀線大船駅北東方向に位置する本郷村笠間には、笠間山（五三メートル）があり、浅野セメントがセメントの原料を掘り崩している。そこで朝鮮人労働者が働いていた。横須賀線保土ヶ谷駅のすぐ東の崖も浅野セメントが朝鮮人を使用してセメント原料を採掘していた。その作業現場に流言を聞いた警官は、即飛んで行き検閲している。

九月二日、笠間山近く（大船駅西側）にある「陽谷山龍宝寺の住職である團野宗勝師が、大船警察と連絡をとって、大船駅東側の笠間の山で作業をする土工の保護をした」と『陽谷山龍宝寺史』に記載されている。

また、本郷村笠間土工請負業荒井彦七方に雇われ、土工に従事している「支那人」労働者が大正一二年二月に労働禁止の通報を警察から受け、その後「中華民国僑日共済会」の理事が警察と交渉したりしている。(支那労働者入国取締関係　第一巻『神奈川県における土木従事禁止者の氏名と動向』神奈川県知事が内務大臣水野錬太郎宛に報告)このように本郷地区には朝鮮人、中国人が多数居住している所である。この地域に「九月三日軍隊が到着して、龍宝寺に軍隊の本部がおかれた」(『陽谷山龍宝寺史』)この地域の警戒警備するのは当然である。

地域の自警団とは一緒に活動しているわけではないが地域の警備活動をしている軍隊をこの「其他」に入れたのではないかと推測できる。

では、自警団はいつどのように組織されたのであろうか。自警団一覧表の前文に記載されている。それによると第一に、震災以前から組織されている自警団、第二、災害当時急遽組織された自警団、そして第三、災害後人心安定してから組織された自警団とある。災害前に組織された自警団は「秩序整然としている」。急遽組織された自警団は、「流言に惑わされその行動は鮮人及挙動不審者の誰何を行い」「武器を携帯し」「警察官吏の行うべき職務を行う」。そして、震災後に組織された自警団は、「火の番取締規則による火の番組合」とも見えると評価している。

まず、事前に組織されていた地域、自警団について見てみよう。代表的なのは、藤沢の「鵠沼海岸自衛団」である。震災当時県警の高等課長をしていて、治安の実質的責任者であった西坂勝人が、藤沢警察署の署長をしていた時に指導した組織である。西坂勝人は朝鮮総督府に警察官として出向き、三・一独立運動を弾圧して戻ってきてからの取り組みである。

そもそも当時、地域の住民を組織して自警団、自衛団を組織するという内務省の思惑は何であったのであろうか。大正時代後半、一九一七年ロシア革命、一九一八年米騒動、一九一九年朝鮮三・一独立運動と社会変革を目指す運動が各地で起こっていた。これらの影響を何とか防ぎたいという警察権力が取り組んだ施策である。その一つが民衆警察、民衆が警察の下請けを自主的に行なう自衛団の組織化であった。

その取り組みの最初が西坂勝人が藤沢警察署長の時であったということだ。震災一年前に組織され、日常的には宮家の警護活動が中心で取り組まれる。「五参会」と言って、五のつく日に講演会や集まりを持った。構成は、青年団が多く在郷軍人は少なかったようだ。

他の地域で既に自警団が組織されていた鎌倉郡の戸塚警察署管内を見てみよう。（神奈川の自警団については、樋口雄一論文を参考にしてさせて貰った）

「戸塚警察署管内自警組合三二七」の見出しで次のような内容の記事が一九二三年四月二八日横浜貿易新報に掲載された。「戸塚町を始め、中和田、中川、瀬谷、川上、本郷、大正の一町八ヶ村」で自警組合成立、戸塚警察署竹田津署長の指導で「組合数三二九、同連合会数四九の多数に上った」と取り組みの成果が報道されている。つまり戸塚警察署管内は自警組合が全部組織されたのだ。前述の本郷村然りである。

ここでその中の一つ戸塚町の自衛団組織の規約を見てみよう。

（資料１）鎌倉郡戸塚町の自警団規約

一、火災盗難の予防匪徒の警戒をなすを目的とす
二、本団は戸塚町在住青年団、在郷軍人、その他区長の選抜したる有志を以て組織す
三、団員は梶棒その他護身用具を携帯すること
四、本団の団長一名副団長二名を置き警察署の指導をうけるものとす
五、本団を三部に分つ（略）各部に部長副部長を置き団員を指揮せしむ
六、団員の勤務は午後六時より午前五時までとし二時間更迭に一部づつ勤務に服し他は停車場前広場に休憩するものとす

（『震災庶務書類』鎌倉郡役所）

上から組織されていることがよく分かる。警察の火災、盗難、治安対策の直接的直属的組織としてつくられている。また、団員は、棍棒、その他護身用具を携帯というように、警察権力の肩代わりをさせている。まさに自衛組合は、警察の延長線上の組織であり警察権力の指揮の下活動していたのである。

その他県内で事前に組織されていた地域を新聞報道で見てみよう。

「川崎の民衆警察事務　分会と青年団と警察官と分担する協議会」という見出しで新聞報道される。内容は「川崎町青年団及び同町在郷軍人団の幹部なる高塚青年団長以下一五名及川在郷軍人団長以下六名の幹部を去る四日午後七時より川崎署楼上に集め民衆警察事務につき協力し万事に手不足を感じつゝある警察官の補助方につき太田川崎署長より長時間に渉り懇願」近く具体的実行案を作ることで合意したようだ。（一九二三年四月二七日「横浜貿易新報」）

鶴見の潮田青年団西部分団は、「総代吉澤光義等が発起人となって火災盗難その他の予防のため夜警を行うことになった。」「鶴見署の国松巡査が多大の後援者である。」（一九二三年三月一八日横浜貿易新報）

以上見てきた様に、警察権力が住民を組織している様子がよくわかる。民衆の警察それは警察の拡大であろう。

次に自警団について見てみよう。震災当時急遽つくられた自警団に対しては、「特に市部は、その母体となった在郷軍人、消防団、青年団などの組織が全く解体状態となっており、これといった指導者もいなかった。この弱くなっている組織のなかへ、博徒、顔役、土工、暴力青年がはいりこみ、その中の腕力、弁舌にすぐれた者が、自然、指揮をとるようになった。」「彼らは竹槍、刀剣を携帯し」「粗暴の言動多く、被災者と争ったり、これを殺傷するという事件さえもちあがった」

自警団は警察の指導もなく、だから暴走し、朝鮮人殺傷事件まで起こしてしまったと言わんばかりである。警察が責任を負うことを免れる言い方ではないか。警察とは全く関係がないのか。証言を見てみよう。

神奈川警察署管内高島山には多くの避難民が集まっていた。九月二日の午後、そこへ警察官が走って現れた。そして避難民を集めこう言った。「今夜、此方面へ不逞朝鮮人が三〇〇名襲来することになって居るそうである。又、根岸刑務所の一千余名を解放したこれ等が社会主義者と結託して放火強奪強姦井に投毒等をする。昨夜は、本牧方面を襲来した。」「猶、十六歳以上六十歳以下の男子は武装して警戒してください。」

警官が虚偽の事実を広め、自警団を組織しているではないか。高島山は周囲がとてもよく眺められるところである。

（九月七日から「神奈川方面警備部隊」本部が高島山に移動してきた。避難民は近くの学校へ移動）

「午後四時過ぎ向ふの山上で喚声が起った。一同が振りむひて見ると白服を着た者が幾十人か抜剣して沢山な人を追いかけている。是れを見た者は異口同音に不逞鮮人の襲来だ、白服のは日本の青年団だと騒ぐ」「各町の青年団衛生組合の人々が腕に赤布を巻き、向ふ鉢巻、腰に伝家の実刀を佩び、或は、竹槍・ピストル・猟銃其他鉄の棒など持って避難地の草原へ集合した。恐ろしい夜の戸張は全く閉された。」「夜の一〇時過頃から各方面で銃声が聞へ始め提灯の火が幾つとなく野原を飛んでいる。」「此夜、鮮人十七、八名、反町遊郭の裏で惨殺された」

当時元街小学校の教員をしていた八木熊次郎さんは日記に当時のまさに戦争状況が繰り広げられている様子を記録している。また同じ場所に避難していた黒川内巌さんは「九月二日に高島山に避難してきた。同夜は朝鮮人が飲用水井戸へ毒を打ち込みたりとて鮮人と見たら皆打殺せと極端なる達しあり　依て鮮人と邦人と間違ひなぐり合等にて混乱せり」と日記に書いてある。「鮮人と見たら皆打殺せ」とは誰が言ったのか。まぎれもなく警官ではないか。警察は、虚偽の事実を広め、自警団を組織し、虐殺の先頭に立っているではないか。

ここの虐殺は、「震災に伴ふ朝鮮人並に支那人に関する犯罪及保護状況其他調査の件」として報告している文書の「一、内地人の朝鮮人に対して行ひたる殺傷事件調」四〇番に報告されているが、虐殺人数は大幅に違う。もしかすると同じ場所で何回も虐殺が繰り広げられたのかもしれない。場所は同じだが時間が違うので、虐殺が繰り返されていたとも考えられる。

中郡大磯警察署は「九月二日警察署は朝鮮人横行略奪の風評がさかんに伝わるなかで、在郷軍人・消防組員・青年団員らを集め自警団を組織し昼夜の警戒にあたらせていた。」（「大磯町史」）

このように多くの地域は、朝鮮人の流言が伝わってくると警察が民衆を組織し始めている。九月一日から三日までの間に自警団は組織されているのが多い。

最後に、人心が安定した時期に組織された自警団を見てみよう。組織された日程が九月中旬あるいは、下旬という地域である。それまで組織されていないということではない、再組織したのだ。その地域は、横浜市では神奈川警察署管内に多い。一九の自警団が九月一二日から二四日までの間に組織された。郡部では、中郡の一部、そして足柄下郡のすべての地域、ここは、全部消防のみで活動した。多くの自警団は九月の中旬から下旬で組織を廃止しているが、人心安定後に組織された自警団は、一〇月の下旬まで大体一ヶ月間活動している。継続中という自警団もある。高島山の付近（日記の中の地域）の自警団も、九月下旬に組織されている。震災直後警察が組織し、虐殺に走った高島山周辺の自警団は、調査の中には出てこない。

九月二、三日と各地で自警団の朝鮮人虐殺がひどくなってきて、流言の根拠がないことが分かってきた。しかし、関東戒厳司令部は、それを認めようとはせず、それどころか歴史の偽造をやり始めたのだ。そして、自警団、自衛団は、警察、軍隊の指揮下にないことを問題にし始めた。九月五日には、まず自警団を警察、軍隊下に置く。そして、通行人の誰何、抑止などの権力的行動を禁止、もちろん武器、棍棒など携帯禁止し、最終的には自警団、自衛団を廃止の方向にもっていく。「町内の火災盗難予防の巡邏を許すに止める」と決定するが徹底できず、九月一五日に書面を持って命令した。それを受け神奈川県警は各警察に通達した。

（資料2）自警団通達（神奈川県警察本部から各地区の警察へ通達）

8項目にわたって警察の許可を受けるように通達
一、所轄警察署長の許可を受けしむること
二、許可を受けたい者は左の各項を具し申請せしむること
　⑴目的　⑵代表者住所氏名　⑶団員数　⑷警戒区域　⑸警戒方法　⑹事務所所在地　⑺警戒期間（但し一ヶ月未満）
　前項を変更したる場合には速に届出しむること
三、自警団の事務所又は屯所には公認何々自警団と表示せしむること
四、警戒に従事する団員は公認何々自警団と記したる腕章を着けしむること
五、武器、凶器若は之に類するものの所持を厳禁すること
六、自警団に対しては通行人の誰何、検問をゆるさざること
七、自警団に対しては警察官に於いて常に監督を怠らざること
八、団員にして軍隊、憲兵又は警察官の指示に違背し若は其趣旨に反する行動あるときは所属団体の許可を取消すこと

中郡の伊勢原警察分署は、この通達を受けて各町村長、各町村在郷軍人文会長、各町村青年団長宛に署長名で次のような内容の文書を出している。

自警団の組織的位置付けがはっきりしている。警察下の組織である。活動は、夜警である。

（資料3）伊勢原警察から自警団へ

大正12年9月30日
伊勢原警察分署長

自警団組織に本職の希望する要旨、次の通り御参考に与し度候

一、目的
　自警団は警察官を補佐して、今次の大震災被害に依り欠陥を生したる社会現象に基きて、更に生せんとするの虞ある火災及人為の侵害を予防し、以て未た被害状態に在る社会秩序の復旧を、速かならしむるを目的とすること

二、組織（略）

三、夜警方法（略）

（『伊勢原市史』）

人心が安定してから組織された自警団は、この方針に沿って組織されたのである。横浜市神奈川地域を見ると町内毎に整然と組織されているのを見ればわかる。急遽組織された自警団は、この段階でなくなってしまうのだ。まさに虐殺事件隠蔽の歴史の始まりともいえる。

九月一一日「騒擾事件」（朝鮮人虐殺）の検挙方針が出された。自警団検挙である。「検挙の時機は各地方の情況により異なるへきも東京及横浜を除き其の他の地方は同時一斉に始むること」（関東戒厳司令部詳報）が決定され、埼玉県下では九月一九日より、千葉県下では準備の都合で翌二〇日から始まった。東京においては軍隊の協力を求め一〇月二日から始まった。

横浜、神奈川県も自警団員逮捕のための準備を始める。横浜地方裁判所検事局指揮の下に神奈川県警刑事課においては、各警察署を動員して検挙に着手していった。横浜は、横浜港や神奈川にある倉庫から食料や生糸、布、羊毛等

を盗んだ犯人を大々的に検挙していった。九月一六日には、憲兵隊長以下憲兵全員で、大岡川、堀川に停泊中の小帆船を強窃盗犯人の大捜索で三六人を蔵品と一緒に検挙、県警は軍隊援護を得て、九月二八日から二日間、相沢、江古田部落の検挙を実施して行った。「山元町相沢方面の通行を禁止した上、三〇〇〇余戸の住民全部を街路に並ばして、各戸を五時間にわたり捜査した」（報知新聞九月三〇日）そして検挙六九名、押収物は、日本刀、短刀、竹槍等武器を始め、発見を恐れて廃棄した羊毛三五貫、衣類、雑品貴金属を押収した。また九月二二日には、神奈川と鶴見、一〇月に入り、憲兵、警察官により南太田など所謂「細民部落」と言われている地域に集中して捜査し検挙していった。神奈川県下において一一月一五日まで、一七三〇件一九〇〇人を検挙し、九八九人を送検した。戒厳令下警察、憲兵権力は民衆に強力な力を見せつけた。

この状況の中で、朝鮮人虐殺の捜査は全く見えなくなってしまったように推測する。大々的な捜査の中で殺人は一〇件を数えるだけである。傷害二三件、窃盗は一三八二件に及んでいる。神奈川県警全体で殺人一〇件ということだが、どの事件を言っているのか不明である。

どうやら、自警団に虐殺事実の責任を問う事なく過ぎてしまう。

神奈川県警察は、自警団の取り締まりの結果、「一〇月中旬以降は警察官の増配、憲兵警察隊等治安維持の機関充実したので、従来の自警団は悉く火の番組合に」（『大震火災と警察』西坂勝人）変更させたと総括している。警察の管理下に位置付けたのである。

このことが意味することについて、きちんと考えていかなければならない。

神高秘発第五五号
大正十二年十一月七日

神奈川県知事　安河内麻吉

内　務　大　臣　　後藤新平　殿
臨時震災救護事務局総裁　山本権兵衛　殿
社会局長官　　池田　宏　殿

震災後ノ状況報告（続報）

震災後ノ状況ニ関シテハ従来数次御報告ノ処其ノ後ノ概況別紙ノ通ニ有之候条此段及報告候也

一、人心ノ安定及推移ノ状況

震災後一時異常ノ興奮ト不安トニ陥リタル民心モ日時ノ経過ト衣食ノ需給円満ナルニ至レルノ結果漸次安定ニ赴キ秩序亦恢復セルカ尓来罹災民ノ多クハ自己ノ復興的方面ニ努力シ大体ハ堵ニ安シテ家業ニ精励シ労働者モ亦タ相当就職口アルヲ以テ震災前ニ比シ寧ロ多額ノ収入アリ今日ニ於テハ若干ノ失業者ナキニアラサルモ、県下各地共物質及精神上ニ多大ノ打撃ヲ受ケタルニモ不拘何レモ復興的精神ノ抱懐セサルモノナキモノ如シ然リト雖モ智識階級及中産階級ニ属スル者ニ在リテハ失業失職ノ苦脳ニ脳シ漫然就職口ヲ求ムルカ又ハ配給品ノミニ期待シテ徒食スル者モ亦ナキニアラヌト雖モ今日ノ処概シテ平穏ニシテ戒厳令下ニ在ルト否トヲ関知セサルモノノ如キ状態ナルヲ以テ近ク撤廃セラルルモ敢テ著シキ変化ヲ見サルヘシト思料セラル尚工場労働者等カ日時ノ経過ニ伴ヒ生活ニ窮シ資本家ニ対シ如何ナル要求ヲ為スヤ又彼等ノ運動ニ変化ヲ及ホスコトナキヤ否ヤ及中産、智識両階級ノ失業者カ左傾的傾向ヲ呈スルニ至ルコトナキヤハ今後十分ナル注意ヲ要スル問題ナリト思料セラル而シテ今日以降ニ於ケル震災地ノ復興ハ都市ト農村トニ依リ自ラ其ノ趣ヲ異ニスルモ都市ノ根本的施設ハ之ラ別トシ何レモ建築材料及資金ノ融通不能ニ苦シムト共ニ一面失職失業ノ苦悩ニ在ルモノ尠ナカラサルヲ以テ之ニ対シテハ火災保険金ノ支払、低利資金ノ供給失職失業者ノ救済等ハ最モ緊要ナル事項ノ一ナリト思料セラル。

一、自警団ニ関スル件

自警団ニ就テハ災害前ニ組織シタルモノアリ災害當時急遽組織シタルモノアリ又災害後人心稍安定シタル際設置シタルモノアリテ其ノ組織時期ヨリ各利弊ヲ異ニシ一概ニ論断スルコト能ハス災害前ニ組織シタル自警団ハ秩序整然タルモノニシテ其行動亦何等批難スヘキ点ナリ風紀ノ改善警察事故ノ防止等各種ノ方面ニ活動シ大ニ利益アリト雖トモ災害当時急遽組織シタル自警団ニ在リテハ流言ニ惑ハサレ組織レタルモノナルカ故ニ何等秩序ナリ其ノ町村又ハ区内ニ居住スルモノノ全部ヲ強制的組合員トナシ其ノ行動ハ鮮人及挙動不審者ノ誰何ヲ行ヒ或ハ武器ヲ携帯シ恰モ警察官吏ノ行フヘキ職務ヲ行ヒ其ノ甚シキニ至リテハ法規ヲ無視セル行動サヘアリシヲ以テ大ナル弊害アリ人心安定ニ向ヒタル今回ニ於テハ全然斯ル自警団体ヲ認ムヘキニアラス又人心稍々安定ニ向ヒタル際組織サレタル自警団ハ火ノ番取締規則ニヨル火ノ番組合トモ見ルヘキモノニシテ其ノ区内ニ居住セルモノノ全部ヲ組合員ト為シ夜間輪番ニテ主ニ火災盗難予防ノ為メ巡回シツツアルモノニシテ何等遵法不審ノ為ナリ警察事故ヲ防止スル為ヨク見ル時ハ之ヲ阻止スヘキモノニアラス然リト雖トモ其ノ組織方法ハ其ノ区内現住者全部ヲ組合員トシ夜間輪番ニテ巡邏スル為メニ昼間ノ職業ヲ有スルモノ殊ニ官公吏ノ如キハ前夜夜警セシメラルル結果本業ヲ休止セサルヘカラサルニ至リ一部ヨリ非難ノ声アルヲ以テ災害前ニ組織サレタル火ノ番組合ノ如ク組員ヨリ費用ヲ徴収シ雇入ヲシテ夜警セシムルカ又ハ費用ノ関係上

之ヲ為シ能ハストセハ官公吏ノ如キ勤メ人及婦女子ノミノ家ハ夜警ヲ免除スル方法ニ拠ラシムル様誘導スヘキ旨警察官署長＊通牒シ以テ之カ取締ヲ為シツツアリ而シテ震災当時ノ自警団別冊ノ如シ

横浜市自警団調査表

市町村名	自警団ノ名称	自警区域	従事人員 有志	在郷軍人	青年団	消防	其他	計	従事月日	許可不許可ノ別	備考
横浜市	久保山青年会	久保山一帯	28					28	自九月二日至九月十五日	非許可	震火災以降人心安定ニ＊シタルヨリ従来行ハレタル火
	庚耕地青年会	庚耕地一帯	30	19	11			60	自九月二日至九月十二日	〃	番夜警ノ目的ニテ実行シタリ
	上青年会	南吉田町電車線路以北以北			31			31	自九月二日至九月十八日	〃	〃
	長島町義勇団支部	長島町五、六、七丁目一円	19					19	自九月五日至九月十九日	〃	〃
	富士見青年団	南太田町ノ内富士見耕地一円			35			35	自九月五日至九月二十日	〃	〃
	南太田町上青年団	南太田町ノ内上耕地清水耕地、谷戸耕地			50			50	自九月二日至	九月十八日許可	〃
	〃西青年会	南太田町内庚耕地ノ一部東耕地、下原耕地			10			10	同	同	〃
	南吉田町西部同営団	南吉田町日枝神社境内及其周囲	10					10	自九月二日至九月二十日	同	〃
	井土ヶ谷町青年団	井土ヶ谷町一円			230			230	自九月十八日至	九月十八日許可	〃

（※表中の人員数については漢数字を算用数字に改めた）

横浜市											
在郷軍人青年団聯合会	弘明寺町一円		5	35			40	自九月二日至九月十五日	非許可	〃
平沼自警団	平沼町材木町仲町一円、西平沼ノ一部			120			120	自九月二日至九月廿日	非許可	〃
根方自警団	根方一円	165					165	同	同	〃
東之町自警団	東之町一円	100					100	同	同	〃
中之町自警団	中之町一円	120					120	同	同	〃
西之町自警団	西ノ町一円	80					80	同	同	〃
三共衛生組合	浅間町ノ一部	35					35	自九月八日至〃月十七日	同	九月二十日以降廃止
霞谷自警団	南太田町ノ一部	69	12	138	1	50	270	自九月二日至〃月十五日	同	九月十五日〃
羽沢自警団	西戸部町ノ一部	65	3	78		15	161	同	同	〃
三反自警団	同	49	12	84		46	191	同	同	〃
水道山自警団	南太田町ノ一部	18	358	21	11		408	同	同	〃
辛西青年会	西戸部町ノ一部	200					200	自九月三日至〃月廿日	同	九月廿日廃止
同会第七班	同	80					80	同	同	〃
ナシ	浅間町ノ一部	32	153	48	13	725	971	同	同	〃
ナシ	尾張屋町一円	45					45	同	同	〃
愛志青年会	久保町一円			200			200	自九月二日至〃廿日	同	〃

横浜市	夜番	戸部町ノ一部	15					15	同	同	〃
	同	宮崎町一円			30	5	10	45	同	同	〃
	同	戸部町掃部山一円		10				10	同	同	〃
	同	西戸部町ノ一部		8	353	7		368	同	同	〃
	上原青年会	同	20	11	35	4	2	72	自九月二日至〃同九日	同	九月九日以降廃止ス
	伊勢町青年会	伊勢町ノ一部	12	20	37	8	5	82	自九月二日至〃同八日	同	〃
	中村町打越組合自警団	中村町ノ内字打越ノ一部	5	6	10		9	30	自九月三日継続中	非許可	九月二日設置現在
	中村打越西部自警団	中村町ノ内字打越西部ノ一部	3	6	15	13	16	53	自九月二日〃	同	〃
	中村町青年会	中村町ノ内一〇八八ノ一部自一一二八番地至一二三九番地	2	22	52		20	96	自九月二日至〃月十日	許可	九月一日設置九月十日廃止
	中村町青年会	中村町ノ内字中村自一〇五一至一一二七番地	5		20		100	125	自九月二日至〃月十日	同	〃
	寿自警会中村町西支部	中村町ノ内字西谷字西字弥八谷字留	1400	200	160		200	1960	同	同	〃
	大岡町第一部自警団	大岡町ノ内字＊＊大橋詰、石島、岸ヶ谷	30	7				37	自九月二日至〃同十九日	非許可	九月十九日廃止
	同町第二部自警団	大岡町ノ内字樋口、大橋詰中島、宮ノ前	3	15	150	3	29	200	自九月二日至〃十八日	同	九月十八日〃

横浜市										
同町第三部自警団	大岡町ノ内第三部所属区域	10	49	39	2	103	203	自九月一日継続中	同	現存
同町第四部自警団	大岡町ノ内自五〇〇番地至一〇〇〇番地		25	200	1	50	276	同	許可	同
同町第五部自警団	同町内ノ内七枚畑＊＊＊五枚下＊者町越ノ下谷戸前小谷原大谷原		28	83	4	99	224	自九月二日至〃十六日	非許可	十六日廃止
在郷軍人会南部分会一八班	磯子町一円		65				65	九月十日ヨリ継続中	同	現存
磯子町青年会	磯子町一円	16		78	8	40	126	自九月十日至〃十五日	同	十五日廃止
滝頭町同志会	同町内字浜自八〇番地至九六番地	10	7		5	114	136	九月一日ヨリ継続中	同	現存
同町東友会	同町字浜ノ内東部一円	6	10		4	114	130	同	許可	同
石川青年会自警団	石川町五、六、七丁目	10	15	50		25	100	同	非許可	同
ナシ	根岸町字分田ノ一部	30	3	1	16		50	自九月十一日至〃月十五日	同	十五日廃止
蒔田自警団	蒔田町一円	50	20	30	5		105	自九月二日至〃月十日	同	十日廃止
蒔田自警団	蒔田町一円	40	15	23	5		83	自九月十一日至〃十五日	同	十五日廃止
寿自警団堀ノ内支部	堀ノ内一円	150	70	60	2	30	312	自九月二日至〃十日	非許可	十日廃止

横浜市										
同	同	50	70	60	20	30	230	自九月＊日至〃月十五日	許可	十五日廃止
グラント自警団	公園一円	1	14	7	2	15	39	自九月二日至〃十二日	非許可	横浜市長ノ命ニヨリ
横浜再興団支部	元町四、五丁目		8	2	1	8	19	自九月一日至〃五日	同	六日廃止
横浜再興団本部	元町一、二、三丁目	5	12	7	3	21	48	自九月一日至〃三日	同	陸戦隊ニ於テ警戒ス
新山下町避難民団	新山下町一円	1	13	4	5	14	37	九月一日	同	即日廃止
上台救護団夜警部	上台一部	422	71				493	九月五日	非許可	
千代崎町青年会	千代嵜町一円	7	1	21	1	2	32	〃月二日	同	
上野町自警団	上野町一円	8	14	102	3	37	184	同	同	
豚山自警団	北方町豚山一円	8	40	60		20	128	九月七日	同	
北方町自警団	北方町上野町西谷一円	10	5	18	1	4	38	〃月二日	同	
大神宮境内自警団	大神宮境内一円	12					12	同	同	
竹ノ花自警団	竹ノ花一円	7	21	70		7	115	同	同	
大鳥自警団	大鳥上台一円	89	47	12		12	150	九月一日	許可	
箕輪下自警団	箕輪下一円	31	4	6	3	6	50	同	同	
箕輪自警団	上台箕輪一円	16	8	2	3	13	42	同四日	非許可	
八王子自警団	八王子一円	108	12	7	9	46	182	同二日	同	
牛込　同	牛込一円	172	41	18	3	59	293	同	同	

横浜市										
矢　同	矢一円	123	31	23	5	52	238	同	同	
間門　同	間門一円	121	21	13	8	42	206	同	同	
池田　同	池田一円	48	13	2	9	21	93	同	同	
和田　同	和田一円	52	8	14	12	19	105	同	同	
原　同	原一円	228	31	20	3	46	328	同	同	
立野　同	立野山一円	25	4	7	2	18	56	同十八日	同	
鷺山　同	鷺山一円	18	3	4		9	34	同四日	同	
麦田　同	麦田一円	23	3	2	4	5	37	同二日	同	
西ノ谷自警団	西ノ谷一円	97	32	18	8	47	206	九月一日	非許可	
根岸町五字自警団	立野、鷺山、竹ノ丸柏葉ノ一部	130	29	16	23	59	247	同	同	
小港　同	小港一円	78	23	22	12	44	179	同月二日	同	
宮原　同	宮原一円	62	32	22	8	21	145	同	同	
天徳寺　同	天徳寺一円	58	22	18	7	24	129	同	同	
上野町　同	山手町公園ノ一部	40		40			80	同	同	
山手町　同	山手公園ノ一部			50			50	同	同	
花屋敷　同	山手公園ノ花屋敷一部	50					50	同月一日	同	
山手青年会	同	30					30	同月二日	同	
加曽聯合　同	加曽一円	50	85	110	15	114	374	同月一日	同	
芝生　同	西芝生全部	24	190	316			430	同月二日	同	

横浜市										
根岸町西部　同	坂馬場全部	50	250	500	50	256	1556	同	同	
滝頭町　同	同町ノ一部	145	15		10	10	180	同月一日	同	
三本枕下　同	相沢西竹ノ丸一部	50					50	同	許可	
柏葉　同	柏葉一部	100					100	自九月一日 至九月十日	同	
山元町　同	同町一、二丁目全部	50					50	同	同	
宮刕町自警団	宮刕町全部	5	3	20	2		30	自九月十六日 至十月十五日	許可	現存
滝下町自警団	滝下町全部					140	140	自九月十七日 至十月十六日	同	同
幸谷自警団	幸谷町全部	4	2	3	1	90	100	自〃十八日 至十月十七日	同	同
桐畑自警団	同町全部	9	8	50		122	189	自〃十七日 至十月十六日	同	同
上反町　同	同町全部	10	5	40	5	140	200	自九月二十一日 至十月廿日	手続中	同
下反町　同	下反町全部	5	5	30		260	300	自九月十二日 至十月十一日	許可	同
下台町七軒町　同	下台町全部七軒町ノ一部	8	10	40	2	140	200	同	同	同
鶴屋町　同	同町全部	21					21	自九月廿日 至十月十五日	同	同

横浜市										
太田町 同	同町全部	10	7	45	15	83	160	自 至	非許可	九月三日ヨリ 現在
栗田谷松本 同	同町全部	10		35		75	120	自 至	許可	九月一日ヨリ 〃
横町自警団	横町全部	24					24	自 至	非許可 手続中	九月三日ヨリ 現存
三ツ澤 同	三ツ沢全部	5		30			35	自九月一日 至九月七日	非許可	八日廃止
綿花町 同	同町全部	3	2	2	1	1	9	自〃七日 至〃廿二日	同	二十二日〃
滝ノ町 同	同町全部	2	1	2	1	2	8	自〃五日 至〃二十二日	同	同
久保町 同	同町全部	1	2	1	1	1	6	自〃十五日 至〃二十二日	同	同
元町 同	同町全部	5	3	2	2	1	13	自〃二日 至〃二十二日	同	同
二ッ谷 同	同町全部	16					16	自九月六日 至〃十五日	許可	現存
平尾前 同	平尾前全部	54					54	自九月一日 至〃二十日	非許可	二十三日廃止
二本榎 同	同町全部	50	10	45	5	80	190	自〃二十日 至十月十八日	許可	現存
鳥越町 同	同町全部	25					25	自〃月十八日 至十月十九日	同	〃

横浜市									
東西白楽　同	同町全部	190					190	自九月二日 至〃十七日	非許可	十七日廃止
十番町　同	同町全部	80	9			33	122	自九月二十二日 至十月二十一日	非許可	許可手続中
神明町　同	同町全部	16				144	160	自九月十八日 至十月十七日	許可	現存
浦島町　同	同町全部	14	15		6	325	360	自九月十八日 至十月十七日	許可	現存
西ノ町　同	同町全部	30					30	自九月廿四日 至十月廿三日	非許可	手続中
小伝馬町　同	同町全部	4				60	64	自九月十八日 至十月十七日	許可	現存
柳町　同	柳町全部	85	9		6	300	400	同	同	同
新町　同	同町全部	6	9		6	37	58	自九月二日 至	非許可	手続中
立町　同	同町全部	6	3			26	35	自九月四日 至	同	同
猟師町　同	同町全部	100					100	自九月二日 至	同	九月二十日廃止
仲ノ町　同	同町全部	70					70	自九月七日 至	〃	
御殿町　同	同町全部	100					100	自九月四日 至	〃	現存 手続中

横浜市										
九番町　同	同町全部	70					70	自九月二日　至	〃	
飯田町　同	同町全部	50					50	〃	許可	現存
富家町　同	同町全部	148					148	自九月三日　至九月十四日	非許可	九月十五日廃止
仲ノ町　同	同全町部	150					150	自九月三日　至	〃	
中川町自警団	中川町全部	165					165	自九月一日　至	非許可	現存
斎藤分　同	斎藤分一円	175					175	自九月二日　至	〃	〃
新子安青年会	全町一円		5		55	29	21	自九月一日　至〃十七日	〃	十八日廃止

久良岐郡自警団調査表

市町村名	自警団ノ名称	自警区域	従事人員 有志	従事人員 在郷軍人	従事人員 青年団	従事人員 消防	従事人員 其他	計	従事月日	許可不許可ノ別	備考
久良岐	日下自警団第一分隊	字笹下一円				113		113	自九月一日至九月二十日	許可	人心安定ニヨリ廃止
	同第二分隊	字日野一円				160		160	仝	仝	仝
	同第三分隊	字田中、矢部野、栗木峯、氷取沢、上中里				131		131	仝	仝	仝
	上大岡自警団	字上大岡一円			21	25		46	仝	非許可	仝
	久保、最戸、別所、中里自警団	字久保、最戸、別所中里一円			28	61		89	仝	仝	仝
	永田、引越自警団	字永田引越一円			22	60		82	仝	仝	仝
	屏風浦村森分隊	字森一円			32	74		106	仝	許可	仝
	屏風浦村森中原分隊	字森中原一円			47	74		121	仝	仝	仝
	同村杉田分隊	字杉田一円			71	74		145	仝	仝	仝
	金沢村富岡分隊	字富岡一円				100		100	仝	仝	仝
	同村谷津分隊	字谷津一円				62		62	仝	仝	仝
	同村柴分隊	字柴一円				70		70	仝	仝	仝
	同村野島分隊	字野島一円	8			118		126	仝	仝	仝
	同村劦崎分隊	字劦崎一円	4			82		86	仝	仝	仝

久良岐	同村町屋分隊	字町屋一円				52		52	全	全	全
	同村寺前分隊	字寺前一円				67		67	全	全	全
	六浦荘村自警団三分分隊	字三分一円				293		293	全	全	全
	同村釜利谷分隊	字釜利谷一円				130		130	全	全	全
	岡村峠分隊	字峠一円				20		20	全	全	全

橘樹郡自警団調査表

市町村名	自警団ノ名称	自警区域	従事人員 有志	従事人員 在郷軍人	従事人員 青年団	従事人員 消防	従事人員 其他	計	従事月日	許可非許可ノ別	備考
橘樹郡	寉見町自警団東寺尾支部第一区	寉見町東寺尾ノ一部	26	2	3	1		32	自九月二日 至〃廿日	非許可	九月二十一日公認許可ニ付廃止ス
	同第二区	仝	34	3	6	5		48	仝	仝	仝
	同第三区	仝	18	1	2	1		22	仝	仝	仝
	同第四区	仝	15		5			20	仝	仝	仝
	同第五区	仝	19	3	8	2		32	仝	仝	仝
	寉見会第五区	自寉見下町九二六 至仝　九六三	5	2	2	8	104	121	自九月一日 至仝二十日	許可	公認自警団ニ合併ス
	八幡会	生麦自一〇〇七 至一四三〇番地	25	2	2		182	211	仝	非許可	仝
	親友会	〃自一一五二 至一三六五番地	18	1	7	16	46	88	仝	仝	仝
	營友会	〃自一一五二 至一一八三番地	25	5	13	5	65	113	仝	仝	仝
	楽友会	生麦自一一六〇 至一二七四番地	9		1	11	84	105	仝	許可	仝
	寉見町自警団豊岡支部第一区	寉見町ノ内豊岡ノ一部	60	3	10			73	自九月二日 至九月廿日	非許可	九月廿日公認許可ノタメ廃止ス
	同第二区	仝	50	2	8	2		62	〃	〃	〃
	同第三区	仝	55	4	20			79	〃	〃	〃

橘樹郡

同第四区	仝	62	6	15	5		88	〃	〃	〃
同第五区	仝	59	10	9	2		80	〃	〃	〃
同第六区	仝	50	8	3			61	〃	〃	〃
同第七区	仝	42	2	6			50	〃	〃	〃
寉見町仲町自警団	同町一円	10	9	13	23	120	175	自九月二日至〃十八日	〃	十九日廃止
同町下町同	同町ノ一部	4	6	8	15	83	116	〃	〃	〃
	寉見町仲町ノ一部	6	1	1	3	56	67	自九月二日至〃十七日	〃	十八日廃止
	寉見町上町一円	8	9	12	11	410	450	〃	〃	〃
寉見町自警団	同町仲町	70	15	40		5	130	自九月五日至九月十五日	〃	十六日廃止
同	同町下町	40	10	25		5	80	〃	〃	〃
生麦本宮会	生麦本宮一円	84	15	16	5		130	自九月一日至〃十五日	同	九月十六日人心安定ニ付廃止ス
仝志友会	仝南町一部	21	7		5		33	仝	仝	仝
仝誠心会	仝南町一部	8	6	37			51	仝	仝	仝
仝兄弟会	仝北町一部	84	14	10	6		114	仝	仝	仝
寉見町自警団	生麦ノ一部 東寺尾ノ一部	515		53	107		675	仝	仝	仝
松杉倶楽部	生麦岸ノ一部	78					78	九月十七日設立	仝	現存

橘樹郡										
同心会	汐田町八軒町一円					150	150	自九月二日至仝廿日	非許可	廿一日廃止
信和会	〃町北仲町一円					200	200	仝	仝	仝
青年団	〃町本町一、二丁目、大工町北仲町一円			40			40	仝	仝	引続従事中
汐田青年団中央分団	汐田、汐入堀ノ内、浜町ノ一部	2		28			30	自九月二日至〃十七日	仝	十八日廃止
	汐田、本町二丁目ノ一部					30	30	自九月五日至〃十五日	仝	十六日廃止
	汐田町堀ノ内一部					25	25	自九月三日至〃十七日	仝	十八日廃止
	汐田町本町一町目一円					40	40	自九月二日至〃十二日	仝	十三日廃止
	汐田町汐入町一円					160	160	仝	仝	仝
汐田青年団南分団	汐入本町二丁目、南町南仲通一、二丁目堀ノ内			20			20	自九月十一日至〃十八日	仝	十九日廃止
親交会	堀ノ内一部	2		58			60	自九月二日至〃十九日	仝	二十日廃止
浜睦会	浜町一円	30					30	自九月二日至〃十二日	仝	十二日廃止
親睦会	東町一円	32					32	仝	仝	仝
仲和会	仲町一円	28					28	自九月二日至〃十五日	仝	十六日廃止

橘樹郡											
親和会	東仲町一円	30					30	自九月二日 至十三日	仝	十四日廃止
東部青年団	汐田町東部一円			24			24	自九月一日 至〃廿日	仝	引続従事中
汐田消防	汐田町一円				18		18	自九月一日 至〃十八日	仝	十九日廃止
汐田町在郷軍人	同		17				17	自九月五日 至〃十八日	仝	仝
汐田町青年団市場支部	市場菅沢尻手一円			65	56		121	自九月二日 至〃廿日	仝	廿一日廃止
同矢向支部	矢向江ヶ崎一円			55	45		100	仝	仝	仝
自治会	本町一町目	20					20	自九月一日 至〃十四日	仝	十五日廃止
汐田町入江町自警団	入江町一円	81	5		4		90	自九月四日 至〃十四日	非許可	九月十五日廃止
旭村消防組	旭村一円				453		453	自九月二日 至〃廿日	仝	引続従事
寉見町公認自警団	寉見町一円		500	411	308		1219	自九月十八日許可	公認	〃
汐田町公認自警団	汐田町一円		432	309	181		922	九月二十日許可	仝	〃
堀ノ内自警団	堀ノ内一部	35	22	75	39	135	306	自九月二日	非許可	人心安定次第廃止見込
小土呂火防組合	小土呂一円	2	63		60	64	189	自九月一日	仝	続行中

橘樹郡										
自衛団	堀内、新宿、久根崎ノ一部	4	5	120		100	229	自九月二日	仝	〃
駅前自衛団	砂子ノ一部	18	26	23		96	163	〃	〃	〃
新地自衛団	新地一帯	19	6	7	10		42	〃	〃	〃
鋼管通同	塩浜一帯	2	15			133	150	自九月一日	〃	〃
西自警団	西部落一円					128	128	自九月二日	〃	〃
中村自警団	中村部落一円					71	71	〃	〃	〃
田尻自警団	同部落一円					91	91	〃	〃	〃
新町田向自警団	同部落一円					54	54	〃	〃	
ナシ	高津村一円		125	120	400	50	695	自九月二日 至〃十六日	非許可	人心安定次第廃止ノ見込
ナシ	中原村一円		100	200	395		695	自九月二日 至〃十九日	仝	十九日廃止
ナシ	橘村一円	30	40	35	247	15	367	仝	仝	〃
ナシ	宮前村一円		103	118	249	31	501	自九月二日 至九月十六日	仝	十六日廃止
ナシ	向丘村一円	8	175	143	188	80	594	自九月二日 至〃廿日	仝	廿日廃止
稲田村自治会	稲田村一円	298	162	212	255		927	自九月二日 至〃月十八日	仝	十八日廃止
ナシ	生田村一円	100	300	181	263		844	自九月二日 至九月十七日	仝	十七日〃

橘樹郡										
保土ヶ谷自警団	保土ヶ谷町	100	70	75	24		269	自九月二日 至〃廿日	仝	
元町自警団	元町一円	70	30	60			160	〃	〃	
岩間自警団	上岩間町一円	280	32	34	5		351	〃	〃	
神戸自警団	上神戸ノ一部	60	30	40	7		137	〃	〃	
川岸夜警団	川岸一円	30	45	60	20	260	415	〃	〃	
古町夜警団	古町ノ一部	8	14	30	15	70	137	自九月二日 至九月廿日	非許可	九月廿日廃止
岩間夜警団	下岩間ノ一部	10	24	80	6	50	170	〃	〃	〃
山下自警団	山下一円	35	70	82	50	580	817	〃	〃	〃
峰自警団	峯一円	20	40	30	10	250	350	自九月一日 至〃廿日	〃	〃
上町同	上町ノ一部	3	4	25	1	3	36	自九月二日 至〃	〃	〃
十八軒町同	十八軒町一円			25	1		26	〃	〃	〃
上町同	上町ノ一部	6	5	25	15		51	〃	〃	〃
神戸同	神戸ノ一部	16					16	〃	〃	〃
下神戸同	下神戸一円	20					20	〃	〃	〃
上神戸同	上神戸一部	5	20	50	5		80	〃	〃	〃
下星川青年分会	下星川一円	189	22	82	12		305	〃	〃	〃
佛向青年分会	佛向一円	72	18	35	15		140	〃	〃	〃

橘樹郡										
和田青年分会	和田一円	58	11	31	10		110	〃	〃	〃
常盤分団	岡野公園一円	22		28			50	〃	〃	
坂本青年分会	坂本一円	33	5	8	5		51	〃	〃	
岸根青年会	仝町一円		5	10	45		60	自九月一日 至 〃十五日	〃	十六日廃止
神大寺同	神大寺一円		7	12	37		57	自九月廿一日 至十月一日	〃	
六角橋同	六角橋一円	3	12	25	60		97	九月一日 至十月十七日	〃	十八日廃止
東堀橋同	東堀橋一円				40		40	自九月廿二日 至十月廿八日	〃	現存
南綱島同	南綱島一円	300		52	42		395	自九月廿四日 至十月十日	〃	〃
白幡同	白幡一円				220		220	自九月二日 至 〃十七日	〃	十八日廃止
篠原同	篠原一円				456		456	自九月二日 至 〃二十日	〃	廿一日 〃
菊名同	菊名一円			380			380	〃	〃	〃

三浦郡自警団調査表

市町村名	自警団ノ名称	自警区域	従事人員 有志	従事人員 在郷軍人	従事人員 青年団	従事人員 消防	従事人員 其他	計	従事月日	許可不許可ノ別	備考
三浦郡	横須賀自警団	横須賀市	61					61	自九月二日 至	許可	九月二日ヨリ以降引続キ
	横須賀消防組	同				420		420	自九月二日 至〃十日	同	九月十一日廃止
	深田米ヶ浜青年団	市内深田米ヶ浜			33			33	自九月一日 至	非許可	九月五日以降警戒ヲ廃シ救護ニ従事
	消防組	田浦町				510		510	自九月二日 至仝七日	許可	九月四日以降半数ニ減員ス
	本浦青年団	田浦町本浦			50			50	自九月五日 至〃五日	非許可	仝
	消防組	衣笠村				150		150	〃	許可	五日廃止
	ナシ	逗子一円	12		10	50	10	82	自九月一日 至〃 九日	非許可	人心安定九月九日廃止
	小坪自警団	谷戸、西、中里、飯島、伊勢町	4	113	28	213	55	413	九月一日 至〃廿日	〃	廿日〃
	新宿同	新宿一円	3			45		48	自九月二日 至 〃廿五日	〃	現存
	ナシ	久木一円	2			50		52	〃	〃	
	ナシ	櫻山一円	9			30		39	〃	〃	〃

三浦郡										
〃	一色一円	1			10		11	自九月一日 至〃 六日	〃	九月七日廃止
〃	堀ノ内森戸ノ一部	2			10		12	〃	〃	〃
〃	堀ノ内一円	2			40		42	自九月一日 至九月十五日	〃	九月十六日〃
〃	長柄一円	1			20		21	〃	〃	〃
〃	木古庭下山口一円	2		2	20		24	自九月一日 至〃七日	〃	八日廃止
西浦自警団	秋谷部落	3		28	84		115	自九月三日 至〃廿二日	〃	廿三日〃
同	芦名一円	2		63	63		128	自九月三日 至〃十三日	〃	十四日廃止
同	久留和一円	2		7	24		33	〃	〃	〃
同	長坂佐島一円	4			40		44	〃	〃	〃
ナシ	林一円	2			15		17	自九月一日 至〃十五日	〃	十五日廃止
同	武一円	2			15		17	〃	〃	〃
同	須軽谷一円	2			15		17	〃	〃	〃
ナシ	小田和一円	2			15		17	〃	〃	〃
三崎消防組	三崎町一円				165		165	自九月一日 至 〃七日	許可	
同	同				55		55	自九月八日 至 〃廿日	同	九月廿一日以降火ノ番警戒ニ止ム

三浦郡										
南下浦消防組	南下浦一円				165		165	自九月一日 至〃七日	同	
同	同				55		55	自九月八日 至〃廿日	同	
長井消防組	長井村一円				180		180	自九月一日 至〃廿日	同	
同	同				45		45	自九月八日 至〃廿日	同	
初声消防組	初声村一円				105		105	自九月一日 至〃廿日	同	
同	同				35		35	自九月八日 至〃廿日	同	

鎌倉郡自警団調査表

市町村名	自警団ノ名称	自警区域	従事人員 有志	従事人員 在郷軍人	従事人員 青年団	従事人員 消防	従事人員 其他	計	従事月日	許可不許可ノ別	備考
鎌倉郡	西御門自警団	西御門一円		11	14	5		30	自九月一日 至	目下手続中	
	雪ノ下　同	雪ノ下一円		38	50	32		120	〃	〃	
	小町　同	小町一円	300	41	39	40		420	〃	〃	
	大町　同	大町ノ内辻名越米町一円	325	74	70	48		527	自九月一日 至〃卅日	〃	
	ナシ	雪ノ下一部	20	11	33	14		78	自九月一日 至	〃	
	扇ヶ谷自警団	扇ヶ谷一円	50	13	40	32		135	自九月一日 至	〃	
	由井ヶ浜　同	大町由井ヶ浜一円			140	40		180	自九月二日 至	許可	
	劇場前有志自警団	大町劇場附近、笹目、佐助ケ谷一円	32					32	自九月二日 至〃十一日	〃	
	長谷公認　同	長谷一円			50	50		100	自九月一七日 至	〃	
	材木座　同	材木座一円	78	160	100	62		400	自九月一日 至	〃	

鎌倉郡										
坂ノ下　同	坂ノ下一円			60	60		120	自九月三日 至	手続中	
極楽寺　同	極楽寺一円			40	40		80	自九月三日 至	〃	
ナシ	二階堂 仝上部落一円				43		43	自九月一日 至	〃	
小坂村　同	小坂村一円			150	250		400	自九月三日 至	〃	
戸部消防組	小坂村、小袋谷、玉縄村本岡		6		65		71	自九月一日 至	〃	
私設岡本消防組	岡本一円		21		46		67	自〃 至	ナシ	
私設関谷消防組	関谷一円		17		28		45	〃	〃	
深沢消防組	深澤村一円	20			250	5	320	自九月三日 至	手続中	
村岡村	全村	232					232	自九月一日 至	〃	
下ノ谷自警団	下ノ谷一円	318					318	自九月一日 至〃十六日	〃	
通町　同	通町一円	122					122	〃	〃	
西方　同	西方一円	102					102	〃	〃	
江ノ島　同	同町一円			8	9	185	202	自九月二日 至	〃	

鎌倉郡										
ナシ	腰越津村一円	28	137	106	229		500	自九月一日至〃十四日	手続中	
舞岡自警団	同村全部					91	91	自九月二日至	非許可	
下柏尾　同	下柏尾　同					64	64	〃	〃	
上柏尾　同	上柏尾　同					30	30	〃	〃	
前山田　同	前山田　同					26	26	〃	〃	
后山田　同	后山田　同					35	35	〃	〃	
品濃　同	品濃　同					73	73	〃	〃	
平戸　同	平戸　同					100	100	〃	〃	
阿久和　同	阿久和　同					150	150	〃	〃	
岡津　同	岡津　同					110	110	〃	〃	
上矢部　同	上矢部　同					70	70	〃	〃	
名瀬　同	名瀬　同					65	65	〃	〃	
宮沢村　同	宮沢全部					48	48	〃	〃	
下瀬谷組	下瀬谷　同					73	73	〃	〃	
北村新道組	北村新道　同					41	41	〃	〃	
橋戸組	橋戸　同					78	78	〃	〃	
本郷組	本郷　同					65	65	〃	〃	
中野組	中野　同					48	48	〃	〃	
竹下下村組	竹下下村　同					35	35	〃	〃	
上瀬谷組	上瀬谷　同					93	93	〃	〃	

鎌倉郡										
五メ目組	五メ目　同					14	14	〃	〃	
相沢組	相沢　同					63	63	〃	〃	
二ツ橋組	二ツ橋　同					65	65	〃	〃	
中和田自警団	中和田村一円	32	98	402	350	51	933	自九月一日 至〃十八日	〃	人心安定ニ付廃止
原宿　同	原宿全部					72	72	自九月二日 至〃十日	〃	〃
深沢　同	深沢　同					80	80	自九月二日 至〃十二日	〃	〃
汲沢自警団	扱沢　同					79	79	〃	〃	〃
小雀　同	小雀　同					68	68	〃	〃	〃
上俣野　同	上俣野　同					54	54	〃	〃	〃
東俣野　同	東俣野　同					74	74	〃	〃	〃
山谷　同	山谷　同					23	23	〃	〃	〃
ナシ	本郷村一円	2	574	600	772	2060	4008	自九月一日 至	〃	〃
豊田村自警団	豊田村一円					350	350	〃	〃	〃
永野村　同	永野村一円	5	58	130		177	370	〃	〃	〃

高座郡自警団調査表

郡市町村名	自警団ノ名称	自警区域	従事人員 有志	従事人員 在郷軍人	従事人員 青年団	従事人員 消防	従事人員 其他	計	従事月日	許可不許可の別	備考
高座郡	鵠沼自警団	鵠沼海岸一円					47	47	自九月一日 至〃十八日	非許可	
	第一部保安組合	溝村上溝市場		32	30	42	53	157	自九月二日 至〃十日	〃	拾日以降人心安定廃止
	第二部　同	仝四ッ谷、久保、川端		22	12	39		73	〃	〃	〃
	第三部　同	山谷		13	10	26		38	〃	〃	〃
	第四部　同	石橋		7	2	35		44	〃	〃	〃
	第五部　同	下宿、田中、本御		15	50	42	8	125	〃	〃	〃
	第六部　同	田尻		5	13	38		56	〃	〃	〃
	第七部　同	番田、諏訪面		21	44	32		97	〃	〃	〃
	第八部　同	虹吹、九崎、田島		16	4	19		39	〃	〃	〃
	滝保安組合	仝上部落全部		21	19	21	3	64	自九月二日 至	許可	九月十日ヨリ火ノ番夜警トシテ
	久所　同	〃		34	42	41	4	121	〃	〃	〃
	堀ノ内　同	〃		25	18	23	4	70	〃	〃	〃
	半在家　同	〃		15	20	18	4	57	〃	〃	〃
	陽原　同	〃		13	23	24	10	70	〃	〃	〃
	望地　同	〃		7	16	14	5	42	〃	〃	〃
	塩田　同	〃		19	9	13		41	〃	〃	〃

高座郡										
新宿 同	〃		7	10	11	5	33	〃	〃	〃
四ッ谷 同	〃		18	17	18	3	56	〃	〃	〃
葛輪 同	〃		14	13	13		40	〃	〃	〃
清水 同	〃		13	12	14	4	43	〃	〃	〃
第一区保安組合	大下外四部落		35	29	30	46	140	自九月二日 至〃十日	非許可	十日以降廃止
第二区 同	八瀬川 宿		19	14	26	20	79	〃	〃	〃
第三区 同	古山		21	24	19	24	88	〃	〃	〃
第四区保安組合	原當麻		20	20	12	17	69	自九月二日 至	非許可	
第五区 同	松原外五部落		40	24	30	20	114	〃	〃	
第六区 同	市場、芹沢		11	13	12	14	50	〃	〃	
新戸保安組合	同部落全部		11	40		78	129	自九月二日 至〃十日	〃	十日廃止
上磯部 同	〃		18	57		75	150	〃	〃	〃
勝坂 同	〃		20	40		4	64	〃	〃	〃
下磯部 同	〃		5	58		17	80	〃	〃	〃
座間保安組合	上宿、下宿、中宿 河原宿		65	111		74	250	〃	〃	〃
新田宿 同	部落全部		28	52		22	102	〃	〃	〃
四ッ谷 同	同		16	20		12	48	〃	〃	〃
座間入谷 同	皆原、星ノ谷、鈴鹿		69	115		62	246	〃	〃	〃

高座郡										
栗原 同	小池、栗原、中原		74	101		55	230	〃	〃	〃
下鶴間保安組合	部落全部		20	100	80	20	220	自九月二日 至	〃	〃
公所保安組合	〃		11	48	40	6	105	〃	〃	〃
下草柳 同	〃		11	16	19	2	48	〃	〃	〃
上草柳 同	〃		22	45	50	3	120	〃	〃	〃
深見 同	〃		12	15	19	4	50	〃	〃	〃
矢部新田 同	〃		8	13	19	8	48	〃	〃	〃
上矢部 同	〃		10	23	19	4	56	〃	〃	〃
渕ノ部第一 同	渕ノ部ノ一部		10	16	48	8	82	〃	〃	〃
同第二 同	〃		30	50	62	15	157	〃	〃	〃
同第三 同	〃		10	7	21	7	45	〃	〃	〃
中和田 同	部落全部		37	37	50	16	140	〃	〃	〃
谷口 同	〃		49	45	47	19	160	〃	〃	〃
鵜ノ森 同	〃		20	15	20	3	58	〃	〃	〃
大沼 同	〃		18	42	20	7	87	〃	〃	〃
小山西部保安組合	小山ノ一部		10	54	44	8	116	自九月二日 至〃十日	非許可	十日廃止
〃東部 同	〃		11	37	44	2	92	〃	〃	〃
清兵衛新田 同	部落全部		11	37	44	2	92	〃	〃	〃
相原第一 同	相原ノ一部		20	10	46	5	81	〃	〃	〃

高座郡										
〃第二 同	〃		23	11	55	6	95	〃	〃	〃
橋本第一保安組合	橋本ノ一部		10	33	35	4	82	〃	〃	〃
〃第二 同	〃		21	36	53	10	120	〃	〃	〃
第一区保安組合	上大島		25	20	65	10	120	〃	〃	〃
第二区 同	新屋敷		5	7	43	9	64	〃	〃	〃
第三区 同	榎戸原村水場		15	20	50	5	90	〃	〃	〃
第四区 同	小清水		8	12	43	6	69	〃	〃	〃
第五区 同	上九沢ノ一部		8	7	41	7	63	〃	〃	〃
第六区 同	〃		15	15	54	23	107	〃	〃	〃
第七区 同	塚場		12	13	52	8	85	〃	〃	〃
第八区 同	宮下		1		21	1	23	〃	〃	〃
第九区 同	作之口			1	30		31	〃	〃	〃

都筑郡自警団調査表

市町村名	自警団ノ名称	自警区域	従事人員 有志	従事人員 在郷軍人	従事人員 青年団	従事人員 消防	従事人員 其他	従事人員 計	従事月日	許可不許可ノ別	備考
都筑郡	都田村自警団	都田村一円		55	167	396	148	766	自九月二日 至九月廿日	非許可	九月廿日人心安定ニヨリ廃止
	新田　同	新田村一円				540		540	〃		〃
	中川村　同	中川村一円	32	134		421		587	〃		〃
	山内村　同	山内村一円				436		436	〃		〃
	柿生村　同	柿生村一円			63	253	136	453	自九月二日 至九月十二日		九月十二日　〃
	岡上　同	岡上村一円					69	69	自九月二日 至九月五日		九月五日　〃
	中里村　同	中里村一円		75	217		72	364	自九月二日 至〃廿日		九月廿日　〃
	都岡村　同	都岡村一円				244	150	394	自九月二日 至九月十九日		十九日　〃
	二俣川　同	二俣川村一円		26	47	235		308	自〃二日 至〃十六日		十六日　〃
	新治村　同	新治村一円		120	199	73	68	460	自〃二日 至〃廿日		廿日　〃
	田奈村　同	田奈村一円		34	31	369	13	447	〃	〃	〃

都筑郡										
西谷村　同	西谷村一円					468	468	自九月二日 至〃廿日	〃	〃
西谷村里　同	西谷村川島里一円					48	48	自九月二日	許可	〃

愛甲郡自警団調査表

郡市町村名	自警団ノ名称	自警区域	従事人員 有志	従事人員 在郷軍人	従事人員 青年団	従事人員 消防	従事人員 其他	計	従事月日	許可不許可ノ別	備考
愛甲郡	厚木自警団	厚木町一円		20	20	120		160	自九月二日 至〃廿日	非許可	二部ニ分ケ警戒ス
	温水同	温水一円		18	15	53	23	109	〃	〃	現存
	長谷同	長谷一円		14	11	58	6	89	〃	許可	〃
	戸宝同	戸宝一円		4	9	53	5	71	〃	非許可	〃
	恩名同	恩名一円		10	7	49	19	85	〃	〃	〃
	愛甲同	愛甲一円		51	45	80	28	204	〃	〃	〃
	愛名同	愛名一円		5	3	67	5	77	〃	〃	〃
	舟子同	舟子一円		9	17	25	5	55	〃	〃	〃
	同	七沢一円		70	125	244		439	〃	〃	〃
	同	小野一円		25	75	177		277	〃	〃	〃
	同	岡沢一円		8	26	48		82	〃	〃	〃
	小鮎同	小鮎村一円		25	78	411		514	〃	〃	〃
	同	煤ヶ谷村一円		45	120	60		225	〃	〃	〃
	同	宮ヶ瀬村一円		18	58	35		111	〃	〃	〃
	同	妻田村一円				41		41	〃	許可	〃
	同	及川村一円				40		40	〃	〃	〃

愛甲郡											
同	林村一円				35		35	〃	〃	〃	
同	上三田一円		6	20	30		56	〃	非許可	〃	
同	中三田一円		30	50			80	〃	〃	〃	
同	下三田一円		7	26	20		53	〃	〃	〃	
同	下川入村一円		35	46	72		153	〃	〃	〃	
同	櫻沢村一円		13	19	43		75	〃	〃	〃	
同	下萩野一円		20	20	30		70	〃	〃	〃	
同	中萩野一円		20	20	30		70	〃	〃	〃	
上萩野自警団	上萩野一円		20	20	20		60	〃	〃	〃	
同	源氏河原一円		20	20	20		60	〃	〃	〃	
同	浅間森一円		20	20	20		60	〃	〃	〃	
田代自警組合	田代一円		15	20	30		65	〃	〃	〃	
同	細野一円		15	20	20		55	〃	〃	〃	
同	半原一円		20	20	20		60	〃	〃	〃	
同	三増一円		30	20	40		90	〃	〃	〃	
同	角田一円		30	20	40		90	〃	〃	〃	
同	小澤一円		30	20	40		90	〃	〃	〃	
同	箕輪一円		30	20	40		90	〃	〃	〃	
第一区警戒	上熊坂一円		2	8	8		18	〃	〃	〃	
第二区　同	同		2	8	8		18	〃	〃	〃	
第三区警戒	下谷一円		2	6	3		11	〃	〃	〃	
第四区　同	八菅山一円		2	7	6		15	〃	〃	〃	

愛甲郡	第五区　同	二井坂一円		2	7	8		17	〃	〃	〃
	第六区　同	下半縄一円		2	8	8		18	〃	〃	〃
	第七区　同	坂本一円		2	9	7		18	〃	〃	〃
	第八区　同	六倉一円		2	8	8		18	〃	〃	〃
	第九区　同	大塚一円		2	7	8		17	〃	〃	〃
	同	上依知一円				80		80	〃	〃	〃
	同	猿ヶ島一円		28				28	〃	〃	〃
	同	山際一円				70		70	〃	〃	〃
	同	関口一円			81			81	〃	〃	〃
	同	中依知一円			46			46	〃	〃	〃
	同	下依知金田一円			30	75		105	〃	〃	〃

中郡自警団調査表

郡市町村別	自警団ノ名称	自警区域	従事人員 有志	従事人員 在郷軍人	従事人員 青年団	従事人員 消防	従事人員 其他	計	従事月日	許可不許可ノ別	備考
中郡	高麗夜警団	大磯町ノ内高麗一円				42		42	自九月一日至〃七日	非許可	九月七日廃止
	ナシ	右同		17	19	42	4	82	自九月八日至	〃	現存
	〃	同町山王町一円	4	8	52	22	106	171	自九月一日至	〃	〃
	〃	〃町長者町一円	4	3	10	4	107	128	〃	〃	〃
	〃	〃町神明町同	3	2	10	6	29	54	〃	〃	〃
	〃	〃町北本町同	5	5	25	11	15	61	〃	〃	〃
	〃	〃町北下町同		24	65	17	44	250	〃	〃	〃
	〃	〃町台町同		19	18	40		72	〃	〃	〃
	〃	〃町西小磯同	23	57	86	44		210	自九月二日至〃十六日	〃	十七日廃止
	〃	〃町茶屋同	24	3	4	9		40	自九月二日至	〃	
	〃	〃町南本町一円	43	3	5	9		60	〃	〃	人心安定火ノ番トス

郡中										
〃	〃	〃町南下町〃		47	22	200	2	269	自九月二日 至〃十九日	〃	〃
〃	〃	平塚柳町〃	4			10	30	44	自九月三日 至	〃	〃
〃	〃	仝町西仲町〃	4			10	30	44	〃	〃	〃
〃	〃	仝町上平坂〃	4			10	10	24	〃	〃	〃
〃	〃	仝町東仲町〃	4			10	30	44	〃	〃	〃
〃	〃	仝町十八軒町〃	4			10	30	44	〃	〃	〃
〃	〃	仝町二十四軒町〃	4			10	30	44	〃	〃	〃
〃	〃	仝町新宿〃	5	15	28	4		52	自九月一日 至	〃	〃
〃	〃	〃	12	25	95	50	60	142	〃	〃	〃
〃	〃	須馬村須賀〃	260	120	80	90	30	580	自九月二日 至〃十四日	〃	〃
〃	〃	〃		120		90	30	240	自九月十五日 至〃廿日	〃	〃
〃	〃	仝村馬入一円	10	20	40	50		120	自九月十日 至	〃	〃
〃	名称ナシ	須馬村馬入一円		10	20	25		55	自九月十一日 至〃十五日	非許可	人心安定ニ付廃止ス
〃	〃	〃				30		30	自九月十日 至	仝	〃

郡中										
〃	吾妻村二宮上町一円	10	34	52	25	37	158	自九月二日至〃十五日	仝	〃
〃	仝村仝町中町一円	9	12	22	23	25	91	〃	〃	〃
〃	下町一円	9	22	40	27	39	137	〃	〃	〃
〃	元町一円	12	27	62	37	42	181	〃	〃	〃
〃	山西一円		104	172	180		492	自九月二日至十二日	〃	〃
〃	川匂一円		39	7	34		80	〃	〃	〃
〃	中里一円				70		70	自九月一日至〃十五日	〃	〃
〃	一色一円				90		90	〃	〃	〃
〃	旭村河内一円					39	39	自九月三日至	〃	〃
〃	〃村徳延一円					43	43	〃	〃	〃
〃	〃村纏一円					30	30	〃	〃	〃
〃	〃村公所一円					61	61	〃	〃	〃
〃	〃村根坂間　同					72	72	〃	〃	〃
〃	〃村山下　同					85	85	〃	〃	〃
〃	〃村高根　同					20	20	〃	〃	〃
〃	〃村出縄　同					56	56	〃	〃	〃
〃	〃村万田　同					85	85	〃	〃	〃
〃	大野村八幡一円		40	40	55		135	〃	〃	〃

郡中										
〃	仝村間土一円		28	32	55		115	〃	〃	〃
〃	仝村四宮一円		41	45	55		141	〃	〃	〃
〃	仝村中原　同			30	20		50	〃	〃	〃
〃	仝村南原　同			10	20		30	〃	〃	〃
〃	国府村本郷新宿	1	38	75	181	119	414	〃	〃	〃
〃	仝村生沢一円		15	15	60		90	〃	〃	〃
名称ナシ	寺坂一円		10	10	40		60	〃	〃	〃
〃	虫窪〃		25	20			45	〃	〃	〃
〃	黒岩〃		20	17			37	〃	〃	〃
〃	西久保〃		15	10			25	〃	〃	〃
〃	土沢村土屋〃			96	45		141	自九月二日 至〃十五日	〃	十六日廃止
〃	上吉沢〃			40	50		90	〃	〃	〃
〃	下吉沢〃			44	45		89	〃	〃	〃
〃	伊勢原一円	6	11	25		82	124	自九月一日 至〃廿日	〃	廿日廃止
〃	片町一円	4	8	19		71	102	〃	〃	〃
〃	田中一円	2	5	11	35		53	自九月一日 至〃十五日	〃	〃
伊勢原町消防第一部	伊勢原一円				43		43	自九月一日 至〃廿日	許可	廿日廃止
〃第二部	片町一円				40		40	〃	〃	〃

郡中										
ナシ	池端一円	4	8	17		20	49	〃	非許可	〃
〃	東大竹一円	2	9	15		43	69	自九月一日至〃十日	〃	十日廃止
〃	板戸一円		4	15		34	53	自九月一日至〃廿日	〃	〃
大山町消防組第二部	大山町一円		18	6	27		51	自九月二日至〃廿日	許可	廿日廃止
ナシ	峯岸一円		10	6		17	33	自九月三日至〃廿日	非許可	〃
〃	〆引坪一円		8	6		10	24	〃	〃	〃
ナシ	山王原一円		7	10		10	27	〃	〃	〃
〃	石倉一円		6	15		11	32	〃	〃	〃
明神前消防組	明神前一円		8	18	24		50	〃	〃	〃
丸山消防組	一ノ郷、丸山一円		13	14	28		55	〃	〃	〃
ナシ	辻尾崎秋山一円		14	7		8	29	〃	〃	〃
宮下消防組	西富、岡ノ内 宮下一円		9	15	17	7	48	〃	〃	〃
宮上消防組	宮上一円		13	20	26		59	〃	〃	〃
日向新田消防組	日向ノ内新田一円		10	11	25		46	〃	〃	〃
日向藤野消防組	藤野一円		9	20	23		52	〃	〃	〃
洗水消防組	洗水一円		8	17	15		40	〃	〃	〃
坊中消防組	防中一円		12	17	22		51	〃	〃	〃
神戸自警団	神戸一円	2	24	17	44	8	95	自九月一日至〃廿日	〃	〃

中郡										
坪ノ内　同	坪ノ内一円	2	18	20		27	67	〃	〃	〃
串橋　同	串橋一円	2	18	23	43	2	88	〃	〃	〃
笠窪　同	笠窪一円	2	17	11	30		60	〃	〃	〃
栗原組	栗原一円	2	24	31		35	92	〃	〃	〃
三ノ宮自警団	三ノ宮一円	3	31	38		23	95	〃	〃	〃
白根組	白根一円	1	15	12		44	72	〃	〃	〃
善波自警組	善波一円	2	21	34		25	82	〃	〃	〃
北金目　同	北金目　同	4	22	57	83		166	〃	〃	〃
南金目　同	南金目　同	9	57	125	235		426	〃	〃	〃
千須谷　同	千須谷一円	2	8	14	27		51	〃	〃	〃
片岡　同	片岡一円	4	12	25	65		106	〃	〃	〃
廣川　同	廣川一円	3	7	12	33		55	〃	〃	〃
丸島　同	丸島一円	4	11	14		20	49	〃	〃	〃
大畑　同	大畑一円	1	8	11		24	44	〃	〃	〃
吉際　同	吉際一円	2	2	6			10	自九月一日 至九月廿日	〃	〃
戸田　同	小柳一円			14		23	37	〃	〃	〃
〃	中分一円			23			23	〃	〃	〃
〃	下分一円			16			16	〃	〃	〃
〃	下沖一円			13			13	〃	〃	〃
〃	沖一円					10	10	〃	〃	〃
下津古久自警団	下津古久一円					22	22	〃	〃	〃

郡中										
上落合 同	上落合 同					25	25	〃	〃	〃
長沼自警団	長沼一円			11			11	〃	〃	〃
岡田 同	岡田一円			50		120	170	〃	〃	〃
酒井 同	酒井ノ内宿一円			25		50	75	〃	〃	〃
〃	新宿一円					35	35	〃	〃	〃
石田組	石田一円	20	15	29	16		80	〃	〃	〃
小金塚組	髙森ノ内 小金塚一円	10	7	10	14		41	〃	〃	〃
見附島組	見附島一円	1	6	8	7		22	〃	〃	〃
東富岡組	東富岡一円	20	8	20	15		63	自九月一日 至〃十五日	〃	〃
前島森組	前島森一円	10	13	30	14		67	自九月一日 至〃十日	〃	〃
粟窪組	粟窪一円	5	5	18	17		45	自九月一日 至〃廿日	〃	〃
下落合組	下落合一円	3	6	10	15		34	自九月一日 至〃十三日	〃	〃
下粕谷組	下糟屋一円	6	10	18	30		64	自久月一日 至〃三日	〃	〃
〃	〃				56		56	自九月二日 至〃廿日	〃	〃
片町自警団	片町一円	12	9	13	19	19	72	自九月八日 至	許可	現存

郡中										
上宿〃	上宿〃	8	30	11	27	64	140	〃	〃	〃
曽屋第一〃	上曽屋、西ノ庭一円	8	23	21	8	33	93	〃	〃	〃
〃第二〃	中曽谷、下曽谷一円	5	29	18	17	102	171	〃	〃	〃
〃第三〃	大道通り一円	12	18	20	11	44	105	〃	〃	〃
蔵ノ前〃	蔵ノ前一円	2	2	5		8	17	自九月十二日 至	〃	〃
下宿〃	下宿一円	3	19	20	15	43	100	〃	〃	〃
東道〃	東道一円	6	3	17	23	41	90	〃	〃	〃
乳牛〃	乳牛一円	16	53	27	30	102	228	〃	〃	〃
池ノ島〃	池ノ島一円	2	5	18		31	56	自九月十五日 至	〃	〃
山谷〃	山谷一円	3	6	3		14	26	自九月十六日 至	許可	〃
御門〃	御門一円	3	13	8		38	62	〃	〃	〃
台町〃	台町一円	9	32	11	23	25	100	〃	〃	〃
中野自警団	中野一円	2	13	41		104	160	〃	〃	〃
斉ヶ分〃	斉ヶ分一円	1	6	12		11	30	〃	〃	〃
菩提〃	菩提〃	7	33	25	34	71	170	自九月十八日 至	〃	〃
横野〃	横野〃	5	26	23	17	11	82	〃	〃	〃
戸川〃	戸川〃	3	24	46	23	24	120	〃	〃	〃

郡											
中	三屋〃	三屋〃	2	6	5		8	21	〃	〃	〃
	宿屋〃	宿矢〃	2	8	17	16		43	自九月十八日 至	〃	〃
	根古屋〃	根古屋〃	2	4	5	9	3	23	〃	〃	〃
	小南〃	小南〃	1	3	4	2	5	15	〃	〃	〃
	平田窪〃	平田窪〃	1	3	5		13	22	〃	〃	〃
	爪生野〃	爪生野〃	2	8	12		12	34	〃	〃	〃
	北久保〃	北久保〃	2	7	3		6	18	〃	〃	〃
	下大槻〃	下大槻〃	4	22	24		27	77	〃	〃	〃
	南平〃	南平〃	3	8	13		17	41	〃	〃	〃
	真田〃	真田〃	5	13	29		13	60	自九月十三日 至	〃	〃
	北矢名〃	北矢名〃	8	27	38		17	90	〃	〃	〃
	落畑〃	落畑〃	7	18	22	31	2	80	〃	〃	〃

津久井郡自警団調査表

郡市町村名	自警団ノ名称	自警区域	従事人員 有志	従事人員 在郷軍人	従事人員 青年団	従事人員 消防	従事人員 其他	計	従事月日	許可不許可ノ別	備考
津久井郡	ナシ	中野村一円	30			161	164	355	自九月六日 至〃十八日	非許可	十八日廃止
	〃	太井村一円	24			60	60	144	自九月廿二日 至十月廿日	許可	
	〃	三沢村一円	7	15	18	85		125	自九月二日 至〃十四日	非許可	十四日廃止
	〃	串川村一円				500	270	770	自九月八日 至〃十日	〃	十日廃止
	鳥屋村自警団	同村一円		80	30	70		180	自九月二日 至〃十四日	〃	十四日廃止
	ナシ	川尻村一円	50	100	100	300		550	自九月二日 至〃十四日	〃	〃
	〃	湘南村一円	26		75	106		207	自九月二日 至〃十日	〃	十日廃止
	三ヶ木村自警団	三ヶ木村一円				65		65	自九月七日 至〃十日	〃	〃
	ナシ	牧野村一円		186	149		300	665	自九月二日 至〃五日	〃	五日廃止
	〃	小原町一円	10	20	15	48	30	93	自九月九日 至〃十五日	〃	十五日廃止

津久井郡										
ナシ	千木良村一円	25	30	50	60	50	215	自九月二日 至〃十九日	〃	十九日廃止
〃	與瀬村一円	15	30	40	60		145	自九月二日 至〃十八日		十八日廃止
〃	内郷村一円			171			171	自九月二日 至〃十四日	〃	十四日廃止
〃	日連村一円				130		130	自九月二日 至〃十三日	〃	十三日〃
〃	名倉村一円				119		119	〃	〃	〃
〃	青野原村一円				254		254	自九月二日 至〃十一日	〃	十一日〃
〃	青根村一円		47	100			147	自九月二日 至〃十四日	〃	十四日〃
〃	又野村一円				50		50	自九月二日 至〃五日	〃	五日〃
〃	吉野村一円	20			80		100	自九月二日 至〃十八日	〃	十八日廃止
〃	小渕村一円	20			80		100	自九月二日 至〃十五日	〃	十五日廃止
〃	澤井村一円	20			80		100	〃	〃	〃
〃	佐野川村一円		20	30	40		90	自九月二日 至〃十日	〃	十日廃止

足柄上郡自警団調査表

郡市町村名	自警団ノ名称	自警区域	従事人員 有志	従事人員 在郷軍人	従事人員 青年団	従事人員 消防	従事人員 其他	計	従事月日	許可不許可ノ別	備考
足柄上郡	名称ナシ	松田町一円		5	5	6		16	自九月二日 至〃廿日	許可	火災盗難予防ニ従事
	〃	川村〃		20	20	20		60	自九月一日 至〃廿日	〃	〃
	〃	中井村〃		5	5	8		18	自九月二日 至〃廿日	〃	〃
	〃	吉田島村〃		10	10	20		40	自九月一日 至〃廿日	〃	〃
	〃	櫻井村一円		10	10	15		35	〃	〃	〃
	〃	岡本村〃		10	5	10		25	〃	〃	〃
	〃	上秦野村〃				16		16	自九月二日 至〃廿日	〃	〃
	〃	山田村〃				6		6	自九月一日 至〃廿日	〃	〃
	〃	上中村〃			6	4		10	自九月二日 至〃廿日	〃	〃
	〃	曽我村〃				6		6	〃	〃	〃
	〃	金田村一円		5	5	5		15	〃	〃	〃
	〃	南足柄村一円		10	10	15		35	〃	〃	〃

足柄上郡										
〃	福沢村	同				18		18	〃	〃	〃
〃	酒田村	〃			5	10		15	〃	〃	〃
〃	共和村	〃		5	10			15	〃	〃	〃
〃	北足柄村	〃		3	5			8	〃	〃	〃
〃	清水村	〃		3	4			7	〃	〃	〃
〃	神縄村	〃		4	5			9	〃	〃	〃
〃	三保村	〃		5		5		10	〃	〃	〃
〃	寄村	〃		5	5	5		15	〃	〃	〃

足柄下郡自警団調査表

郡市町村名	自警団ノ名称	自警区域	従事人員 有志	在郷軍人	青年団	消防	其他	計	従事月日	許可不許可ノ別	備考
足柄下郡	小田原町十字二丁目山角町自警団	小田原十字二丁目全部				107		107	自九月十八日至十月十七日	許可	九月十八日設置現存
	〃欄干橋自警組合	欄干橋区域内				45		45	〃	〃	〃
	〃新王四丁目第廿一区	同町区内全部				13		13	〃	〃	〃
	同町緑三丁目第廿五区組合	同上区域内全部				170		170	〃	〃	〃
	同町新玉一丁目新宿自警組合	同上区域内全部				200		200	自九月十八日至十月十八日	〃	〃
	〃町万年町一丁目古新宿　同	同上区域内全部				300		300	自九月二十三日至十月二十二日	〃	〃
	〃町十字一丁目箱根口　同	箱根口ヨリ山下別荘迄				100		100	〃	〃	〃
	〃町新玉四丁目第二十四区　同	四丁目新道、千代町一円				61		61	自九月二十三日至十月二十二日	〃	〃
	〃町奉町三丁目同	奉三丁目十字三丁目ノ一部				125		125	自九月廿五日至十月廿三日	〃	〃
	足柄、村井、細田外四字　同	井細田、多古、今井町田、中島一円				290		290	自九月廿日至十月十五日	〃	〃

足柄下郡										
片浦村自警組合	同村石橋、米神根府川、江ノ浦一円				120		120	自九月廿三日至十月廿二日	〃	〃
仙石原村自警組合	同村一円				60		60	自九月廿五日至十月十四日	〃	〃

5

関東大震災時朝鮮人虐殺　横浜証言集

山本すみ子

関東大震災時朝鮮人虐殺横浜証言集　改訂版

まえがき

関東大震災時朝鮮人虐殺の事実を知り追悼する神奈川実行委員会は今年朝鮮人虐殺一〇〇年に向けて市民講座を開催し、四回の講演会と五回のフイルドワークに取り組んできた。また『横浜の証言集』も見直しをして資料と一緒に出版することにした。

この横浜証言集は、「関東大震災時の朝鮮人虐殺の事実を究明する横浜の会」が長い時間をかけて収集し編集、製作したものであるが、今回の出版にあたっては、関東大震災時朝鮮人虐殺の事実を知り追悼する神奈川実行委員会のメンバーが中心になり、見直し作業を行なった。

二〇二三年七月二〇日

旧版まえがき

証言は、時によって記録と同じくらい、いやそれ以上に事実を伝える力がある。

私が初めて寿小学校の震災作文を読んだのは、ずいぶん昔のことだ。横浜の図書館で司書の方がワゴンに乗せて作文集を私の処に運んでくれたのを覚えている。ひとつ一つ手に取り、子どもたちの生々しい鉛筆の跡を辿っていくと、私が聞いたこともない、全く知らない横浜の歴史がそこにあった。関東大震災時そこは、まさに戦場だったのではと思い知らされた。

今年で関東大震災時朝鮮人虐殺は九三年目を迎える。虐殺の事実は、多くの研究者、各地域で市民運動に取り組んでいる人たちによってかなりの部分明らかにされてきた。自警団ばかりでなく軍隊、警察がやったことは、明白ではないか。記録もあるではないか。

にもかかわらず日本政府は、未だにその責任の所在や、歴史事実を認め、謝罪しようとせず、無視を続けている。それを支えている人たちは、最近関東大震災時の朝鮮人虐殺は、正当防衛であり、虐殺はなかったといい、各地で歴史教科書や副読本などからの抹殺、書き換えを要求している。

だからこそなお、私たちは、今何故このような虐殺が行われたのかに目を向けなければいけない。

それには、関東大震災の前史においてつくられていった植民地支配の思想、軍事支配体制、植民地支配体制等を見ていくことが必要だ。つまり、日清戦争時の日本軍による東学農民軍に対する殲滅作戦、虐殺、日露戦争以降の義兵闘争や、民族独立をかけて戦われた三・一運動等に対する日本帝国主義の民衆への弾圧、その延長線上に関東大震災時朝鮮人虐殺はあると考えるからだ。

戒厳令をしき「朝鮮人ならば殺せ」という朝鮮人敵視による暴力的弾圧は、震災前の長き植民地戦争時代の延長戦にあるのだ。だから、関東大震災時の朝鮮人虐殺は、震災の諸々の反省ではない。私たちが、震災前の歴史も含めて、きちんと見据え、反省していかねば、歴史に向き合うことにはならない。

多くの人たちの証言から学ぶとは、このようなことだと思う。

二〇一六年八月二〇日

この日、韓国ソウルで、虐殺されたすべての方々の追悼会が市民によって取り組まれた。

関東大震災時における朝鮮人虐殺の事実を究明する横浜の会

山本すみ子

1　横浜市南部地域

(1)　中村川、堀割川にそって

①田畑潔（会社員）

「なぶり殺した朝鮮人の死体を川の桜並木の小枝につるす」

横浜の中村町周辺は、木賃宿が密集した町だった。木賃宿には朝鮮人労務者が多く住みつき、数百人からいたように思う。

この近くの友人宅を訪ねていて地震にあった私は、だから、世に有名な朝鮮人虐殺の実態を、この目でつぶさに目撃することになった。二日朝から、朝鮮人が火を放けて回っているという流言がとぶと、ただちに、朝鮮人狩りが始まった。

根岸橋のたもとに、通称〝根岸の別荘〟と呼ばれる横浜刑務所があって、そこのコンクリート壁が全壊したため、囚人がいちじ解放されていたが、この囚人たち七、八百人も加わって、捜索隊ができた。彼らは町中をくまなく探し回り、夜を徹して山狩りをつづけたのである。

見つけてきた朝鮮人は、警察が年齢、氏名、住所を確かめて保護する間もなく、町の捜索隊にとっ捕まってしまう。ウカウカしていると警察官自身殺されかねないほど殺気だった雰囲気だった。そうしてグルリと朝鮮人をとり囲むと、何ひとついいわけを聞くでもなく、問答無用とばかり、手に手に握った竹ヤリやサーベルで朝鮮人のからだをこづきまわす。それも、ひと思いにパッサリというのでなく、皆がそれぞれおっかなびっくりやるので、よけいに残酷だ。頭をこずくもの、目に竹ヤリを突きたてるもの、耳をそぎ落とすもの、背中をたたくもの、足の甲を切り裂くもの……朝鮮人のうめきと、口々にののしり声をあげる日本人の怒号が入りまじり、この世のものとは思われない、凄惨な場面が展開した。

こうしてなぶり殺しにした朝鮮人の死体を、倉木橋〔久良岐橋〕の土手っぷちに並んで立っている桜並み木の、川のほうにつきだした小枝に、つりさげる。しかも、一本や二本じゃない。三好橋〔三吉橋〕から中村橋にかけて、戴天記念に植樹された二百以上の木のすべての幹に、血まみれの死体をつるす。それでもまだ息のあるものは、ぶらさげたまま、さらにリンチを加える……人間のすることとも思えない地獄の刑場だった。完全に死んだ人間は、つるされたツナを切られ、川の中に落とされる。川の中が何百という死体で埋まり、昨日までの清流は真っ赤な血の濁流となってしまった。

町の捜索隊による、恐るべき私刑劇は、戒厳令がしかれ、甲府の連隊が治安のために乗り込んできた五日過ぎまでつづいた。多くの朝鮮人狩りに〝功績〟のあった囚人たちが、町の人々から〝ご囚人さま〟と呼ばれ感謝されるという幕間劇までついた。彼らは、行くさきざきで、タバコ、米、食物を盗み、酒をむさぼり飲むという暴行をはたらいたにもかかわらず……。

この朝鮮人大量殺人が起こった原因は、かんたんに思いつくものだけでも、彼らが低賃金で労働力を提供するため日本人労務者があぶれて、それを日ごろ恨みに思っていたこと、工事中の穴の中で食事をしたり、ニンニクを好んだりという生活慣習のちがいから、朝鮮人がとくべつ不潔でないのに、不潔で軽蔑すべき民族だと差別されていたこと、朝鮮は日本の属国だという日本人の誤った〝うぬぼれ〟からくる蔑視感がはびこっていたことなど、幾つかあげられるだろう。

それにしても「尼港事件」の報でロシア人の残虐性に大騒ぎした当の日本人が、それ以上の言語に絶する残忍な本性を隠しもっていたことは、私にとって、ほんとにショックな事実であった。（談）

（『潮』一九七一年九月号、潮出版社）

②美田賢二郎（自家営業）

「何しろ天下晴れての人殺しですからねえ。川に飛び込んだ朝鮮人の頭めがけてトビが飛ぶ」

なにしろ天下晴れての人殺しですからねえ。私の家は横浜にあったんですが、横浜でもいちばん朝鮮人騒ぎがひどかった中村町に住んでいました。

そのやり方は、いま思い出してもゾッとしますが、電柱に針金でしばりつけ、なぐるける、トビで頭へ穴をあける、竹ヤリで突く、とにかくメチャクチャでした。

何人殺ったかということが、公然と人々の口にのぼり、私などは肩身をせまくして、歩いたものだ。そのなかでも、川へ飛び込んだひとりの朝鮮人を追って、日本人が舟で追う光景は、いまでもはっきりと脳裏に焼きついています。

しばらく水中にもぐっていた朝鮮人が水面に顔を出したのは五分もたってからです。行くえがわからず、やみくもに舟を進めていた日本人は、頭を出した朝鮮人に向かって全速力で突進を開始した。このようすに気づいた朝鮮人は瞬間的に逆方向へ泳ぐ、その形相のすさまじいこと。だがどんなに体力に自信があるとはいえ、しょせん舟にかなうわけはない。朝鮮人の頭めがけてトビが飛ぶ。ブスという音とともに血が吹き出し、みるみるあたりは真っ赤に染まっていく。それでも気がすまないのか、トビで引っかけた朝鮮人をズルズルと舟へ引き寄せると、刀で斬りつける。竹ヤリで突く、全身ズタズタにしてしまった。もはや、ぐったりとなった朝鮮人の顔は、肉がはじけとび、すでに人間の顔のかたちをとどめてない。川岸で、その惨状を見ていた私の背中を冷たい汗のしずくが流れ落ちた。くやしかったことでしょう。（談）

（同前）

③古沢庄之助

「中村橋。両岸に群がる数百人の群衆、殺気立った光景、形容すべからざる事態」

来年七十年を迎える関東大震災の時、私は、一瞬にして倒壊した家屋の下敷きとなりながら、一家七名が大した怪我もなく助かったものだった。しかしその数日後突如として起こった朝鮮人騒ぎはＴＶは勿論ラジオさえもなかった時代のことなので被災者は寝る家も、水すらない状態で恐怖の極限になった。あてもなく焼け跡をさまよい歩いていて、今も残る大岡(ママ)川の中村橋に差し掛かった時、両岸に群がる数百人の群集が異様な雰囲気で口々に何かを叫びながら、殺気だった光景に出会った。そこには形容すべからざる事態が起きていた。当時壮年の加害者達が生きていれば百歳前後という今日、実態を調べようにも調べようがない。未成年だった私が今や八七歳になっているのだから。時代の背景が異なるということは恐ろしいことだと思い胸中複雑である。目撃したことを申しでようかとも思ったが、果たして＋になるか－になるかと思い患い、独り我が胸に収めておくことにした。

以上は私の「体験」を語り継がざるの弁である。

（『会報』横浜の空襲を記録する会）

④南吉田小六年女子

「堀ノ内の方から連れて来た朝鮮人、中村橋の上で切ったりぶったり、ついに橋の上から川へ落とされた」

日のくれるのは、はやいものです。だんだん、しがくれてきました。よるもこわくって、ねられないほどこわかった一夜すます。二日になりますと、食物にこまりました。朝家のほうへいってみますと、川ふちのほうから、やけてみずぶくれになった、おんなの人がちいさい男の子をつれて、なきながらうちのまえをとうりました。また子どもや、おばあさんや、おじいさんは、ああといいながらとうりました。私はそうゆう人たぢをみるたびにかわいそうだとおもいます。朝はんをすます。さて、おちゃわんをあらおうとすると水がない。私は水を南吉田のほうまで、いど水をくみにいきました。三日は、おしるごろから、きんじょの人たちは、かたなをもったり、やりをもったり、てつぼうをもったりして、なにをするのだろうとおもっていますと、ほりのうちのほうか一人りの人をつれて、わあわあといって中村橋の上へきました。その一人りの人は、ちょうせんじんでした。ちょうせんじんを橋の上で、おおぜいの人たちがかたなできったり、てつぼうでぶったり、やりでつついたりしていました。しまいには川の中へほうりこんでしまいました。よるになると、ちょうせんじんが火をつけにくるとゆうことをきいていましたから、よるはおきていました。一日に五、六たびありました。四日と五日は、ちょうせんじんのことばかりで、おっかなかった。

⑤南吉田小六年男子

「中村橋から朝鮮人川へ投げ込む」

「父」の兵隊友達の家へやっかいになる事になった。山の上へ登ると、一面焼け野原となった。二日、起きると朝飯をたべて五、六時間立つと、間なく朝鮮人が来るといって注しんして来た。女子供は驚いて山へ上った。すると下からくるといったので僕等も供に山へ上った。すると又こんどは山から来るというので下へおりた。そうしてそういう事を下ったら上りたした。すると父が山から来たといった。其れとばかりに男の大人の人達は山へかけ上った。すると朝鮮人は日本人の勢のあるをひってピストルを二、三発発砲した。運よく日本人がけがをしなくてすんだ。しなんした家の隣ノ内では刀や槍があった。其所は日本刀の名刀ばかりであった。兼光の名刀を買ったばかりダから切レ味を為シテ見ヨウというので兼光の名刀を持って人に日本刀をかしてやって行った。其れから少し立つと朝鮮人が居たので、其れというので山で戦った。朝鮮人は三十人位いだが、日本人は五十人ぐらい。朝鮮人はピストル、日本人は竹槍、刀、鉄砲。わっというと朝鮮人も発砲した。日本人も竹槍、刀、鉄砲や其々武器を持って戦かっタ。一人、日本人の竹槍でつかれた朝鮮人もピストルヲ発砲した。日本人のくびへあたった。間もなくうーむ、うーむと苦しがって大勢の人につきそわれてやって来た。僕はあー気の毒だと思った。其れから少し立って中村橋の所へ行くと、大勢居るから行って見ると、鮮人がぶたれて居た。こんどは川の中へ投げ込んだ。すると浴いだ日本人がどんどん追かけて来て、両岸から一人ずつ飛び込んで、とび口で頭をつつとしたらとうとう死んでしまった。其れから家へかえって見た。すると鮮人がころされて居るというので見に行ったら頭に十固所ぐらい切られて居た。又くびの所が一寸ぐらいで落ちる。僕は家へ帰ろううとすると地震であったので、びっくらして家へ早く行こうとしたら、たおされてしまった。

⑥西河〔正しくは、河西〕**春海（東京朝日新聞記者）**

「天下晴れての人殺し」

〔九月三日午後、中村町の方へ同僚の安否を訪ねた帰り豪雨にあい、千歳橋停留所付近に焼け残る電車の中で。居合わせた労働者風の男たちとの会話〕

「旦那、朝鮮人は何うですい。俺ァ今日までに六人やりました」

「そいつは凄いな」

「何てっても身が護れねえ、天下晴れての人殺しだから、豪気なものでサア」

雨はますます非道くなって来た。焼跡からはまだ所々煙が昇っている。着物も、傘もない人々は、焼跡から亜鉛の焼板を拾って頭に翳して、雨を防ぎながら、走り回っている。

凄い髯の労働者は話し続ける。

「この中村町なんかは、一番鮮人騒ぎが非道かった。一人の鮮人を掴えて白状させたら、その野郎、地震の日から十何人って強姦したそうだ。その中でも地震の夜、亭主の居ねえうちで、女を強姦してうちへ火をつけて、赤ん坊をその中へ投げ込んだという話だ。そんなのはすぐ擲り殺してやったが……」

と言う。

「電信柱へ、針金でしばりつけて、……焼けちゃって縄なんか無えんだからネ……。

そして擲る、蹴る、鳶で頭へ穴をあける、竹槍で突く、滅茶々々でサア。しかしあいつ等、眼からポロポロ涙を流して、助けてくれって拝がむが、決して悲鳴をあげないのが不思議だ」

という。底にたぎる情熱を持って、決して死をも恐れず、黙々として寧ろ死に向うという朝鮮の民族性が考えさせられる。

「けさもやりましたよ。その川っぷちに埃箱があるでしょう。その中に野郎一晩隠れていたらしい。腹は減るし、蚊に喰われるし、箱の中じゃあ動きも取れねえんだから、奴さん堪らなくなって、今朝のこのこと這い出した。それを見つけたから、みんなで掴えようとしたんだ」

昔、或る国に死刑よりも恐ろしい刑罰があった。それは罰人を身動きの出来ないような、三尺四方位の箱の中に入れて、死ぬまで動かさずに生かして置くというのだ。俺はそれを思い出し乍ら聞いていた。

「奴、川へ飛込んで向う河岸へ泳いで遁げようとした。旦那石って奴は中々当らねえもんですぜ。みんなで石を投げたが、一も当らねえ。でとうとう舟を出した。ところが旦那、強え野郎じゃねえか。十分位も水の中にもぐっていた。しばらくすると、息がつまったと見えて、舟の直きそばへ頭を出した。そこを舟にいた一人の野郎が鳶でグサリと頭を引掛けて、ヅルヅル舟へ引寄せてしまった。……丸で材木という形だアネ」

という。

「舟のそばへ来れば、もう滅茶々々だ。鳶口一でも死んでいる奴を、刀で斬る、竹槍で突くんだから……」

ああ、俺には此の労働者を非難できない。何百という私刑が行われたであろう。しかし総てが善悪の意識を超越して行われている。非難すべきでもなく、さるべきでもない。暗然たる淋しさのみが心を領してゆく。

（『横浜市震災誌　第五冊』横浜市役所市史編纂係、一九二七年）

※この証言者の氏名表記について。原資料の目次と本文では表記が異なっている。目次の「河西春海」が正しく、本文の「西河春海」は誤植である。

⑦内田豊次（磯子小高等科一年）

「堀割川に朝鮮人が死んで流れていた」

九月一日は、それはそれは恐ろしい日であった。僕は一日の式をすまして家にかえって、庭にある池の金魚を見ていると、水は波をたてていた。僕は何んだと思ってじっとしていると、地震はだんだん大きくなって、僕はいきなりすぐわきにあった竹やぶへ逃げこんだ。空を見ると暗かった。その時のこわかったことは今でもわかる。僕はその時に思だしたことは、僕は地震ほどこわいものはないと思った。

九月二日は又恐ろしかったのは朝鮮人騒であつた。鮮人があばれたといって巡査や又人々が刀や竹やりなどをもって鮮人せいばつだといっていた。僕はその日の夜もろくにねむれなかった。

今思うと二日の日はこわかったなあとかんじる。

九月三日は僕は天神橋の方へいって見たら、鮮人がほり割の川に二、三人の鮮人が死んで流れていた。

⑧安室鋋子（磯子小高等科一年）

「家の前の川には毎日五、六人位朝鮮人が何とも言われない色に染まって浮いて来る」

二日の朝となった。水もなし、顔もろくに洗う事が出来ない。その内に朝鮮騒ぎとなった。道行く人は誰も彼も竹槍や刀を持ちていない者はない。此処彼処で人の大声が聞えて来る。其の声が何となく物凄い。

山の方を見ると朝鮮人が坂をドンドン駈登る、その後から巡査が追駈けて行くが、途中で滑ったりして中々追つかない。私は巡査が滑るのを見ると朝鮮人がにくらしくてたまらない。此んな風なので、女は一切道を歩くに一人では歩かせなかった。

本当に可愛そうな話がある。それは男であるが、老人であるので、兵隊さんに何かいわれが物のいい方が遅い為に殺されたそうだ。こんなのは真に気の毒である。きっと朝鮮人のようなかっこうであるから、まちがえられたでしょう。又おおしやつんぼも多分あの中間に入ったかわからない。家の前の川へは毎日五、六人位い朝鮮人が何ともいわれぬ色に染って浮いて来る。時には流のぐ合により毎日一所に止っている事等があるので、見まいとしても見えてしまうので、ご飯のたべられない上に余けいに口に入いらない。

或日私が用をしていたらこんな事があった。私が井戸から水を汲んでいたら、囚人が下から足の先迄赤づくめであったが、上は合給の着物羽織、頭には中折の帽子をかぶりている。袂の中より煙草とマッチを取り出し、煙草をふかせながら私に向い水を飲せて来れといったので、いやと云うと何かするとこわいから、水をくんでやったら、其の人は、今日は此んな騒ぎだから暇が出たので田舎にいってこようと思うのだ、といつ私に話しかけて来る。私は恐ろしくなり、口もろくろくきけなくなり、ブルブルふるえるばかり。私は逃げようかと思ったが、足がすくんで歩けない。其の内、囚人は、どうもご馳走様といって帰ったいかげいったかと思ったら、又やって来て、方々きょろきょろきよろ見ていた。私は又話かけられるるといやだから、家の中に入って、節空からのぞいていた。いってしまったのでほっと安心した。〔…〕

此の大地震が我等に対して精神的物質的に与えた損害は幾何なるかわからない。

⑨ねずまさし（歴史家）「堀割川八幡橋附近の自警団に殺されかけた私」

大地震は私が中学三年生の頃である。私は、横浜の西南海岸にある根岸町にすむ叔父高木仁太郎の宅にいた。高木は根岸小学校のふるい教員だった。九月三日ごろになって「朝鮮人が来るぞ！」という、うわさをきいた。その夜になると、町内の在郷軍人会長である、陸軍将校が青少年を集めて、「軍からの命令であるが、ただちに武装して自警団を作らねばならぬ。その理由は、不逞の鮮人が、みんなを殺しにやってくる。もう東京でも横浜市内でも、日本人が殺されている。今夜あたりは、この辺にもくる予定だ」といって、自警団を作り、十字路や橋のたもとに数名ずつ交替で、朝まで不寝番をすることを命じた。私は一大事とばかり、日本刀をもちだして、定められた不寝番の場所に行った。そこで私たちは大人から、合言葉――山といえば、川と答える――などを教わった。夜中の一時頃になると、遠くのほうで「朝鮮人がきたぞ！」という叫びがする。叫びはだんだん近くなり、声の数も多い。ねている人も起きだして番所に集ってきた。となりの番所から応援にきてくれ、という伝令がきた。私たちは半分弥次馬気分で、叫びのするほうへかけだした。叫びは根岸の南どなりの八幡橋の方からきこえてくる。私たちは掘割にでて、こちらの岸に集って、叫びのするほうから逃げてくるはずの朝鮮人を待った。橋は八幡橋一つしかない。叫びは向岸からする。こちらの岸は人で一杯、まだ暑いから、みんな白シャツだったので、暗いなかにも白い人影がしきりと動く。向う岸でも白色のかたまりが、岸にそって長く展開している。

掘割の幅は十間ほど、岸には釣舟が五、六隻つないである。突然向岸で「朝鮮人が水の中にとびこんだ！」と叫んだ。しかし水面はまっ黒で、白い姿もない。船の上にも人影はない。要するに「朝鮮人がくるぞ！」と叫んで集ってきた人々は、実際には集っている仲間のほかに何もみないので、「水中にとびこんだ」と叫びだしたのである。ところが誰も水の中にとびこんだ音をきかないし、白い影もみない。したがって、こちら岸では、あまり騒がなかった。むしろ拍子ぬけで、水面をながめていた。ボツボツ帰る人もでてきた。しかし、自警団のなかで一番年がわかく、そのうえおっちょこちょいの私は、いきなり岸から釣船の上にとびおりた。その時は日本刀をもたず、棒をもっていたので、船べりから水中に棒をさしこんで、人が船底の裏側にひそんではいまいかと、かきまわしてみた。五、六隻の船の上を廻って異状がないので、岸に上ろうとすると、二、三間さきで「朝鮮人がいた！」という叫びがした。びっくりしてそのほうをむくと、「そこにいる、そこにいる」といって、数人の人が私の前の岸にかけつけて、「こいつだ！　こいつだ！」と叫んだ。今まで私のすることをみていた町の人々は勢にのまれて、私をながめているだけだ。あまりの騒ぎに、驚いて口がきけなかったらしい。

「やっちまえ！　やっちまえ！」と、さきの人々がさわぐ。すると町内の人らしいのが「そうだ、合言葉だ。合言葉をいえ！　お前の合言葉はなんだ」と私にどなりつけた。自分が朝鮮人といわれたことに気づいた私は、すっかり上ってしまって、口がきけない。目の先には、日本刀や小銃の剣先――この小銃は小学校から持ち出してきた――が四、五本つきだされた。「早く合言葉をいえ、すぐ言わぬと、殺すぞ！」と叫ぶ。一人でなく、何人もががやがやとやりだした。いよいよ上ってしまった私は、舌がちぢんで声がでない。「合言葉がいえねえば、何とかいえ！　だまっているなら、いよいよ朝鮮人だ。かまわねえから、やっちゃえ！」と。向う岸の罵声も背中にひびいてくる――「やっちゃえ、早く殺しちまえ！」

しかも私は自分が殺されるとは毛頭感じない。まだ他人のことのようだった。すると、いきなり提灯と一緒に剣銃がスーッと鼻先にのびてきた。この時になってはじめて、「これは大変だ、殺される」と感じ、何かいおう、合言葉をいおうとするが、舌がちぢんで何もいえない。数時間前に教えられた合言葉はすっかり忘れてしまっている。思い出そうとするが、どうしても出てこない。キョトンとして提灯と剣先を眺めるだけだった。

その時「一寸まった。シャツがぬれていないぜ。向岸から、とびこんだんなら、シャツがぬれているはずだ。シャツがぬれていないじゃないか。まあ、みんな少しおちついてくれ。こいつを上へあげてから、殺すのはそれからでもいい」と、おちついた声が頭の上でした。しかし、「面倒くさい、やっちゃえ！」という叫びも、その人の後でする。岸の上から私の方に手がさしだされた。私はそれにつかまって、岸のふちにとびあがった。たしかにシャツはぬれていない。だが人々は我慢できない、「シャツがぬれていなくったって、朝鮮人にきまってる。船の中にかくれていたんだろう。早いとこ、やっちまえ。合言葉をしらなけりゃ、朝鮮人にきまってるんだ」とさわぐ。提灯と一緒に、数十の顔が私の眼前にあらわれ、恐ろしいランランたる眼（まなこ）が私をにらんで、今にも、くいつかんばかりだった。

すると、私の町内の人らしいのが、「おや、これは朝鮮人じゃないよ。高木先生のうちにいる中学生だ。なんだ、お前か、人騒せするなあ。もう少しだまっていれば、本当に殺されるところだぜ、合言葉をいいなよ」とやさしく言葉をかけてくれた。私ははじめてホットしたが、やっぱり合言葉は出てこない。
「僕は、朝鮮人が川の中にとびこんだ、というので、船の上にとびおりて、さがしていたんです」とやっと言い訳をした。シャツはぬれてないし、町内の人の話もあったので、周りのたくさんの顔は、すっかり失望してしまった。「なんだ！　日本人か」といって、つまらなそうに、ちりぢりになって、立ち去っていった。向岸から「どうした、まだぐずぐずしているのか！」と叫ぶ。「ちがうよ、日本人だ！」とこっちから答える。こんな調子で人々は大地震と火事の恐怖のために、まったく朝鮮人来襲を信じこんでしまっていた。それからの数日の間、まだ来襲のうわさはつづいた。〔…〕

（ねずまさし『「現代史」への疑問』三一書房、一九七四年）

⑩報知新聞（一九二三年一〇月一七日付）

「**巡査と自警団と囚人が一緒になって殺人**」

巡査と囚人と自警団が一緒になって殺人　死体は全部火中に投じた　横浜の暴行事件発覚

横浜に某重大事件発覚し、県刑事課総出となって大活動を開始した。探聞する処によれば、去る九月二日三日の両日、昼夜に亘って横浜市中村町中村橋派出所付近を中心として根岸刑務所を解放された囚人二十余名と同町自警団が合体し、××十余名を殺害し、遂には同所を通行した避難民や各地から来た見舞人十名を殺し、所持の金品を奪った上、死体は或は針金で両手両足を縛って大岡川へ投込み、或は火炎の中へ抛げ焼却して犯跡を隠蔽せんとしたが、奇怪なのは某署の警官数名も制服帽でこれに加わり帯剣を引抜いて傷害せしめたという噂で、被害者中には鶴見町から見舞に来た二名の外〔ほか〕、元自治クラブ書記吉野某も無残の死を遂げている。右につき森岡警察部長の談によれば『去月二十日頃、そんな風説があったので引続き調査を命じ、吉野書記を殺した犯人は既に逮捕した、しかし警察官が加っていたという事実は挙っていない』。因に中村橋付近は流言の出所との疑いある場所であり、且つ目下逃亡中の解放囚人が最多く横行した事実があるも、惨殺された疑のある死体が付近から続々発見されたのを見ても、この事件が如何に重大であるかを語って居る。（横浜）

（※文中の×は伏字。以下同）

⑪石川小高等科二年女子

「**私もぶってやった**」

〔山、一日〕みんなおむすびをたべてから外へ蒲団をしいたけど、寝る人は一人もない。朝鮮人が火付をしたり、人をころしに来るので、方々でかがり火をたいて、わいわいいっている。夜中になると急にさわぎ出した。「そら川の方へいったぞ」「あっちへ逃げたぞ」そうゆう声がするたびに、びくびくする。時々地震が来るので、なお、おじけてしまう。明方になると、鮮人がつかまったのいうので見にいくと、大きな人が電柱へゆわかれている。その鮮人は、おばたの長さんという人が、火をつけようとする所を見つけてつかまえたそうだ。隣の兄さんは大きな竹の棒で頭をぶった。私もぶってやった。

⑫田中与志江

「父親はじめ町内の若者は木刀、角材、丸太、こん棒、とび口などを持って」

田中与志江（大正五年〔…〕月〔…〕日）九七才。震災当時七歳。

横浜市立日枝小学校。近所に大きな煎餅屋があり、そこから出火。妹三人は肺炎で死亡。当時、父親はじめ町内の若者は木刀、角材、丸太、こん棒、とび口などを持って、自衛団を結成。朝鮮人暴動の防備にあたる。

（神奈川実行委員会に寄せられた手記の全文。二〇一三年）

⑬中山省三（**寿小学年不明**）

「朝鮮人が一人皆にたけやりで殺されました」

〔一日〕通りかかった巡査が公園は水で一ぱいだから山へ逃げた方がいいといったので、近所の人と扇橋を渡って長者町をまっすぐ車橋にかかった。車橋が人々が逃げるのでこんざつをしています。此所をむりに渡って見ると、かあさんや弟やおばあさんがつぶされているのとどうする事も出来なかった。かあさんや弟は巡査にしっぱり出された。〔…〕それから其夜中頃になると朝鮮人さわぎになった。僕は夜が早く明ければよいと思っていた。其中に夜がだんだん明けて来たのでほっと息をつきました。すると僕の前で朝鮮人が一人皆にたけやりで殺されました。それから親類の人にげんまいと白米のおむすびをもらいました。〔…〕其の昼頃、朝鮮人が井戸へ毒を入れたというので、これでは飲料水も飲めなくなったというので舎田へ親類中の者といってしばらく舎田にいました。

⑭敷本君代（**寿小高等科一年**）

「騎兵隊が馬にまたがり勇ましく扇橋を渡ってこちをさしてくる」

「どどーんどーん」とピストルをうつ音がきこえる。「女子供は内に入いっていて下さい」と自警団の人がどなって歩いた。「どどどーん」とまたばらだまの音がする。そのたびに「うわあーい、うわあーい」と喊の声をあげる。「提灯をけせ、提灯をけせ」とまたどなった人があった。そばにいた人は提灯を消した。「山」「川」「山」「川」とあい言を云いながらそばを通る。「ほらそっちへ行ったぞ」と云った人があった。私の体はぶるぶるふるえ出した。いつも私は寝ることが出きなかった。ねむくても鮮人のために、そればかりではない寝る所もないのだ。だから寝ることができないのだ。いつも早く夜が明ければよいと思わない時はなかった。四日目に騎兵隊が馬にまたがり勇ましく扇橋を渡ってこちをさしてくる。其の時、私の嬉れしさは何ん何んとたとえてよいかわからなかった。胸のどうきは早金をうつように早かった。いつの間にか私の目には熱い感謝の涙がほほをつたわった。人々は「万歳、万歳」と喜びにみちた声はあちらこちらにおこった。それからはもう鮮人なんかはちっともこわくなくなった。

⑮南吉田小六年女子

「朝鮮人さわぎ、どこまで私等は不運なのでしょう」

ウワーワーと叫び声、「朝鮮人だ」「鮮人が攻めて来た」という声が、とぎれとぎれに聞えた。あまりの驚に、どうきは急に高くなった。まだ夢の様に思われるので．尚聞いたが、やはり誠でした。あたりは急にさわがしくなった。きん骨たくましい男の方達は、それぞれ竹を切って棒にしたり鉢まきをしたりして用意に急がしくなった。もう親の事．兄妹の身を考えている場合でない、生きてさえ居れば又誰とも合う事が出来るけれど死んでしまえば……。何百何千の山の上に居る人々はただただ朝鮮人が来ない様に神に願より他に道はありませんでした。万一の用意にと女子供までも短かい棒を持った。そして今来るか今来るかと私とお母さんは、互にだき合って他の人々とすみの方へ息をころしてつっふして居た。ズドンズドンと銃せいの音がする。男の方達は相言葉をきめたり。来たら一打にするなぞとあの様に力んでいるが、もし負る様な事になったら．もしそうなっ時にはどうしよう、不安は一層髙なった。昼間は夢の様な恐しい地震に合い、又火事に合い、九死に一生を経て、此山に逃出し、夜又此朝鮮人さわぎ、どこまで私等は不運なのでしょう。きらりきらりとお星様が悲しそうにお光になっている。火の手は大分静まったらしい。わーと喜びの声がたった。聞けば朝鮮人は少し先で皆さんでやっとの事に止めて来さったのだそうです。ああ此時のうれしさよ、なんにたとえん様もありませんでした。今まで皆恐しさで口一つ聞かず、あたりは深山の如く静かさであったが、再び本のにぎやかさにかえった。まだ足がふるえていて便所へ行く事も出事ない。勢よい一番鳥の声がかすかに聞えた。東の空はほんのりと薄明るくなつた。ああ不安の一夜は明けた、さあ元気をつけて父母等をさがしに行きましょう。

⑯南吉田小六年男子

晩は野宿したが朝鮮人のさわぎで寝られなかった。四、五日立つと､けん兵や救護団などもきて人をた助てくれました。食物の不便はようようととのったが、衣類がこまるので、大阪でおくってくれました。焼跡は、太陽がてらしている人は皆、道路や焼跡をそうじしています。道を通るおりおりに死人や半焼ノ人を見ると、かわいそうに思う。末吉橋では百人も死んでいました。兵隊さんは、橋をかけたり道をなおしたりしています、電信電話などをしいて居ます。又大阪では病院を建ててくれました。

⑰南吉田小六年男子

「あっちこち朝鮮人の死外がうんといました」

〔二日〕もう夕方になりましたから、ごはんを食べてねました。それからすこしたつと朝鮮人がらん隊で来たといったから、僕はまたねているところでした。家のお母さんが教えてくれました。僕はびっくりしておきました。すると其所に一間の家がありました。それで其所の家へとめてもらいました。そして家のお父さんが鉄の棒を持って番をしていました。それからすむと、もう夜が明けましたから家のお母さんと一所に焼跡へ来きました。するともう横浜市はもう見るまにみんなすっかり焼けてしまいました。まるで野原のようになってしまいました。それで僕がお父さんと一所に石川へしっこしていくとき、あっちこち朝鮮人の死外がうんといました。ひびともいるし、ほんとうにくさくて、へいこうしました。僕はつくづくやんなってひまいました。

⑱山路菊枝（磯子小五年）

九月一日〔…〕それから根岸橋までくると朝鮮人が幾人ともなく死んで流れてるました。それはひさんのようでした。

⑲是永喜代子（フェリス女学院本科五年）

〔松影町で被災し相沢方面に避難。二日夜〕幸に付近を探したらおじいさんは舟の中に居られた。一同は山手へとひき上げた。夜になって恐ろしさは一層増した。「鮮人をつかまえろ、つかまえろ」というさけび声はそこかしこに聞えた。

（『関東大震災　女学生の記録』フェリス女学院、二〇一〇年、以下『フェリス』とする）

（２）中村町、石川町、山手町、根岸町付近

①横浜貿易新報（一九二四年六月二五日付）

「寿署の警官が署内で鮮人を殺したのを実見した」

山口正憲公判〔…〕寿署の巡査大谷武雄（二六）は二日の午前四時五十分頃であった。平楽の原にテントを張り籐椅子を踏台にして一段高い処でパナマ帽を冠り白シャツに白のズボンを穿った大兵肥満の顎髭の生えた男が避難民一同に向って、此際お互の生命を保つには掠奪をするの外はないと扇動的の宣伝をして居た。一同は之に共鳴して万歳々々と連呼して居たのを見たが、其男は後に山口正憲と判った」と、出志久保警部が被告に有利な証言をするに反して同巡査は被告等に極めて不利な証言をしたので、弁護士側から交々詰問を受

けて聊か狼狽の体であったが、被告等も中っ腹になって「寿署の警官が署内で多数の鮮人を殺したのを実見した。当時の警察官は血迷うて居た」など同巡査に喰ってかかって居た。

②小林啓三（神奈川県立工業学校機械科三年）
「東坂では、刀で鮮人の首をはねて川へ投げ込む」

九月二日（日曜日）

〔下校途中に被災。家族が避難している中村町松山（現石川小学校付近）へ向かうと〕平常、犬も通らない淋しい山中が、まるで市場の様、其の夜に入って、朝鮮人さわぎが始まった。

九月三日（月曜日）

終日夜気よし、残暑なお烈し。

夜は全く明けはなれた。暁頃より社会主義者出口某盛んに演説を行い、人々に玄米醤油等を分配す。これ配給の初めならん。午頃より人々商品倉庫、ドック倉庫で南京米を取りに行く。近所の仕立師が二俵かついで来たのには驚いた。人も欲には勝てないと見える。狸坂付近で、労働者体の奴等が五、六人で朝鮮人を井戸に投げこみ、上から埋めてしまった。東坂では刀で鮮人の首をはねて川に投げこんでいるのも見た。この恐ろしい殺人罪を見て止る人もなければ、文句をいう人もない。世は全く無政府状態に化した。

九月四日（火曜日）

雨、寒さ少く加わる。

鮮人さわぎ益々大きくなって行く。白昼白刃を振っている人。竹槍を持〔って〕いる人。銃をかついでいる人。鋸を持っている者。まるで戦国時代そのままである。人々と共に裏山へ柿をとりに行く。なにしろ先頭に白刃を持った人が行くのだから、山主などはぐうの音も出ない。一時間もかかって柿を十ばかり取って、やっと副食物にありついた。夜に入って各自警団が敵味方を区別する為、山川の相言葉をつくる。まるで赤穂の義士の打入そのままである。

九月五日（水曜日）

晴、田舎へ引越す。

市内に軍隊が来た。彼の山口一味の人もいずれへか姿を消した。一先ず田舎へ行くことにした。引越といっても着のみ着のまま、まるで乞食の宿換えそっくりである。

五里の道を自警団の人々に護られて九時頃原町田に着く。村へ入るとすぐ巡査がきて、身元調査をする。当地でも例の鮮人さわぎで大へんである。

夜を徹して銃の音がかすかにきこえる。

（『震災記念号』神奈川県立工業学校、一九二四年）

③清水清之（石川小学校教員。中村町平楽在住）
「鮮人が頭から石油をかけられ……」

〔九月二日〕植木商会の馬小屋（植木商会とは貿易商植木会社の前身、当時は百合根の輸出盛にして居り、輸送用の馬車馬を此の小屋で常時二三十頭飼育して居た〕の付近まで来ると焼場の様ないやな悪臭が鼻につく。フト脇途を見ると道の真中に一杯のたき火の跡があり、まだ白煙が立昇って居る。更に近づいて見ると、焼けボッ杭の間から半焼の馬の足が、二本ニュッと出て居る。聞けば今朝早く昨日圧死した四頭の馬と一緒に昨夜犠牲鮮人が頭から石油をかけられて灰となったとのこと。誰の仕業か知らないが、訳もなく無性に腹が立つ。

〔九月三日〕朝食を済ませ未だうす暗い内に姉を〔住まいがある戸部まで送り届けるため〕連れて狸坂を降り、〔…〕裏道づたいに道場橋から日本橋を渡り、出来た許りで歩道のない市電戸部線を鉄路づたいに久保山霞橋に至り、一本松小学校前の窪地を横ぎり、〔戸部の〕兄貴〔姉の夫〕宅に辿りついたのは八時過ぎ。途中鮮人のかばねも二、三あった。

（清水清之『あの日あの時——関東大震災の思い出』神奈川歴史教育者協議会横浜支部高校部会、一九七四年）

④清水清之の姉（**吉田小学校教員。戸部在住**）

「『鮮人が来たッ』と警官のさけび」

〔九月一日夜、平楽の相沢墓地付近の避難先で〕突如、暗をつらぬくときの声、何事ぞといぶかる其の時、「鮮人が来たッ。男子は得物を持て、女子供は外に出るな、手に余れば……」とはげしき警官のさけび。

すわこそにくき鮮人よ。人の弱味につけ込んで、忽ちあなたこなたにかがり火ならぬたき火がもし付けられぬ。

後鉢巻に長棒をもちて、敵はいつでも来いとののしり合う若人たち。殺気立ちたる有様に歯の根は合わず、流言は流言を生み、怖しさは何とも云う言葉なし。

（同前）

⑤榊原八重子（**寿小高等科一年**）

「寿警察署の門内で木にゆわかれ目も口もなく、ただ胸のあたりがぴくぴく動いていた朝鮮人いまいずこに」

巡査がこわれた家の屋根に上っていて、「向の山へ行け、向の山へ行け」と、大きな声で手をふりふりおしえていた。〔…松山へ〕

植木会社の中にあるかしいだ家の中でだんだん暗くなって行く空を見つめていた〔…〕やっと皆んながねむりについた頃、がやがやという人声がきこえて、此方へ来るようであった。すると向の方でピストルの音が五、六度した思うと、ばたばたと人が此方へ来るようであった。私達のねている前へ来ると、土びたにぺたっとすわった。こっちでねている人はたいがい目がさめてしまったから、其の人の様子をいきをこらして見ていた。「私朝鮮人あります。らんぼうしません」といいながら、私達の方へ向かって幾度も幾度も頭をさげておじぎをしました。そこへ大勢の夜けいの人達が来て、其の朝鮮人に向って頭のような人がそばによって、「これ、お前はさっき、いろといった所にいないで、こんな所に来たのだ」「私さっきの地震おっかない事あります」「うそいえ、そんな地震はいつあった」朝鮮人はだまっていた。頭立った人は皆んなと色々話をしていたが、又向き直って「おい」「はい」「さっき、けいさつのだんなと立ち合った時には何んにも持っていないといったが、今お前のもっているのは何だ」「え、えっ」と、いったが、「これはさっきもらった米です」「そうか見せろ」「いえだめです」「なにがだめだ、これでもか」といいながら、こしにさしてあった日本刀をぎらりとぬいて、朝鮮人の目の前につき出した。朝鮮人はそれでも大事そうに小さい油紙につつんだ物をはなそうともしなかった。私は心の中で早く出せばよいのに、たかが米なら中を開いて見せてやればよいと思った。いまでたってもへんじをしないので、こん度は大勢の人が日本刀でほほをしっぱたいたり、ピストルをむけたりしても、鮮人はだまっていた。さっきの人が鮮人に向い、「おい、だまっていちゃあわからねえよ、なんとかしねえか」と、いって刀をふり上げて力まかせに鮮人のほほをぶった。その時に月の光が輝やいて、そのすごさといったら身の毛もよだつくらいでした。いくらなにをされても鮮人は一言もはなさなかった。しらべる人からがをおうて鮮人に向い、「おい、しかたがねえから、けいさつへ行って、だんなの前でお話をしろよ」そういいながら大勢でよってたかってかつぎ上げて門の方へと行ってしまった。行った後はやはり水をうったようにしんとしていた。私は翌朝までまんじりともしなかった。〔…〕

東の空がだんだん白らんで来る頃、私は松山へ行こうと思って足をはやめた。寿けいさつの前を通りこそうと思うと、門内からうむうむとうめき声が聞えて来た。私は物ずきにも昨夜の事なぞはけろりとわすれて門の内へはいった。うむうむとうなっているのは、五、六人の人が木にゆわかれ、顔なぞはめちゃめちゃで、目も口もなく、ただ胸のあたりがびくびくと動いているだけであった。

私はいくら朝鮮人が悪いことをしたというが、なんだかしんじようと思っても、しんじる事はできなかった。其の日けいさつのにわでうめいた人は今何地にいるのであろうか。

⑥小林フミ（寿小高等科一年）
「交番にしばられている朝鮮人」

〔二日〕朝起きて見ると、近所の子供が「朝鮮人が交番にしばられているから、見にいかないか」と大きな声でいっていました。君江さんは、私しに「見に行かないか」といったので、私はいやともいえないので、じゃあゆきましょう。いって見ると、朝鮮人は電信にいわいつけられて、真青な顔を、していました。よその人は、「こいつ、にくらしいやつだといって」竹棒で頭をぶったので、朝鮮人はぐったりと、下へ頭をさげてしまいました。わきにいた人は、ぶってばかりいてはいけない、ちゃんと、わけを、きいてからでなければいけないと言っていました。朝鮮人は頭を上げながら、かく物を、くれと、手まねしていました。〔…〕夕がたになったら、近所の人が、「朝鮮人、火をつけにくるから、皆んな、きをつけておいでなさい」といってくれた。私はこっちのほうへくるのかと思うと、こわくてたまりませんでした。〔…〕近所の人が、大きな声でさわいていいるので、私はいられませんでした。きがおちつかないので私はこわくてたまりません。〔…〕私はどうしてこんなところへ、朝鮮人がきてあばれるのだろうと思うと、にくらしくてたまりませんでした。

⑦南吉田小六年男子
「巡査が朝鮮人ばっとう」

私たちが今ますこし後から来へば、私たちは死でしまうんだといってそこでいるともう夜になりましたから野でねました。山の下では朝鮮人があばれて日本人をころしているからきよつけろと言ってきました。私は世界にいることがやになりました、二日朝家のやげるのを見ていました。三日の朝蒔田町来るとちう山吹橋の所では馬が死でいました。又焼死だ人あちらにもこちらにも死だ人がころがりあっています。又地がたまげるほど大きくはれていました。又はるいて蒔田町へ来ました。四日の朝に正金銀行のそばでは人が二千人も皆ナ焼死だ人が死デいました。急で家へかいりました。又巡査が朝鮮人をばっとうしていましたから、前の魚屋の父が鉄のぼうでころしてしまいました。

⑧南吉田小四年女子
「朝鮮人がこうばんにきて、くびをきられた」

ふつかめの夕がた朝鮮人がこうばんにきて、くびをきられていました。私はぞっとしました　それからすぐお寺おさって水道山のうちにいきました。

⑨石川小高等科二年女子
「手から足からかたくしばられて、電信にゆわえつけていた」

〔一日〕人々は、きゅに朝鮮人が来るというので、男の人たちはたけやりをこしらえたり、鉄のぼうを持ったりして、ねずのばんをした。私もおちおちねられないので、ちょいちょい目をさましたりして、一夜をあかした。〔…〕〔三日〕朝起きると朝鮮人がつかまっていたので、わいわいいっている。私はこわごわ見に行った。其の人は手から足からかたくしばられて、電信にいわいつけていた。其のまありには、たけやりをもった人たちがかたまっている。其の中の一人が、中まは幾人だと聞いたら、ただ首をたれて何もいわないので、ぶてぶてというのが、どこからでも聞こえた。私はあまりのこわさに帰えって来て話をしたら、かわいそうだけれども、しかたがないという人もあれば、もっとしてやればいいのにという人ばかりである。其の夜はすんで、四日の朝になった。〔…〕よなかごろに、わあわあというのがした。おもわず、目をさまして起きて見ると、バンザイバンザイとするこえであった。私はこのさわぎにどうしてバンザイをしているのだと母に聞いたら、兵隊が来たからバンザイバンザイといっているのだといった。私は其の時、うれしくて、なんといっていいが、わからなかった。〔…〕もう兵隊が来てから、朝鮮人をすくなくなり、人々もやすらかになって来た。

⑩石川小高等科二年女子

「手と足をしばって学校の坂からづるづるとひきずって車橋からほっぽる」

三日の昼から学校の校庭へ災難する事になった。〔…四日?〕私は朝からぼんやりと桜らの木によりかかって、何を考んがえて居る間に、昼る頃になった。運動場へ、へんなずぼんとしゃつを着た人がは入ってき来た。だれだかが、おまえはだれだと云うって聞くと、鮮人「私たし日本人と言葉が大層へんであった。昨夜から鮮人が一ぞに時の声を上げてさわいて居るものですから、植木会社では先きが尖った棒を皆に一本ずづくれました。皆は朝から用らった棒を用心して、其れあやしいぞと云う声に、其の棒をふりまわしてなぐりつけた。ごめんなさい、かんにしてぐださいと鮮人はさわいで居る。皆でしらべて、ぽけっとを見たら、どく薬だのマッチと紙を多さん持って居ると云うって、こんなやつなんか殺してしまわなければ居けないと云うって、やれ、やれと云うて、ぶったりけったりなんかして、目の上の肉をとびくり出した。其れでもおき上がろうとして居た。足と手をしばって学校の坂からずるずるとしきずって、車橋からほっぽってしまった。其れでも又だ上がってこようとした。皆で石を投げたりしたら、死んでしまった。

⑪石川小高等科二年女子

「一日の夜から始まった虐殺。交番の前での虐殺遺体」

〔一日　唐沢の横浜植木会社に逃げる〕夜になると、こんどは朝鮮人さわぎ、男の人は手に手に竹やりをもっている。〔…〕十時頃になるとむこうの方で、やれ、やれと朝鮮人をおいかける声、私は生きているかいがなかった。〔…二日〕朝になって外通へ行って見ると、朝鮮人がひもにゆわかれて交番の前にいた。その内に社会主義の一隊が赤旗を立て表通へおしかけて来た。〔…〕その夜も、お父さんは竹の棒をもって番をしていた。私はやはりすみの方に少さくなって居た。その時もやはり向の方で朝鮮人をおいかける声。私は夜になると恐ろしくて恐ろしくてしようがなかった。〔…四日〕あした十時頃、通へ行って見ると、家の裏の人足が「ピストル」をもっておどかして居ました。そして外の家のものなどとって居ました。しばらくすると兵隊等が人足を追いかけていった。そしてきずをうけた。

⑫**石川小高等科二年女子**

「朝鮮人さわぎあちこちで。とうとう殺してしまいました」

〔二日〕又、裏の戸板で又寝ると、その晩から朝鮮人のさわぎで、あっちでもこっちでもわいわいとさわぐので、寝てもこわくて寝て居られませんでした。そして、その夜も明けて、その朝になると、朝鮮人が耳からえりの所にかけて切られて、肉がばでて血がだらだら流れて居て、おかしな言葉でわいわい泣いて行って、警査へ連れて行って、大ぜいの人々にさんざんにひどい目にあわされたりして、とうとうころしてしまいました。その日の昼間でも、あっちの山へにげた、こっちの出へにげたなどと云って居て、生た空はありませんでした。〔…〕すると二日の夜十時頃、兵隊がラッパを鳴して来た時、飛び立つ程うれしかった。其の時、方々から一時に万歳の声が響きました。

⑬**石川小高等科二年女子**

〔一日夜〕其の内に朝鮮人が方々へ火をつけるといってさわぎました。相沢の方では酒屋といわず米屋といわず、たん刀を持って驚しては色々な物を取って歩いて、とてもさわぎました。

⑭**松本重三（寿小五年）**

〔二日寿小学校→磯子に行く途中〕真黒にこげた死体、水に浮いている死体。鮮人を殺している所〔…〕書く琴の出来ない悲惨な所を見た。ようようの事で磯子に着いた。そこの家でも表へ幕を張って其の中にいた。中に入ると玄米のむすびを一つずつくれた。それを飯べた時の美味さは今も忘ない。その真夜中「それ、鮮人だー」という声々。次にピストルの声が二発聞こえた。皆驚いて飛起きた。

⑮**小泉ふく（当時一九歳。三井物産横浜支店勤務）**

「外国人が多く住んでいた地区の方から夜中に銃声」

〔九月一日夕方、横浜の「山の上の畑地」に家族六人で避難〕深夜、どこから持ってきたのか、父親は日本刀を持ち歩いていた。小泉さんは母親から短刀を渡され、言われるままに手にした。歩き回っている大人の男たちは、みな日本刀を持っていた。「異人館」が並び、外国人が多く住んでいた地区の方から夜中に銃声が何発か聞えたが、「うちには刀があって良かった」とホッとした。

明け方になって突然、一人の男が刀を抜いて大声でどなり始めた。「日本はだめになった。あとはおれたちが面倒を見るから、みな言うことを聞け」。周りの男たちはみな抜刀していた。

下から一人の男が上ってきた。刀を抜いた男と「通してくれ」「いや通さない」と言い争っている。刀を持った男がいきなり切りつけ、歩いてきた男のほおから血が飛び散った。

小泉さんは「あのときは何が起きるか分からず怖かった。だれかに襲われるのではないかと、みながおびえていた」と振り返る。

被災者の神経は、見知らぬものに対して異常なまでに過敏になっていた。

（『20世紀にっぽん人の記憶』読売新聞社、二〇〇〇年）

⑯金琮鎬（虐殺を免れた朝鮮人。当時二〇歳。一九八三年に韓国で証言）

〔中学の夏休みを利用して、平壌から石川町四の六九番地の叔父母のもとへ来ていて被災。階段があり、ぐるりと山に囲まれた所だった。隣に亀の橋百貨店があり、崩壊していた上を這い上がって逃げた〕叔母らと根岸町の競馬場に向かったが、地震から一時間とたたないうちに起きた火災のために叔母らとはぐれ、五才の女の子を連れて根岸町に逃げた。叔母とその娘は、火災を避けて竹林に逃れて夜を明かした。

翌二日、石川町の家に行ってみると全焼していた。また根岸町に戻る途中で叔母に会ったのが正午頃。午後三時～四時頃になると、根岸町付近の米屋に押し入って人びとが米を盗んでいく。その主人が止めようとすると、その場で殺してしまった。それを見て、既に人間の心が殺気立ち、本当の自分の心でなくなっていることに気づいた。その夜を根岸町の競馬場そばの倒れかけた家で過ごした。保土ヶ谷町の富士紡績会社の朝鮮人四～五人、他にも四～五人が合流して、その場を離れないことに決めた。

震災の翌日から、「朝鮮人は皆やっつける」という話が聞こえてきた。これは大変だと思った。女の人であれ、青年達であれ何と言わず竹槍・棍棒を持ち出して――そこは山で草むらがあったのだが――そこに潜んでいた朝鮮人を発見して（朝鮮服を着ていたからすぐ発見された）、容赦なくたたき殺す。朝鮮人は日本語を知らないから、助けてくれと言えない。止めようとすれば、こちらがやられる。もう皆正気でないから。

そこに来た人が言うには、「朝鮮人が井戸に毒を入れた」「金庫を探るのは、みな朝鮮人だ」。根岸町の人達がそう吹聴するものだから、他の人も皆やって来て「そんな悪いことをするな」と言って……。

自分の身を隠す暇もないのに、そんなことできるはずがない。自分たちが悪いことして、みんな朝鮮人に転嫁したんだ。一人二人でなく、十何人ぐらいを引っ張って行くのを見た。「鉄橋の柱に縛り付けて、日本刀で刺した」と、見た人が後で自分たちに語ってくれた。

それからはもう一人でもその場で発見すると、ワーッと棍棒を持ち出してやっつけた。それを見て自分たちは「石川町四の六九に長く住んでいる者だから保護してくれ」と町の人に頼んだ。そのうちの一人が、腕章をつけろとよこした。赤い無地の布だった。

食事は朝昼夕と握り飯を持ってくる。一人が持ってきて、一人は日本刀を下げてくる。夜の場合、一人が握り飯の籠を持ち、一人が日本刀、一人がロウソクを持ってくる。その恐ろしさを見ては、握り飯が喉を通らない。既に見回ってきた者はいいのだが、新しく来た者は「まだここにいるじゃないか、やっつけろ」と来る。だから、そこにいる人に「あなた達が他所に行ってしまうと我々は危ない、ここに一緒にいてくれ」と頼んで一緒にいてもらった。

九月三日午前三時頃、埼玉県のある軍隊が横浜に来てラッパを吹いた。それを聞いて傍らの日本人が「安心しろ、もうこれから安心だ」と言った。自分もそれを聞いて、初めて涙をこぼした。朝になると、軍隊が来た。一五日間そこにいた。

海軍相手に商売をしている叔父が太洋丸で呉から戻り、軍の証明書をもらって根岸町にやってきた。太洋丸に乗って静岡の清水港まで行った。太洋丸には避難民が多かった。清水港に着くと江尻駅に向かった。そこに避難民の収容所があり、五〇〜六〇人いた。学生も多かった。

江尻警察署では「学生達を朝鮮に行かせると何をするかわからないから、なるべくここで安心させて就職でもさせよう」と言ってきた。何時間かねばったあげく、学生の自分たちも列車に乗ることができた。大阪駅まで行く途中、駅に停車するたびに「よく生きてきた」と握り飯やら梨やらを入れてくれた。大阪で乗り換えて、下関に行った。

船に乗るときも交渉して、結局乗ることができた。釜山に九月一七日に着いた。その時初めて安心した。翌一八日、故郷の平壌に帰った。平壌に帰ってから、総督府警務局長の丸山鶴吉が「関東大震災を機に、朝鮮人が悪いことをしているから厳重に取り締まれ」と指示を出したと聞いた。

震災の時、朝鮮人が悪いことをしたと言ったのは全部その土地にいた人びとで、自分が見たように知識階級の人ではなくレベルの低い労働階級の人が自分たちで悪いことをしておいて、全部「朝鮮人がこんな悪いことをする」と触れ歩いて、青年達も同調した。

自分が見たり聞いたりした範囲では、五〇〜六〇人が殺されている。慶尚南道・済州島の人が多く、全部労働者で朝鮮服のままの人が多かった。

震災後二ヶ月してまた横浜に向かった。その時神奈川県社会課の斉藤タケシという人が、朝鮮人の便宜を図っていた。県庁では朝鮮に関するポスターや論文を募集した。後に田端に移り、夜間中学校を卒業して海軍相手に商売をした。

（「一二・一八渡韓報告会」関東大震災時に虐殺された朝鮮人の遺骨を発掘し慰霊する会、一九八三年）

※この会は、会名を一九九二年に「関東大震災時に虐殺された朝鮮人の遺骨を発掘し追悼する会」と改称している。

⑰ノエル・F・ブッシュ（アメリカ人ジャーナリスト）「ギリシャ人アントニアス・パパドポーロスの回想による警官の言動」

日曜日〔九月二日〕になると、横須賀の基地に陸戦隊が上陸して、横浜周辺に半径六マイルの半円形の警戒線をしいた。この陸戦隊は、逃亡囚人や不逞の輩をつかまえるのが目的であった。その日の午後いっぱい、パパドポーロスとそこに集まった人たちのところへは、銃声が聞こえていたが、それは遠くであったり近くであったりした。夜になると、銃声は手に取るように聞こえるようになり、銃声にまじって恐怖と苦痛の悲鳴も聞こえてきた。それから判断して、逃亡囚人たちが銃殺されたり、殴り殺されたり、刺し殺されたりしているらしかった。夜も更けたころ、すっ裸の日本人が、血と汗によごれて、目をぎょろつかせながら駆け込んできて、かくまってくれと頼んだ。例の警官は、その男は逃亡囚人に違いないと睨んで、その場で殺したほうがいいといった。それをパパドポーロスが押えて、暗闇のほうへ逃がしてやった。ところが、彼のこの慈悲のはからいが、一同に対する彼の権威を失墜させる結果になってしまった。やがて月曜日の朝が白々と明けてきたころ、集まっていた人たちは去っていき、パパドポーロスは独り廃墟となった市内を、海岸のほうへと歩いていった。

（ノエル・F・ブッシュ『正午二分前　外人記者の見た関東大震災』早川書房、一九六七年）

⑱キャサリン・トレイシー赤名（アメリカ人女性宣教師・共立女学校英語講師）

「朝鮮人に金を与えて放火させたのはアメリカ人だぜ」

〔九月一日〕避難しようと上がってきていた怯えた群衆、私はそれに耐えられなかったので、私たちは全員で〔元町トンネル近くの鷺山の自宅から〕競馬場への長い道のりを進んでいった。〔…〕競馬場に着いて私たちはすっかり安心した。〔…〕私はパンを食べようとしたが、人びとが上がってきたので食べるのをあきらめた。また怖い思いもした。男たちが真っ暗なフィールドを横切ってやって来て私たちの顔を提灯の灯で照らし出した。地震後に刑務所から脱走した朝鮮人たちを捜していた。彼らは暴発を始めたと言われていた。もし私が他の何よりもまったく顧慮しないものがあるとしたら、それはリンチをおこなう群集だ。聞いた話だが、日本人たちは犠牲者を南北戦争時のアメリカ南部（the South）であったように縛り首にするかわりに、溺死させたり銃で撃ったりしたとのことだ。〔…〕

〔九月二日〕日曜日の午後、私たちの家の小道に若い男たちが上ってきて集まり、恐ろしかった。彼らは通り過ぎる時に、夜の街をパトロールしてまだ脱走中の朝鮮人囚人を捕まえるのだと言っていた。男たちは刀やピストル、鉄の棒などを持っていて、各自腕に赤いバンドを巻いていた。朝鮮人と間違われないようにと考えてのことだと私は思った。夕暮れになると私たちは庭に大きな雨戸を敷き、その上にキルトを広げて、できるだけ快適に夜を過ごす準備をした。私はその日、他の人たちが持たないような密かな恐怖を味わった。それはある男が私の家の庭で他の男につぎのようにしゃべっていたのを聞いたからだ。「ところで朝鮮人に金を与えて放火させたのはアメリカ人たちだぜ。カリフォルニア問題をこれ一回きりで清算させるために」。もちろん私は彼らに近づき、それがいかにばかげたことか、そして彼らは間もなくアメリカ赤十字社が真っ先に救援班を寄越し、同じ船で多くの物資を送るようすを目にするだろうと言ってやった。もちろん彼らはとても困惑していたが、しかしその夜、私の心はまったく穏やかでなかった。〔…〕夜中、私たちの家の下の方を通る市電の線路で叫び声や銃声が聞こえた。〔…〕とにかくその晩は前日よりもまったく平穏ではなかった。(九月七日付、神戸からアメリカ本国のミッション・ボード宛に書かれたと推定される手紙)

(『横浜開港資料館紀要』第三二号 二〇一四年、「米国人女性宣教師たちが残した関東大震災の記録」)

⑲金泰仁(虐殺を免れた朝鮮人。当時二三歳)
「助けてくれと言いたくとも…」

横浜市南区中村町の朝鮮人、金泰仁さん(七三)は、大震災当時二十三歳。朝鮮から日本へ来て一年そこそこだった。当日は中村町の自宅から近くの船会社へ働きに行き、そこで地震に遭った。すぐに自宅へ帰ったが中村町、八幡橋周辺は火の海で、中村川には多くの人が飛び込んでいた。夕刻になって「朝鮮人を殺せ」と騒ぎ出し、警防団の人たちに川に放り込まれ、屋根ガワラで殴られ、井戸の中へ落されたりする朝鮮人が各地で見られた。金さんは警防団長と知り合いのため助けられたが、知人の三人兄弟のうち二人は川へ投げられたという。「もうひどいもので、助けてくれと言いたくとも朝鮮語を話せない状況だった。思い出すだけでもぞっとする」と当時のせい惨なもようを話している。

(神奈川新聞一九七三年八月二四日)

⑳石原ヒサ(寿小五年)
「丸たん棒をもって追いかけ、ぶって殺した」

〔一日〕だんだん暗くなってきて晩になった。私は焼けている方を見ていた。するとそばにいた人々が、朝鮮人がまだ焼けていない家へ石油をかけて火を着けて居ると言って話をして居た。後の方では朝鮮人が人を殺ろしたりあばれたりしていると言って話しているうちに、朝鮮人が来からお集つまりなさいと言っているので、おっかなくて身がぶるぶるふるえていた。真暗でただざわいで居るのであった。〔…二日の朝〕〔…〕丁度其の時、朝鮮人が逃て来て、後ろから丸たん棒や色々な物を持って追っかけて来て其の朝鮮人をぶっていた。其の中の一人の朝鮮人は死でしまった。後の一人は頭の真中から血が流れて来た。少したって姉さんはおむすびを持って帰って来た。

㉑木川マツ（寿小高等科一年）

「兵隊は朝鮮人が乱暴するから来たのだといった」

石川の方で、がやがやものさわぎの声がする。なんだろう。兵隊「朝鮮人が、乱暴するから来たのだ」といった。「あ朝鮮が、あばれるのだ」「こわいね」船に寝ていた子供は、起きてしまった。「子供が大ぜいいるね」と言って、軍用パンを沢山下れた。兵隊は、通り過ぎてしまった。ずどんずとんずどんと、鉄砲の音。わあわあと、鮮人のさわぎ声。「あ、こわい」まだ地震は続けさまによっている。妹は寝てしまった。耳にひびくのは、鉄砲の音。人は通らず。ばんざいばんざいばんざいとの声。「あ、かったのだうれしい」〔…〕三日の朝〔…〕焼けた「トタンデ」家を元の所へ建てた。〔…〕夕方になって来た。松影町には、五、六軒しか建っていない。朝鮮人が、隊を組んで来たと、人人は、叫んでいる。「お父さん、朝鮮人が来てよ」と、妹が言うと、「こわくないよ、お父さんや、おじさんがいるから」と笑いながら、言った。その中に、おじさん達は、いつの間にか、どっかへ行ってしまった。子どものさわぎは、すずめの鳴くように、うるさかった。「どうしたのだろうか。朝鮮人が、来たら、どうしようか」その時に、大きな、刀を持って帰って、来た。子供は、皆自分のお父さんの所へいって、離れない。隣のおじさんは、やすりを沢山出した。「これで朝鮮人を殺すのだよ」〔…〕「そうら、朝鮮人が、来た、よーいしろ」と声が聞(ママ)おじさんや、お父さん達は、私達に、「いいか泣くな」と、やすりを、六十本位ずつ位くれた。それを袖に入れて、用意していた。家の近所では角の竹間さんと大川の材木屋でのあいずを定めた。大川で、「い」といったら家で「ろ」と答えろと、竹間で「は」と言うように定めた。もしも竹間さんの方から来たら、今の反対に、言うようにした。〔…〕車を倒して、置いたり、電信柱を置いたりした。そこへ、なんだか人の足音がするというので、皆で、耳を音のする方へとかたむけた。たしかに人だと父がいうので、用意している。「だれだだれだ」と大きな声で言った。「己れだ」と太い声がしたので、手を引いて、マッチで見ると、其れは、三町目の魚屋のおじさんであった。「あぶない所で」この晩はねないで夜を明かした。

㉒田中はつえ（**寿小高等科一年**）

「**なわでゆわいた朝鮮人を万歳万歳といいながら山の方へつれていった**」

〔二日〕その時「朝鮮人がつけびをしたから、きをつけて下さい」といってきた人がありました。〔…〕戸板の上に「ふとん」をひいて、すわりっきりですごしました。さあ其の夜はたいへんです。「そらそっちに朝鮮人がにげた」「そら「藪」の中にかくれた」やつけろという声とともに、「やああい」という声。もう、こわくてなりません。もし此の所にこやしないと思うといてもたってもいられません。その時です。「ああ、あすこへにげた、早くやつけろ」という声とともに山にいた人達は手に鉄の棒を持って下へおりてきました。「あらあすこで皆んなにぶたれているわ、こわいわ、かわいそうだわといって」小さくなっておりました。その内に皆んなで朝鮮人を「なわでいわき、万歳万歳といいながら山の方へつれてゆきました。そうして暗はこわい思いばかりしておりました。

㉓加藤フク（**寿小高等科一年**）

「**朝鮮人がピストルをもって十五人きた**」

その夜中頃、地破だ――火事だという声がおこった。その内、朝鮮人がぴすとるをもって十五人ばかりきたという事だった。その夜はだれもねず、火をどんどんもしてばんをしていた。とうとう朝鮮人はこなかった。そのあした朝鮮人がころされているというので、私は行ちゃんと二人で見にいった。すると道のわきに二人ころされていた。こわいものみたさにそばによって見た。すると頭ははれて血みどりになって、しゃつは血でそまっていた。皆んなはたけの棒で頭をつっついて「にくらしいやつだ、こいつがゆうべあばれたやつだ」とさもにくにくしげにつばきをひきかけていってしまった。私もきびがわるいので、そこをたって原の下のほうへいった。すると、大ぜいの男の人が赤い旗を竹のさきにつけ、てんでに棒や竹やりをもって山の方へいってしまった。

㉔石川小高等科二年女子

〔家、二日〕明方である、巡査が来て、今、桜町方面へ十五、六人の鮮人が松明を付けて残家を焼尽すと言って押奇せたから用心せよ、と言って走った。〔…〕夜は明けた。先ず一安心する間もなく、相沢の方からときの声を揚げて来たから、其れ逃げろと私達は逃げた。〔…〕以外にも以外、其れは鮮人でなく日本人の強はく者である。

㉕南吉田小四年女子

山を、おりて、相沢のやきばに、にげますと、おいらんさんがたくさんいました。青木さんがたくさんおむすびを二つずつくれましたが、その晩、朝鮮人が四五十人来また。みんなは、かおいろをかえている。つかまったというと、こっちではころしてしまえとひっていますが、よあけになりました。

㉖伊東一郎（寿小）

「木にゆわかれのこぎりで切られてしまいました」

〔家地震で倒壊。第三南寺田小学校運動場〕　そしてしばらく居ると巡査が五、六人来て石油倉に火が入るというので舟に乗って向岸まで行っで火にあおられながら山の上までいきました。すると石油倉に火が入り、はれつをしはじめました。するとまだ第三学校にいる物はみな煙にまかれてて、ばたばた掛れてしまいました。そしていよいよ夜になりました。すると朝鮮人が三百人来るとか三千人来るとかいって大さわぎになりました。そして？〔午後〕七時頃川の中を歩るいて居ると朝鮮人が立木にゆわかれ竹槍で腹をぶつぶつさられのこぎりで切られてしまいました。そして其のあくる日からは、かんごくのざい人が来て朝鮮人をふせいでくれました。

㉗石神正雄（寿小）

「僕のやしきのうらに鮮人が二人殺されていた」

〔西有寺のうらの山〕二日の日の夕ぐれに雨が吹り出した。其の日の前夜、鮮人さわぎとなった。僕のやしきのうらに鮮人が二人殺されていた。夜が明けてから僕と母二人でやけあとへ来て見ると市内はやけ野原であった。〔…〕〔姉が行方不明で〕ようようと八日目にわかった。しっていいたた人もしらない人も、ともになみだをだしよろこびました。それより京浜間は鮮人さわぎとなって、けいごをはげんたのであった。うらみぞふかき九月一日午前十一時五十八すぎをわすれないのである。

㉘森信治（寿小）

「朝鮮人をころして万歳万歳とさけんでいる」

僕はねえさんと弟といもうとをつれて、山ににげたがだんだん日がくれて、米をはないためお中がすいてきたが、たべるものがないから　そこにあったとんもろこしをおり、それをなまでたべていたが、夜になると　あちちらでもこちらでも朝鮮さわぎとなってきたから、僕が竹やりをもってまありをかこっていると、むこうでは朝鮮人をころして万歳万歳とさけんでいる。そおするとと又むこおで朝鮮人が行たぞと云うと「ずどん」と一ぱつんったから、僕はおどろいて一正けんめい又まありをまもっていると、すぐまいに朝鮮人がいたと云うを、みんなは「はあー」とさけんでたちまち朝鮮人をやすけ、僕は人あんしん。遠をみるとまたどんどんもえているが、まもなくけい〔消え〕た。

㉙斉藤進（寿小五年）

「鮮人の頭だけがころがって居る」

〔夜は野宿。焼あと見物。橋は落ちてわたれない。川には人が火ぶくれになって死んでいる」それから夜は又朝鮮人のさわぎなので驚ろきました。私たちは三尺余りの棒を持って其の先にくぎをつけて居ました。それから方方へ行って見ますと鮮人の頭だけがころがって居ました。わすれたが、あのだいろくの原と云う所は二百人に死んでいたと云うことであった。思えば恐ろしき大震火災であった。

㉚中丸ハル（寿小高等科一年）
「朝鮮人が屋敷に火をつけた」

〔二日目の朝。山→相沢の親戚の家〕その中に、朝鮮人が屋敷に火をつけたとか、下町にいて火をつけたとかいううわさがたった。けれども、そのうわさのたつかたたない中に、鮮人は四、五人つかまってきていた。それを見ていると、ぐらぐらっとゆれてきた。「地震だっ」と人々がさわいでいる中に地震はやんだ。少したって私たちは北方へ避難することにした。私は妹や弟と一所に棒をもって北方へ行った。弟は道々「朝鮮人なんかこわがるやつあるもんか、あんなやつきやがったらこの棒でしっぱたいてやら」と棒をふりまわしてえばっていた。兄さんはわらいながら、「松雄なにいってるんだい、もし鮮人がきたら、おまえなんか一番さきに、にげだすくせに」といっているそばから、うわぁーとゆう声がした。なにごとだろうとおもって、兄さんがきいて見ると「今、鮮人が四人にげたのですよ、ここをとおるなら、私たちが一所にいってあげましょう」といった。そして二、三人あとからきた。私はそれでもこわくて、ぶるぶるふるえていた。すこし行くと北方の通りへでた。その時私はきゅうにうれしくなった。「春ちゃん、北方の家も、もうすぐだねぇ」と弟はいった。「そうよ」とゆうと弟は、又「さっき朝鮮人が四人にげたっていっただろう。あんときぶるぶるふるえちゃった」とくる道にえばりちらしたこともわすれていった。「けちだよう、自分なんか北方へくる道、さんざんに鮮人なんかこわくないこわくないと一人でえばりちらしたくせに」というと弟はわらいながら、さっさといってしまった。〔…〕すこしたつと日はくれた。「燈をけせ燈をけせ」とどなってあるく人がある。その人がいきすぎると「鮮人がとびこむといけないから燈をけせっ」と又もどなってあるく人がある。その時、向の山でラッパの音がきこえた。それがやむと、けたたましいピストルをうつ音がきこえた。すこしたつとピストルをうつ音もやんだ。そしてただ夜警をする人がもているたきびの火が時々はちはちという音をたててるばかりでした。すこしたつとがやがやと話声がきこえて家の前をとうる人がある。私は鮮人だとおもい綿のそばへかたく小さくなっていた。

㉛田辺しん（寿小高等科二年）
『お前は朝鮮だろう』とゴルフの道具でうつ」

「未だもえて居る所もあるよ、学校も焼けてしまったよ」といろいろ下町の様子を話して来れた。ああ母校も焼けたのか、御真影は出す事が出来たのかしら、先生方はどうしたかしらと私は思った。昼頃になるともう朝鮮人が襲来して来たと早くも人々の口から言い伝られた。又一つ新に不安な念がわいて来た。父が丁度本牧の親類へ行った後なので私は心配した。鮮人さわぎは益々はげしくなった。山と川との合言葉を云ったり、日本刀を抜き身に、なたやぐりなどを持たりして人々の気の心は殺気立った。見るのも凄いようだ。昨夜鮮人と在郷軍人と間違って殺したと云う事や、北方の方へ付火をしたと云う事がつたわった。丁度その時、上の山で「誰か早く来て下さい。鮮人が三人居ますよ、応援応援」という若い男女の人の声がした。殺気立って居る人々は我がちに声のするほうへ向って行った。すぐその後から「井戸を警固してくださ い。井戸を警固してください」と云う声もした。私はずい分おどかされた。其の時また一つの事件が持上った。其は競馬の方から一人の男の人がお米をかついで下町の方へ行くのが丁度私達の居る前を通りかかった時、後から「待て待て」と云う声がした。其の人がふりむくと「お前は朝鮮だろう」と云って身がまえをした。其の人は「私は日本人ですよ」と云った。「何、嘘を云うな」と云いつつ其の人の頭をゴルプの道具でうってかかった。其の人の頭からはだくだくと生々しい血が流れ出た。其の人は「いたい」と云ってどんどん逃げていった。私の目の前でこの惨劇が行われたのでびっくりした。小さい小供はなき立した。私の目で見るとさっきの人はたしかに日本人に相違なかった。〔…〕〔三日〕鮮人さわぎは益々はげしくなる。白いしるしや赤いしるしをつけるようになった。私は外へ出ている父や兄の身が心配になった。もし間違えて殺されはしまいかと〔…〕又私達が朝鮮人が恐いと云えば「もし鮮人が来たら小父さんがぶった切ってやる」と云って慰めて来れる。

㉜石川小高等科二年女子

〔一日〕十二時も早過ぎて、四時となった。すると朝鮮人さわぎに驚いて寝床の上に座ているると、朝鮮人がピストルでころしに来ると言うので、おおさわぎとなって、竹やりをこさえて、うでには赤い小切をまいて、とてもすごい有様でありまます。お父さんは刀をぬいて座ていたが、朝鮮人が西洋官の窓から見ているとか、そこ此で声がするのであった。明方になると朝鮮人さわぎがなくなって、朝鮮人がつかまって来るのを見に行くもので、広い通りも今は一ぱいになっているのであった。

㉝白井チヨ（寿小高等科一年）

「朝鮮人をぶちころせ」

たいへんだ朝鮮人が来た。さあ男はみなぼをを持ち、朝鮮人をぶちころせとだれかが大きな声でいた。男は一人一人手に手にぼをを持ち、さあこいとばかりに身がまえをしてまっていた。兄さんも健ちゃんも、みんなの仲間にはいっていた。そらやれ、「この家のうしろに一人いるから、はさみうちにしてやれ、今に火をつけられればたいへんだと大ぜいでいった」「一同は、ああい」と大ごえをはり上げ家のうしろへいった。女はびくびく――ねるにもねていられなかった。〔…〕男は早く出てこい、寺へ鮮人がやって来た　星川の為にはたらくといふ男こは早く出てこい、くる時、なんでもいいから持ってきな、じゃんじゃんじゃんと、まるでせんごく時代のよおに、かねなどをたたいて竹やぶの前をとおりすぎた。お父さんもおじさんも兄さんもけんちゃんも、てんてんに手に手に色々の物を持ち、寺下に集った。

㉞杉浦ヨシ（寿小高等科一年）

「朝鮮人が来たらこれで突殺してしまえ」

〔相沢の西遊寺〕日はとっぷりと暮れてしまいました。間もなく「朝鮮人が来るから、気を付けて下さい」と青年団の人が言って回りました。「あら朝鮮人が何をするのでしょう」と思っている内に、「朝鮮人が悪い事をするのです」とそばにいた人が言いました。そばにいた人は、てんでに竹創をこしらえて、「朝鮮人が来たらこれで突殺してしまえ」などと大さわぎをしています。其の夜はさほどこわいと、思いませんでしたから、しばらくうとうととねむりました。〔…〕〔二日、馬見場近くの畑でとうもろこしをとる〕あたりがだんだん暗くなって行きました。又も朝鮮人さわぎでした。其の日は随分ころされた人があるとの、風聞でした。私はこわくてこわくてたまりません。

㉟清家喜美子（寿小高等科一年）

「ピストルの音の恐ろしさに身ぶるい」

〔鮮人さわぎ〕夜の恐ろしさは一通りでなかった。とたんの囲いの中に私達は入って少さくなっていた。男の人は皆寝ないでおきて、鮮人がくるといけないといって竹槍を持って番をしていた。「わー」という喊の声、それにひきつづいてピストルの音、其の恐ろしさに思わず見ぶるいした。〔小見出し「三日目の朝」〕夜明方ラッパの音がした時はほんとうに嬉しかった。皆は今、兵隊が保土ヶ谷についたのだといった。今日も又、飛行機は飛んでいた。

㊱南吉田小四年男子

「五人つかまり二人ころされ三人電柱にしばる」

〔九月一日夜〕私はいなり山へにげた。山に上って、おなかがすいたので、おとうさんがお菓子をもって来てくれました。暗くなると、朝鮮人が五人つかまった。二人はころされましたが、他の三人は電しばしらにいわいつけてあった。

㊲石川小高等科二年女子

「朝鮮人と見たら殺してもよい」

〔家の裏の山、二日〕今晩は、と、ぬきみを下げた男の人が来て、朝鮮人が襲来して来たから、朝鮮人と見たら殺してもよい、外出するには一切ぶ器を持って歩きなさいと、ほうぼう言って歩く。恐い思いをして、又恐い目に合わなければ良がと思って身慄いをした。六時頃、向う山で女の人が、皆さん、早く来てくださいよう、朝鮮人が此ちへ逃げて来て此々の西洋館に入って居から、早く、早くと手まねきをした。銃の音であろう、ズドン、ズドンとなった。半潰の西洋館へ皆んなはどんどん入って居って、朝鮮人を表へつき出して、棒でぶつ者や丸太でぶって居る。すると其の朝鮮人は頭をおさえて、あいたいよ、いたいよ、御免よ、御免よ、と逃げまわって居る。其の鮮人は、すぐ警察につれて行かれたのであろう。又もや三日の夜は来た。〔四日〕夜明がた三時頃である。今日本の軍隊が本牧の港へ軍艦で来たから、も三十分ぐらいに喇叭を吹いて来るから皆んな万歳をいって下さいと、誰かが言って歩いて居た。約三十分ぐらいたったのか、喇叭の音いさましく吹いて来た。私はむちゅうに飛び起きて、表に出て兵隊さんが来たようと大声でどなった。〔…〕明朝、家をかたづけて入った辻々に、兵隊さんは立つようになったので、私達は皆んなは安らかに眠る事が出来るようになった。横浜市に憲兵隊が永久に居るのだそうだ。我々臣民はなんと幸福の話ではないか。此れも一えに天皇陛下の情である。

㊳小野澤總一（寿小六年）

〔家がつぶれ、石川小の上の山→相澤〕〔一日〕そのうちに鮮人が来るというので男の人達は皆、棒を持って警衛する事になりましたので僕はすこし安心をしました。其の時、向うで鮮人が二、三人殺されました。それっきり鮮人も来なかったので安心をして寝ました。

㊴忽滑谷留光（寿小学年不明）

〔三日朝、立野〕お茶をもらっていると、青年団の人が来て、日本人はうでに赤いきれで印しをしておかないと朝鮮人と間ちがえられますといい、けんつき鉄砲を貸してくれました。其の夜、父は夜敬〔警〕に出て少しも寝られませんでした。四日の朝起きて山へやさいを取りに行って帰ってくると、勇ましいらっぱの音が聞えて来ますから、助けの兵たいが来たと思って喜こんできいて見ると、朝鮮人が来た合図でした。それですから安心は出来ませんでした。食料をとる時なぞは命がけでした。日を曽にしたがて安心で来る様になりました。

㊵山川ヤエ（磯子小五年）

「橋の下の方に朝鮮人がしんでいる」

二日になると朝鮮人におわれていました。近所の人々はみな、やりをもったり刀を持ったりして朝鮮人のくるのをまっていました。小さな子は朝鮮人がくるといって泣くやら大さわぎでした。人の話をきくと、もう朝鮮人がひとりおさまってころされようとしているとゆうことをききました。私はぞくってしましたが、すこしたつと又幾人おさったとゆう人の声に私はそのたびにぞくぞくとしてきましたが、今になったらばちがよいと思います。私は近所のお友だちと、とうりの方にいきましたら、やけだされの人々がどろだらけな真黒な着物をきて、はだしですこしばかりの荷物をもっている人がおおくありました。ほうぼうの家でいろいろな物をたべさせてもたべさせていました。中には足をしきずりながらあるいている人もあれば、てを血だらけにしている人もを手ぬぐいてしばっていたいたそうにしている人もありました。私は橋の下の方に朝鮮人がしんでいる所を見ました。頭がなくているのを見ました。

㊶菅渓イサ（磯子小五年）

二日ころになるとちょうせんじんがにげたので、みんなおとなのしとはてつのぼうをもって、ちょせんせいばつにいきました。それから、かんごつのかんしたちは、みんなですとでったり、てつのぼうでころしたり、それからそのころしたちうせんを、かんごくまいのうみへながしました。それから三日のしになったら、しやくしょがつくったせんざいをとってなまでたべているところは、まるでせんそうでもしたようなあげくありました。

㊷堤マサ（磯子小五年）

二日の日になると今度鮮人がきたので私たちは地震でたすかったのに又鮮人に殺されるのはくやしいので、うちのうらの工場へにげてゆきました。それに、ちいさい子たちがないているので私はよけい恐くなりました。そしてねむくてもねつかれず、ただめばかりぴかりぴかりさせていました。〔…〕それから鮮人は殺されたりしました。私は鮮の死がいも我国の死人も一もみませんでした。それで地震からはあまり電車へのるのがいやで、又地震でもありそうで、おちおちのっていられませんでした。そして鮮人はあらから自分のすむ国へと帰ってしまいました。

㊸鈴木秀雄（磯子小六年）

〔二日〕其ノ日ハトップリト暮タ。十時頃ニナルト突然朝鮮人ガオソウテ来ルトノ事。僕ハソバニアッタ木刀ニ手ヲカケテカマエタガ、ナントナクコワイ、胸ハドウキヲ打ツ。ソノウチニ火ハ鉄道ノソバマデモエテ来タ。モウ生テル様ナカンジハシナイ。タダ僕等ハボウゼントシテ居タ。突然朝鮮人ガ日本人ニ追ワレテ、コチラヘ来タ。僕ハドウナルカト思ッテ居ルト、ヤニワニ日本人ガ出テ来テ朝鮮人を打チタオシタ。アッ――ト言マナク地上ニドットタオレタ様子。物スゴイキンチョウヲシテシテル日本人。僕ハ地震当地ヲ思イ出スト眼前ニ様子が浮〔以下欠〕

㊹行木智充（磯子小六年）

夕べ物モマンゾクニタベテイナカッタ。又モオソロシイ朝鮮人ノサワギ。世間一パン武器ヲツカイ朝鮮人トタタカイ、マルデ戦国時代ノヨウデアル、朝鮮人ノ死体マルデ石ガコロガッテイルヨウデアル。北ノ方ヲ見ルト綿ガトンデイルヨウデアル。

㊺細野勇蔵（磯子小高等科一年）

〔夜になると、陸船〔戦〕隊が上陸した〕〔二日〕夜も明けた。〔…〕やがての事、朝鮮人が暴行て居る、という事が盛んに聞えて来る。又焼け残りの家の中へ爆弾を投げこむと云う事も聞えて来る。だんだん日も登って昼頃になった。日本人は片腕に赤いきれをしばりつけ、日本刀、竹槍、鉄の棒等を持って、朝鮮人を防ぎにいった人々の話を聞いて、近所の人々は鳶等を持って警戒した。夕方になると、ピストルを放す音がおそろしい程に聞えて来る。僕の家の前の小山を見ると、日本人が朝鮮人を追いかけるのである。朝鮮人の逃げ行有様を見る。すると朝鮮人が火薬倉庫に火を付けた、と云う事を聞いて、僕と母とはあわてて裏の物置に入った。しばらくして、出て見ると、それはいつわりであった。夜になると、陸船〔戦〕隊が上陸した。そして野原の前を通った時、万歳万歳の声は天地も裂けんばかりであった。その時、僕は「これでそ大丈夫」と心の中で思った。陸船隊も通り過ぎた。それで人々は、ほっと安心した様子であった。然し猛火はまだ盛んに、天をこがして居た。

㊻石川小高等科二年女子

夜になって植木会社の中へ子供だけ寝るようにと言って、かやを吊って、ふとんを引いて呉れた。十時頃になると、男の人が「人が沢山集まって居る所へ朝鮮人がばくだんを落すから気をつけなさい」といって来た。私は心配で寝られなかった。〔…〕毎夜、父はおじとこうたいに夜けいへ出るので、少し安心して寝る事が出来る様になった。人が集まると、鮮人の話やら地震の話で持ちきっていた。

㊼石川小高等科二年女子

夜になるとその犬に裏を番させて、内の者はかわるがわる夜けいに出た。四日の晩、床につくと間も無く「朝鮮人だ、朝鮮人だ」と松山で多勢の人のどなる声がした。私は母の袖を堅くにぎって布団をかぶって居た。すると、どんどんと鉄砲をはなした。一同の者はぶるぶるとふるえ上った。そしてなおなお布団をかぶって意気がつまりそうでした。そんな晩が二日も続いて、昼間になれば居眠りばかりして居た。

㊽石川小高等科二年女子

〔二日、馬見所の方へ逃げ、井戸のある所に〕そこの家の前で戸板をかりて、そこで一晩、野じくした。すると、朝鮮人が火付けをするといって大さわぎをしているので、もうこわくて一晩寝ずに番をしていた。男の人は、鉄の棒を持ったり、刀を持ったりして番をしてくれている。皆は世のあけるのをまっていた。夜が少し明けかかると、そこの家の人はおむすびと梅干を一つずつくれた。皆お腹がすいているので、うまくてもまずくても無中で食べた。それからお礼をゆって相澤の方へと下りて来ると、交番の前に朝鮮人が電信柱へ針金でぎりぎりにゆわかれて、袢てんを着てる人に鉄の棒で頭をぶたれている。それから牛坂の方へと下りて来ると、どこが車橋やらけんとうが付かないので、しばらく考えていると、車橋が遠くの方に見えた。いそいでくると、まだ地面が焼けてほてって、まだもえている所もあった。それから船へ行くと、川にも焼けた人やころされた朝鮮人がぶくぶくあっちへ流れ、こっちへ流れ、其の度にくさくてくさくてしようがなかった。それから、のむ水がないので氷会社へ氷をひろいに行くと、男の人が通の真中へとひっくりかえって死んでいた。私は、それを見て、もうきびがわるくなってしまった。それから夕方になると、やっぱり二日の日も朝鮮人やなにかでろくに寝られなかった。あー、今迄の事をかんがえると、やがて子孫につたえる事であろう。

㊾南吉田小六年男子

こ屋のとことにはいて、いろいろのはなしをしていると、ちょせんじんがあばれてくるから、きよつけてくたないといったから、たけをつくて、なげやりみたいのをつくて、よちんをもていると、くらくらとしてきたかとおもうと、あちらでもこちらでも、はいはいといていいます。そして僕の内のしている人が、しょんは、ねづにいました。そして二日めのばぎょ学校にいるからこいといったから、いきました。そして、ゆく道にはあちこっちには、ちょせんじんが川にやら道にやら、ころがていました。

㊿南吉田小六年女子

もう一つむこうのやまのほうで、馬賊くがきたからようじんしろといったので、私はびくびくしながら一夜をあかした。磯子の内内へいったら磯子の内も後に山があるから、たえ内をこさいて、みんなではいっていると、ぜんまこうばのまいのねえさんは、こっちへかけてくるから、どうしたんだというと、朝鮮人があばれてきて、おっかないから、いまきたのだといっていると、かあしりのおばさんがきたのでとめていると、震災はゆりどうしだったから〔…〕

�51南吉田小六年女子

一日の夜、朝鮮人さわぎでした。地震にたすかった私は、朝鮮人にまけてはならないとおもった。夜、家の人は原ににんどって手に手に皆竹をもつている。私の家では、ねようとおもっても、ねつかれません。おばさんは、お母さんと小供とすやすやとねてしまった。すると春ちゃんは、つかれてうものはむじゃきなものだとはなしていると、人々のさわぐこえがした。すると朝鮮人がてっぽうをうつを音がしました。私たちは、はやく夜があければいいとおもっていた。だんだんしずかになってきたので、戸のすきまからおもてをみると夜があけてきた。まもなく兄さんがかえってきた。私はよく朝、原へきて見ると、朝鮮人が二、三人ころされていた。

�52長谷川初枝（フェリス女学院本科五年）

〔一日夜、根岸競馬場そばの父の友だちの家で〕夜の八時頃大勢で地面の上につかれたからだを横に致しました。小さな小供や年を取った者は家の中へねかせて頂きました。そして大勢が地震の事に就いて話をしておりますと、一人の男の人が右手に棒を持ってまいりまして「今此の山へ朝鮮人が石油をかけて山を焼いてしまうと云ってるそうだから皆用心する様に」と言うて去ってしまいました。始め私共はそれを半分うたがって聞いておりましたが、何だかこわくなってまいりました。そして皆ふとい棒を一本ずつ持って番をしておりましたが、その夜は何事も有りませんでした。

（『フェリス』）

�53田部井清子（フェリス女学院本科五年）

〔山の上にある植木会社の庭に避難〕こうしてやっと災禍の苦しみから逃がれる事が出来たと思う間もなく、鮮人騒ぎの為に恐怖に満ちた日夜を送りました。私が受けた其の苦しみと恐怖とは世間の人々が皆受けたところの苦しみと恐怖とでありました。私はあの苦しみと恐怖と、そしてあのみじめさを忘れる事が出来ましょうか。どうしても永遠に忘れる事は出来ません。

（『フェリス』）

�54石原清子（フェリス女学院英語専修科三年）

〔二日、蒔田の伯父の家で〕やっとの思いで伯父の家に付き、ほっと安堵の胸をなでおろす間もなく、朝鮮人の襲来！と云う報を聞いては、じっとしてはいられませんでした。之な事なら地震で死んだ方がよほどよいと想いました。亦ひどい動揺がきたので、私達は夢中で外に飛び出しました。そこに小屋を作って私達は三日三晩外に夢をむさぼりました。その間でも地震と朝鮮人騒ぎで生きた心地はしませんでした。

（『フェリス』）

（3） 本牧町、根岸加曽海岸方面

①養老静江（医師。当時、東京帝国大学医学部小児科研究生）「逃げる男の脳天目がけてツルハシを力いっぱい打ちおろした」

東京帝大小児科医局時代に発生した、忘れることのできない惨事が関東大震災です。

大正十二年九月一日月曜日〔正しくは土曜日〕私は、横浜本牧の海辺で友達が経営している小さな旅館に土曜日〔木曜日〕から滞在していました。宿は小高い丘の上にあって、眼下には東京湾が広がっていました。日曜日〔金曜日〕の夜、帰りそびれて、もう一晩泊まってしまいました。翌朝、いつになく寝苦しく、早く目覚めて起床すると、いつも眩しく輝いている朝日は雲間から異様な光を放ち、湿気の多い風がむし暑く吹いていました。

「一浴びしてくるわ」と友人に声をかけ、水着に着替え、坂を降りて海に飛び込みました。海水は生ぬるく、朝にしては少し濁っていましたが波は静かでした。風呂でべたついた身体を洗い流し、軽い朝食をすますと、夏ばてに備えて支那料理でも食べて帰るようにと、友人が南京街の萬珍楼に昼食を予約してくれました。

迎えの車を待つ正午近くのことでした。不安気な顔で廊下をバタバタ走って来た四歳の女の子を母親が膝に抱き上げたその瞬間、何とも言えない物凄い音と、家全体が土台から突き上げられる激しい揺れとともに、天井が頭上にせまって来る感覚にとらわれました。海に向かって家は横倒しになり、友人は子供を抱いたまま姿が見えなくなりました。〔…〕

そのうち顔や手を手拭で包帯した人達が様々な情報を持って避難してきました。「横浜市内は火事で大さわぎ。銀行、官庁などにかけ込んだ人たちは、煙にまかれている」という話に、私達は初めて空を見上げました。午後二時頃でした。煙は海側をのぞいて三方から立ちのぼり、静かな海辺には人の往来が増していきます。夕方も近づくと、火が赤く空に映え灰が降ってきます。

この時、私は生まれて初めて無惨な殺人を目撃しました。十人程の男性の集団が海辺に出てきました。追いつめられた男は遠浅の海にかけ込みました。追手は手に手に武器を持っています。一番先に追いついた男は長いツルハシを振り上げると、逃げる男の脳天目がけて力いっぱい打ちおろしました。血が噴水のように飛び散ったあとは、寄ってたかってメッタ打ち。海水を真赤に染めて男は沈んでゆきました。彼等は「朝鮮人が暴動を起こして井戸に毒を入れまわっている」と、言う風聞

に踊らされて殺人を犯したのを後で知りました。〔…〕

明けて九月二日、私は勤務先の大学病院が心配になり、横浜市内がどうなっているにしろ歩いてでも帰ろうと決心しました。頭巾をしっかり結び、麻裏ぞうりを足に固く紐でくくりつけました。友人が、「もう一日様子をみたら」と心配しながらも、おにぎりをたくさん包み水筒を準備してくれました。出発したのは午前十時過ぎでした。〔…〕

品川に着く頃にはすれ違う人も多くなり、荷物を背負った負傷者、這うように歩く人、かけ足の人。その眼は一様に血走っています。流言が広まり、手に武器を持っている者や集団で走り廻る群も見えます。〔…〕

痛む足と疲れた身に鞭打って、暗い夜道をやっと病院にたどり着いたのは夜の八時をまわっていました。帝大病院は何の変化もありませんでした。「死んだと思ったわ」という同僚に、目の当たりにした惨状のショックと二日間の疲労、そしてやっと帰りついた安堵感とで、口もきけずベッドに横になるなり深い眠りに身をゆだねました。

翌日から、私は単衣に細帯という軽装で救援班のマイクロバスに乗り込み負傷者の救済に加わりました。〔…〕

たくさんの人が折り重なって命をおとした被服廠跡も通りました。火炎の竜巻に吹き上げられた者、母の屍の上に生き残った幼児もいます。上野松坂屋では店内に閉じ込められた数千の人が悲惨な死をとげました。知人の一人は朝鮮人と間違えられて殺されました。

（養老静江『ひとりでは生きられない　紫のつゆ草——ある女医の九五年』かまくら春秋社、二〇〇四年）

②小野房子（横浜地方裁判所検事小野廉平の未亡人、本牧在住）

「もの言って返事しないものは鮮人とみなして殺してもよいとの達しがあった」

九月二日

夜に入りて土地の青年団のもの「鮮人が三百名ほど火つけに本牧へやって来たそうだからもの言って返事しないものは鮮人とみなして殺してもよいとの達しがあった、皆んな注意しろ」と叫びふれて来るあり。

漸く命拾いしとおもうまもなく、また火つけさわぎとはと涙さえ出ず。

またつづきてどなり声きこゆ「屈強の男はあつまれ、鮮人三名この避難地へまぎれ込んだからさがすんだ」〔…〕すぐ側にわっとさけぶ声す。大勢のたくましき漁夫は手に手に竹槍いずこにて見つけしか長刀などひっさげ何やらかこみて「そんなやつ殺せ」「ころすな他にまだ二人仲間があるから証人にしろ」などめいめい勝手なことをわめき居れり。遂に我等の前までおいつめ来り一度其時、「許して下さい。私は鮮人じゃありません」と泣き声きこゆ。

如何にしてのがれしか海水の方へにげ出しぬ。気のあらき漁師たちは「そら逃げた、やっつけろ」と、とびの如きものにてひっかけその男は遂に半死半生にていずこかに引かれて行きたり。

人一人殺さるるを目の前に見し私等の心は想像の及ぶべくもあらず。

後にてよく聞けば彼は日本人にして避難民の荷物に手をかけしためなりと。

（『横浜地方裁判所震災略記』横浜地方裁判所、一九三五年）

③齋藤竹松（横浜地方裁判所判事）

「本牧中学校庭が在郷軍人団の本部に」

九月三日　当時不逞鮮人襲来するとの噂ありて人心恟々として各自避難場所を警戒すと雖、団体して警戒するにあらざれば危険なりとて隣助相団結するに至れり。時に本牧中学は震災の厄を免れたるを以って鮮人は該校を目標として襲来するとか或は放火するとか種々の噂有り、若し此際に於て本牧中学校焼失せんか其付近の災厄を免れたる建造物は全部類焼を免れざる危険ありとし警戒は本牧中学を中心として自警団を組織すべしと協議し、該校庭を以て在郷軍人団及青年団の本部と定め、箕輪下青年集合して自警団を組織するに至り一面本牧中学校を警戒する小林勝なる者奔走するに至り同校内に救護部を設け無料治療を施す為め山口医師を嘱託して応急手当を為し重症患者は学校内に収容するに至り之が監督の為め同校内に避難するに至りたり。

（同前）

④吉澤以登（助産師。当時三八歳）

「鮮人が本牧の山に押しよせて来たという風説」

〔横浜市中区大和町の自宅兼産院が全壊〕八人の妊産婦さんと赤さんと母とを裏の芝生に寝かせまして、やっと落ちつくことが出来たのは〔九月一日〕夕方の五時ごろであったしょう。

そのうちに例の鮮人騒ぎで、焼けない場所に焼き払いに来るという話が伝って来ましたので三丁ほどある山までお産婦さんを戸板に載せて運ぶ騒ぎに時を消して夜も更け、さて夜中の三時頃になりますと、駒ケ谷方面から来ていられた妊婦さんが腹痛を訴えはじめられたのでありますが、勿論明りはなく、ましてや流言蜚語に立ち騒ぐ避難民の雑踏では、どう処置をつけることも出来ませんので、或る家の裏の小高い場所へ戸板を載せて空俵を敷き、その上に浴衣をかけて出産の用意をして、翌朝五時頃無事出産が済んだのでありますが、明くなって見ますと、小高いと思っておりましたのは、ある別邸の掃き溜めた芥の山で、無数の蟻がお産婦さんの身体の上をぞろぞろ匐っているのでありました。〔…〕当時は夜分助産に行きます途中度々誰何され、惜しい時間を割いて非常に困りました。〔…〕当時一番恐しく思いましたのは、十二日の晩、鮮人が本牧の山に押し押せて来たという風説がどこからともなく伝って来ましたので、山に逃れている者は木の影に、野に伏している者は草の中に、僅か五尺の身の隠し場所を求めて、今にも殺されてしまいそうな騒ぎの最中、流産で胎児が出ないから来てくれと云われました時は、流石にすぐは足も出ませんでしたが、遥か向うに、剣銃を持った憲兵が馬を馳せて行くのを見ますと、この暗闇にそれをせめてもの力添えにしたいものと、夢中になってその後を追うて目的地にまで達して、助産の用を果し、帰りは例の通り探り足で歩いて参りましたが、鬼気が身に迫るとでも申しましょうか、真の闇の中から、吹く風に送られて、死人の臭気が漂って来る凄惨さは、全く生きながらにして自ら味っていることとは思われませんでした。

（『産婆看護婦関東震災殉難記』関東震災殉難記刊行所、一九三〇年）

⑤林光子（フェリス女学院本科五年）

「鮮人が暴動を起して夜に三百名押しよせて来る」

〔九月二日夜、本牧で〕鮮人が暴動を起して、夜に三百名押しよせて来ると聞いた。人々は各々棍棒、竹槍を持って夜警することにした。眠ろうと思っても、気が立っていて容易に眠られない。ヒソヒソと囁く声等が強く耳に響く。何時ウトウトしたのか不意に起る鬨の声。続いてひびく銃声。さては近づいたのかと、思わず身震いして体を縮めた。息詰る様な心細い幾分かが過ぎた。しばらくして町の若い衆が、提灯片手に竹槍突いて入って来た時には、ホッとした。入り込んだ鮮人は僅二人で、その中一人を逃がしてしまったということを手短に語って、直ぐに暗闇の中に吸い込まれて行った。そして提灯の火がかすかに浮いていたが、それも消えて、あたりは再び元の暗黒、寂寞にかえった。何時不意にどこかから、ここへ忍び込むかも知れないと思っても、今更どうすることも出来ず、唯静にしてるより他なく、突然起る銃声或は犬の吠える声に驚いては目を見張り、耳を欹てるのみであった。

（『フェリス』）

⑥佐久間秋子（フェリス女学院本科六年）

「鮮人襲来により男子はみな棒又は刀を携帯すべし」

〔一日、本牧で〕人々はみな或は子供にはげまされながら、足袋はだしで少しばかりの荷物を背負い、或は泣き叫ぶ子を連れせかしながら、或は泣きながらどんどん三渓園の方に走って行った。もうそろ日も暮れかかって来たので、野原に布団と戸をかついで行き避難した。もう日はとっぷりくれた。空にはえんえんとして気味悪い悪魔のような煙がたちのぼり、下町方面はどんどん燃えひろがるばかりであった。本牧の火事はだんだん遠くにへだって行った。秋の虫は其処彼処に泣き一層さびしさと便り(ママ)なさを感じさせた。

その中に「鮮人襲来により男子はみな棒又は刀を携帯すべし」といふふれがあった。私は胸がドキドキしてやまなかった。母は「そんなに心配してもしょうがないから、又明日の事もあるからねろねろ」といわれたので、戸を引いて蒲団を引いてもらい、そこに横になった。しかし、色々の恐しさを想像し藪蚊にさされてねむる事ができなかった。〔…〕

〔二日〕その中に私共の避難してる原に鮮人の事で風聞がとても高かった。今誰々が北方の方へ用事があって行った所が、鷺山で鮮人があばれておっかけられてこっちの方向へ来たと、向うでは大騒ぎだと言った。又鮮人が舟に乗って来て本牧海岸をおそうの、今どこそこで何人殺されたの、又彼等は石油をもって居り、家屋や荷物に火をつけるの、井に毒薬をいれるのと騒ぎだした。〔…〕

五年の中島さんに会った。「秋ちゃん、海嘯〔津波〕が来るんですって。海の水がずいぶんましたんですって。どこへ逃げましょう、どこへ逃げましょう」と泣きそうな声をして叫んだ。私は其の時、ただ神様の御心のままにと思った。〔…〕

海嘯は来なかった。而し鮮人の事を考え、いてもたってもいられなかった。その中に夜は又訪れた。〔…〕

原にいた人は鮮人を防ぐ為に見まわりに歩きはじめた。昨日に変る今日はなんてみじめな生活であろう。時々、山の方で「それいたあー、それいたあー」と大声で叫んだ。そして捕える為に人を呼び集めるのに口笛を吹いた。その度に身は冷え水を頭から降りかけられるような気がした。

（『フェリス』）

⑦林喜代子（フェリス女学院本科六年）

「山の方からは兵隊さん達の山狩の鉄砲の音がきこえ出し」

〔二日夜、本牧で〕その内に男の人達はみな赤い布でしるしをつけて集って居りました。そして電車通りには焚火を致しました。私は母につかまりまして小さくなって居りました。そして心の中はまだ見た事もない先きの事ばかり想像されて、そして今まで鮮人のおそろしい噂を聞いて居りましたので、わからない先きの事ばかりが目に見えて来て仕方がありませんでした。併しその時兵士の一隊が小港から上陸という知らせが遠くから聞えて来ました時には、急に暗に燈火を得たかの様に嬉しく、誰始めるとなくおもわず一声に万歳という声が起りました。その内に兵士達が並んで進軍ラッパに合せてこちらへだんだん近づいて来るのが見えました。私は嬉しいやら又その人達が重い使命を持って来られた事を思いまして、お気の毒でもあり、お可愛そうでもある様な気がしまして、喜びの涙か又感激の涙かわからず涙がほほを伝ってくるのをおぼえました。その間に雨が大層降って来ましたので、つぶれませんでしたすぐそばの知人の家に入れて頂きました。そしてサーチライトは家の中へきみのわるいほど光りを投げ込みめぐり照しました。

山の方からは兵隊さん達の山狩の鉄砲の音がきこえ出し、又「提灯を消せ――」又「提灯をつけろ――」という、警護してる一組から一組へ次から次へと、どなって知らせる声が、こだまにかえす様にすごくきこえました。そして今に鮮人が来るか来るかとおそろしい夜を母に抱きついて過しました。

（『フェリス』）

⑧擣木多津（フェリス女学院英語専修科三年）

「ピストルの音が二度なった」

〔一日夜、石川仲町で〕その夜も大分更けた頃である。突然むこうで「朝鮮人の一隊が北方で乱暴をして漸次こちらに来るそうですから、男の方はみな警戒して下さい」という声が聞えた。どうしてこんなおそろしい事ばかり、つづいておこるのだろうと思わずため息をついたとたん、暗の中でピストルの音が二度なった。小さい妹はこわがって泣き出す。私はそれをなだめながらもつづいておころうとしている恐しい事を予期し覚悟して、じっとくらやみの中にうずくまっていた。その夜の長かった事、夜はいつまでもあけない様に思われた。

（『フェリス』）

⑨山下多美子（フェリス女学院本科五年）

「朝鮮人が石油を撒き火をつけて歩くから警戒しているのです」

〔一日夜、本牧で〕多くの人の足音に驚ろいて起き上った。それは青年団の人達だった。何んですかと問うたら、「朝鮮人が石油を撒き火をつけて歩くから警戒しているのです」と云った。それは何んと恐ろしい言葉だったろう。そう思うと何んだか石油の臭がして来た。今にも自分のいる近くから燃えるのではないかと不安でならなかった。

（『フェリス』）

⑩前田普羅（俳人。当時、報知新聞社横浜支局記者）

「××人が日本人を殺しに来る」

〔九月一日夜、避難した本牧町泉谷戸の自宅近くの森で〕一人の男が薄暗い森林を上って来た。提灯がアワテテ灯されると、その男は、提灯を消して下さい、××人が日本人を殺しに来るから。と、底力ある声で怒鳴った。

男の方は全部寝ずに警戒に当って下さい。と付け加えてすぐ森林を出て行った。女子供は呼吸も止る程に恐れた。然しなお半信半疑で、男は休息し、女達は露除けの下に幼き者たちの寝床を作った。睦子も明子も小さい蚊帳を釣って静かに寝入った。

〔…〕再び先のおとこが森林に入って来て、××人は地震の最中、石油を壜に入れて方々に投げ込んで放火したので、今箕輪下停留場で三人殺されました。何時其の返報に来るかも知れないから御用心なさいまし。と云いまた森林を出て行った。提灯を消し、蚊燻しとあって生枝が釜の下に投ぜられた。

子供達は××人が来ると恐れながらモウ深い眠りに落ちて居る。〔…〕森林の入口に子供の泣声がして、八百屋の主人が左に提灯右に竹槍を持ち、十五六才位の泣きぬいて居る男の子を連れて入って来た。子供は××人が来ると聞いたら無闇に泣き出すので今夜此処へ置いて呉れと云うのである。

（『ホトトギス』一九二四年二月号、「ツルボ咲く頃」）

⑪黄礼祥（在日中国人二世。当時一二歳）

「本牧に軍隊が来た」

震災からね、三日目か二日目にね、軍隊が来たんだよ。みんな着剣しているんだよ、ゲートルやって。あんとき夏だったけどね。あんとき日本の軍隊はすごいからね。だから朝鮮人騒ぎ、ね。朝鮮人が反乱を起こしたぞって、鉄砲持ってね。あの山から〔本牧の〕十二天へ、電車道の前に和田山があるんですよ。あの山から下りてきて鉄砲を持ったりなんかして、攻撃してくるぞーって。それで井戸の中へ毒を入れたりなんかするって、町内でワイワイワイワイ騒いでおっかなかった、子どもながらもね。でもあとになって聞くとね、みんなホラなんだよ、ね。そんときは朝鮮がほら、植民地だった、日本の、ね。それで大杉栄という人……。あのとき山下町の中国のね、人、ずいぶんこっちの三渓園のほうにね、歩いて来た。そうすると日本の町内の連中がね、「山」「川」ってね、合図するんだ。で、答えられないと、こいつは朝鮮人とか、わけのわかんねぇ野郎だって、殺しちゃってもかまわないっていうね、あれがあったらしいんだ、組織が。あの時分からね。中には刀を持っているやつもいたしね。もうね、自衛だね。警察なんかね、震災のときダメ。みんなどこかへ行っちゃって、いやしない。それで兵隊がきたんだよ。

― 中国人が殺されたなんていう話聞きました？

殺されたね。話は聞いているけど、間違えられて。やっぱり答えができないんだ。言葉使いが悪いと、こいつ日本人じゃないってね、言われたんですよ。

（『横浜華僑の記憶』財団法人中華会館、二〇一〇年）

⑫氏名不詳（外国新聞通信員）

「本牧で六人の朝鮮人の頸を切断」

「ゼ、ノース、チャイナ、デーリ、ニュース」の通信員は此の蛮行の目撃者の一人であるが同人は横浜本牧町で手足を縛られた六人の鮮人を暴徒が引摺って行くのを見たり又暴徒の内の一人が刀を以て六人の朝鮮人の頸を切断するのを見た。其時周囲に立って居た日本人等は鈍刀の数撃に会って頸が一個ずつ地上に落ちるのを見て喜んで居たと云って居る。

（『現代史資料6　関東大震災と朝鮮人』みすず書房、一九六三年、「十八　人民による事件調査」の「八　日本国に於いて行われたる朝鮮人殺戮（原文英文）」）

⑬**レスリー・ヘルム**（**ドイツからの「お雇い外国人」のひ孫**）
「**あの連中は朝鮮人を探しているんですよ**」

本牧では、ママ・ルーと子供たちがいちじくの果樹園に敷いた布団の中で身を寄せ合いながら、提灯を手に通りを走り回る男たちを見ていた。あの連中は朝鮮人を探しているんですよ、と隣家の男が教えてくれた。「朝鮮人が井戸に毒を入れたんです」と男が言った。混乱の中で広がったデマにより、その後、数千人という朝鮮人が捕らえられ、暴行を受けたり殺されたりした。

（レスリー・ヘルム『横浜ヤンキー』明石書店、二〇一五年）

⑭**奥平俊蔵**（**関東戒厳神奈川方面警備隊司令官。陸軍少将**）
「**市民が朝鮮人を海中に投じて殺害**」

〔九月〕四日　午前六時膠州は港内に進入し軍隊〔歩兵第五十七連隊第二大隊〕は艀舟にて谷戸橋附近に上陸す。同所には海軍陸戦隊既に到着しあり。依て協議の為同行し県庁所在地に至る。此時市民数人一朝鮮人を縛し海軍陸戦隊に連来るを見て法務官をして取調しむ。後に聞けば法務官も一応取調べたるも別に不審とすべき処なきを以て一応海軍に置きたるに、市民は更に之を海軍より引取り谷戸橋下の海中に投じ数回引上げては又沈め遂に殺害せりと謂う。

（奥平俊蔵『不器用な自画像』柏書房、一九八三年）

⑮**張方佐**（**中国人留学生。東京高等工業学校紡織科在籍**）
「**二人の朝鮮人が虐殺されるのを見た**」

〔日時不明。新山下町の埋立地から本牧方面にかけての地点〕小生が見た朝鮮人の被害者二名は、殴られたり蹴られたりされ、五官からの出血がやまず、傍観者は悪態をついてけしかけ（彼はまちがいなく昨晩の放火や殺人を犯した者であり、直ちに死を見舞ってやるべきだと言っていました）、騒ぎ立てる者は槍の背でしこたま殴り、瀕死の状態になってようやく止めました。韓人は苦痛に耐えられず、逃げようとしたら槍の背でまたもしこたま殴られ、息が絶え絶えになっていました。韓人〔朝鮮人〕はもがきあがき、動き回った時に、また何度も刀で切られ、ついには死んでしまいました。殺された韓人の悲惨さはこのとおりです。しかし、同様の手段でわが同胞に危害が加えられた時の殺人は、鶏や鴨を惨殺するかのようでした。

（『専修史学』第六三号　専修大学歴史学会、二〇一七年、「関東大震災時の中国人虐殺資料を読む（三）」）

（4）弘明寺町

①**松信八十男**（**有隣堂創業者の八男。当時四歳**）
「**電柱に縛られた朝鮮人**」

〔創業者の〕松信大助夫妻をはじめ、一女七男は弘明寺の家にいて無事であった。そのときの様子を、三男泰輔の作文から引用してみよう。

〔…〕

家は一階がつぶれて二階が下に落ちていた。けれど家なんかつぶれても、もっとよい家をお父さんが建ててくれるだろう。潰れたほうがかえって隠れん坊するのに都合がいいと思った。

頭の上から火の粉がぱらぱら落ちてくる。

「早く外に出なさい」

という母や姉の怒鳴り声が聞こえる。出られるくらいならとっくに出てらー。やっと外にはい出したら横浜高工（横浜国大工学部の前身）と隣のそば屋から火の手が上がっていた。僕たちは横浜高工の運動場に逃げたけれど、ここも危険なのでもっと先の原っぱに逃げた。〔中略〕

地震も止んだ。火事も治まった。夜がきた。僕たちは周りを箪笥やつづらで囲って、なかは泥棒してきた戸板の上に布団をしいて寝た。うとうとしたときだった。

「朝鮮人だ、朝鮮人だ、助けてくれ」

といいながら二、三人が弘明寺の観音様の方から逃げてきた。外は急にさわがしくなった。僕も見たくて仕方がないので、便所にいくと言って外へ出た。見ると朝鮮人が電信柱にしばられて、巡査に、

「切れ、切れ」

と目をつぶってわめいていた。〔以下略〕

この文章は震災当時、横浜尋常小学校の一年生であった泰輔が、それから六年後の昭和四年、小学校の卒業記念に綴った作文「生い立ちの記」の一部である。

（松信八十男『横浜有隣堂　九男二女の物語』草思社、一九九九年）

（5）その他

①金井芳次（労働運動家。当時、時事新報記者）

「自警団隊長に助命を願う」

〔日時不明〕ただ一つ忘れ得ないのは、朝鮮人同胞の救援である。当時わが同胞といわれ、日本人であるはずの朝鮮人が、日本人の一部から言語に絶する迫害をうけた。何のための流言か、各地に朝鮮人大挙襲撃のデマが飛んだ、町々には、自らの食糧難のことも、負傷のことも、瀕死の家族のことまでも忘れて「自警団」を組織し、鉄砲、竹やり、日本刀をたばさんだ人々が市中を警戒、朝鮮人を片っぱしから虐殺し、あるいは女子供にさえ暴行を加える。その被害者は多数の人員であった。彼らは家を焼き、家族を失い、生き残ってさらに白刃の脅威にさらされたのである。

私は市中の被害実情を視察中、たまたま、日本刀を携えた数名の壮漢に出会った。頭分の一人を見れば彼は沖仲仕時代からの旧知であり、その後も交際している現在笹田組社長と

なっている笹田照一であった。

聞けば自警団の隊長で、不逞朝鮮を見つけ次第、殺害するという。流言はいずれから流れ、何の目的での流言かはいまもなお真相は明かではないが、彼ら自警団も付和雷同しているのではない。笹田らの行動は愛国的な真剣な至情から出ていることであろうが、やがて彼らの手によって不慮の災害を被るであろう朝鮮人のために、私は助命を願った。

「君がそう言うなら、奴らも、大してわるい者ばかりではないだろう。君の保証するものは俺の手で保護してやる」

彼は確約した。笹田はむしろ朝鮮人の保護に協力した。その結果、危機一髪のところで危く命の助かった朝鮮人が多い（この朝鮮救護のため、私も後に人命救助で感謝状をうけた）。〔…〕

私の略年譜

〔…〕大正十二年（一九二三年）九月関東大震災、新聞記者の目の回る様な忙しさの中で、流言の犠牲となって生命をおびやかされていた多数の朝鮮人を救うために、渡辺勝三郎市長を説いて井土ヶ谷住吉神社下の空地千余坪にテント張り四棟を建設し、二百余名の朝鮮人を避難させ、私もその一角に一張りの長屋を設け、焼け出された五十余名を同居収容した。気の立っている際なので、私自身幾度か白刃の下に立たされた経験があった。横浜市は落ち着いてから表彰状を私にくれたが、それも思い出の種である。

（金井芳次『私の労働運動史』小倉印刷出版部、一九六六年）

②矢下トメ（寿小六年）

〔一日〕倒れ掛った我が家には入れず、バラックの中でうずくまった。「朝鮮人」と何人かの叫び声に目を覚した。急いで母と一緒に彼岸へ行って見たが目に入ったのは哀れな避難者の群であった。万歳の声に向彼岸を見ればこは如何に、大きな朝鮮人の死体、自分も思わず万歳と呼んだ。

③清水順子（フェリス女学院本科六年）

〔鎌倉で被災。二日、母と横浜へ向かう〕ところが鮮人騒ぎでとても女、子供は帰れないと、横浜から逃げて来る人々にきいたので、私はあまりの恐しさに母にさからってまた鎌倉へ戻る事にした。〔…〕私と妹と忽滑谷さんは、ひろ子さんの御家に三晩泊めていただいた。其の間、夜も昼もしきりなしに鮮人騒ぎと地震で私達はおびやかされ、身体も精神もすこしもやすめることは出来なかった。五日の朝、横須賀から軍艦が出ることを知ったので、一同大喜びで勇んで横須賀まで歩いた。そして其の日の午后二時〝すすき〟と云う軍艦に乗せてもらって、夕方あたりが薄暗くなって来た頃、なつかしい横浜の港へついた。

④松井友吉（当時、数え年一七歳。逗子在住）
「大八車の間にしばりつけられて両方の大八車で引っぱっている」

〔日時、場所不明〕本当に、横浜の方で毒を投げこまれたかどうかは知りませんが、横浜では、だいぶ朝鮮人を日本の人が殺してますよね。私の伯父さんが本牧で焼け出されて、むかえに行きました。大きなこおりを一つ、しょわされて、割れた道路をずっと歩きながら来たのです。横浜のバラックへ泊ったとき、朝鮮人が一人殺されました。大八車の間にしばりつけられて両方の大八車で引っぱっているのです。子供だったから、もう見るだけの元気がありませんでしたが、これは、もう事実です。（談）

（『としよりの話（4）』逗子教育研究会調査部、一九七九年）

⑤木村百合子（本郷区・誠之尋常小学校三年）
「××人の殺されて青膨れになった気味の悪い」

〔箱根付近で被災、徒歩で東京へ〕よこはまのやけあとのはいの中や××人の殺ろされてあおぶくれになったきみの悪いようすをしてたおれているそば等を通ってやっと五日の日東京へかえった。

（『震災記念文集　東京市立小学校児童　尋常三年の巻』、一九二四年）

2　横浜市中部地域

（1）横浜駅、高島町付近

①福鎌恒子（横浜地方裁判所福鎌文也検事正代理の未亡人）
「横浜駅前で銃剣にて刺殺」

〔九月二日、裁判所（当時の庁舎は、現所在地の日本大通ではなく、北仲通五丁目一一番地にあった）に出勤したまま安否不明の夫の身を案じつつ、自宅のある本牧を離れることを決意する。子ども四人と老母、女中を連れて義弟の住む大井町を目指す〕

主人の生は絶望と期して覚悟せしも〔…〕横浜駅〔高島町にあった二代目横浜駅〕へいそぐ。〔…〕駅につく、駅の右方がガードを越えし処にて黒山の如き群集あり。何ときけば××××を銃剣にて刺殺しつつあるなり。頭部と言わず、滅多切にして溝中になげこむ。惨虐目もあてられず、殺気満々たる気分の中にありておそろしきとも覚えず二人まで見たれ共おもいおもい返して神奈川へいそぐ、道に駅員らしき人に逢う、失礼ですがどなたときく、私は助役という、それでは大井町の被害は如何でしょうと、我行方さえ定めかねたる今の身の上、まず弟の住宅付近の安否を問う、私は川崎ですが、川崎は横浜に比べれば何でもありません。大井も多分大丈夫でしょうと不確実ながら稍安心す。然してこれからではお急ぎなさい、鮮人騒ぎとそれから六郷川の鉄橋は日のある間に渡らんと夜は危険ですからと教えられ、お腹がおすきでしょうと辞むをおして風呂敷包より握飯二個とビスケットを出して「お嬢さんへ」と与う厚意に泣く。

神奈川駅へ着きしは三時、省線のプラットホームにて休む、二人の紳士の対話中なりし其中へ思わずつかれし腰を無遠慮に下す、〔…〕

〔三日〕文隆をして大井町迄の里程をきかせしに七里というものあり八里というもあり、又七里弱というもあり、安全ならんとて無定見に此子供を引きつれ長里をあゆませ万一大井も横浜同様ならば昨日の思いを繰返すのみなり。先ず文隆と自分にて大井にゆき被害の程度を見とどけんとて、又笠を頂いて九時神奈川を発足す、人の往来なかなかにはげし。

竹槍、銃剣など振りかざす人多く××ならぬ者は赤の腕章をつけよとの事に、文隆も腕章をまき今日は老人子供なければとて極力道をいそぐ、神奈川の空黒煙もうもうとして空の色真黒なり、火はじきに火薬庫に付くと爆発ですよ、それから東神奈川は鮮人が多く女は危険ですよとの声しきりなり。何れにせよぐずぐずして居ては危険よと文隆と共に二十丁程はかけあしをする。

（『横浜地方裁判所震災略記』横浜地方裁判所、一九三五年）

②柿崎義夫（寿小六年）

「横浜駅に鮮人たおれている」

二日はただ心がおどおどしていた。三日は我等市民のきもをひやした鮮人の一団である。市民は皆、手に手に長刀、竹などを持って警戒している。「わあ」と、ときの声をあげて追いかえす。小銃の音はつづけざまに聞える。鮮人のざんこくなやりかたなどを聞くたびに、「おのれ鮮人」と思う時がある。鮮人さわぎが大分おさまったので、五日いよいよ横浜を去ることになった。途中、横浜駅に鮮人があおむけに倒れている。かようなむざんな光景を見ながら停車場についた所が、大勢の人が汽車を持っている。

③河原利助（当時二一歳）

「横浜駅に竹槍で刺された朝鮮人」

〔九月二日、東京の勤め先から戸塚の自宅に向かって線路を歩いて帰る途中〕十二時すぎに横浜駅に着いたんですが、ひどいものでした。そこらじゅうに、焼死体がゴロゴロしているんです。駅のホームなんか、見られたものじゃなかったですね。それに、人が竹ヤリで刺されているのも見ました。あのとき、朝鮮人が騒ぎを起こしたというデマ宣伝がありましたからね。

（『語りつぐ関東大震災　横浜市民84人の証言』横浜市総務局、一九九〇年）

④野木松治（当時一七歳）

「むごいことをしたものですね」

〔蓬莱町の叔父宅で被災。郷里の御殿場めざして歩く。九月三日〕横浜駅手前の線路横でも飲み水の接待がありましたので疲れを休めるため、水を頂戴しながら捨て石に腰を下ろしました。私同様周囲に十四、五人の人達が休んでおりましたが、その人達の話を聞くともなく聞いておりました。

「貴方は横浜の朝鮮人騒ぎを聞きましたか、昨夜は根岸、本牧方面では大勢殺したそうですよ。それは大変なものだったようです」

「私も聞きましたよ。むごい事をしたものですね、でも朝鮮人も随分悪い事をしたようですよ」

「悪い事といっても、皆んな食べ物を強奪した事のようで、各所の食糧倉庫や商人など大分やられたと聞きました。日本人だっていよいよ食べるものが無くなれば同じ事をしますよ」

こんな話をひそひそと話し合っていました。

（野木松治『体験』一九七五年）

⑤齊藤千代（フェリス女学院本科五年）

〔二日夜、浅間町の山で〕第二日目は唯怖れのまに過ぎていった。暗黒の第二夜は近づいて来た。どこからともなくおそろしい噂が伝って来た。朝鮮人襲来。一時に火の起きたのは、地震の結果ばかしではなく鮮人が火を放ったのであると知らせが伝って来た。ここに於て町内の警備の人は、俄に殺気立ち日本刀を持ったり短刀、木剣を手にして、俄に竹槍を造って持つものもあった。これらの人は半町おきぐらいに固めた。ああ又この恐ろしき噂、私共は唯驚くより外はなかった。

（『フェリス』）

（2）横浜公園、横浜港方面

①安藤フジ子（フェリス女学院本科六年）

「横浜公園は火に囲まれた夜、本牧の北方町で朝鮮人がここへ襲来するかもと聞いた」

〔一日、横浜公園へ避難〕公園の中は既に一杯の人だった。水道管が破裂したと見え、通路は一尺余りも出水して居た。大きな木の根元に少し許りの空地を見出した私達は、やっと其処に落ちつく事が出来た。周囲には知らぬ人許り。川向うの不老町の方から盛んに黒けむりが昇り始めた。と見る間に市役所の横手からもめらめらと火の手が上る。段々拡がって西からもえて来た火は東と一所になって更に北へと延びて行く。風は益々劇げしくなった。殆んど旋風の様に四方八方へ吹きまくった。段々火事は大きくなる。遂に公園の周囲は火と黒けむりで囲まれた。火の粉が雨の様に降り注ぐ。真黒のもえ殻が飛んで来る。その間も引き切りなしに大地は動いて居る。到々空気は熱して呼吸が苦しくなった。私はもう駄目だと思った。

夜になった。「今、北方で朝鮮人が乱暴し始めました。此方へ襲来するやも知れませんから気をつけて下さい」誰かがふれ回った。私達の心は此の知らせに極度に暗くなった。

（『フェリス』）

②玉井忠一郎（横浜地方裁判所判事）

「公園の横に朝鮮人十数名殺されて居たと」

〔本牧北方町大神宮山八二五番地の自宅で被災〕翌二日早朝親戚の浅川氏が店員二名連れて、山下町の店舗が全潰し一日の晩は自宅に帰れず横浜公園の水の中で明かしたと云うて、黒奴宜しくの御面相で訪ね来り飯を喰わせて呉れと申すので、此来客三名と私等三人とで朝の食事をした。此れで米が尽きたのだ（転居するので荷を軽くする為め米も少量しか残って来なかった）。同人の話では裁判所は全潰、在庁の人々は全滅、街は朝鮮人が非行を働くので此場合警官の手が回らずどしどし私刑に処して居る、現に公園の横で朝鮮人数十名殺されて居たのを見て来た。橋と言う橋は大概焼落ちて自分等は山を回りどうとかして此処迄きた、往来は甚だ危険で武器を携帯しなければ歩かれぬ、との事であった。其浅川氏が私の宅から更に山道を回って久保町の自宅へ帰る途中、山の降り口で鮮人と間違いられ自警団の者に殴られ傷を負うたのは気の毒の事だ。

（『横浜地方裁判所震災略記』横浜地方裁判所、一九三五年）

③読売新聞（一九二四年八月二〇日付）

「鮮人を大鉈で虐殺」

鮮人を虐殺の古傷あばかる

横浜公園バラック管理人、松田直の不親切から紛擾を起こして居たが、十八日午後三時頃、バラック民百余名が加賀町署に押寄せ、代表者、水長賢、石井辰外九十四名の連書で管理人、松田が震災当時、鮮人を虐殺したと訴えでたので、十九日朝来、同署の小野警部主任となり取調の結果、九月五日午後四時頃、バラック二号と三号との間で命乞いをする一鮮人を大鉈で惨殺したこと判明、実地検証の結果、同日午後二時後頃、松田は右犯行を自白した。

④小森住三郎「横浜公園の虐殺」

〔被災直後から横浜公園で避難生活を送る。九月五日〕園内の噂に兵に逢った時、山と言われるから間髪を入れず川と答えないと一刀の元だ相だ、と聞いてから後しばらくして元町裏山手の中腹だったかを歩いて居る時、突然抜剣を手に持下げた騎馬兵に出逢い、早く川と言わねばと焦る程口は動かず、恐る恐る見上げれば何の屈託も無さ気に見下しもせず狭い道をすれすれに行過ぎられて「何アんだ」と言う気持ち。

又其の頃、西南寄り噴水池前広場で七、八人の人の集りに何事かと行って見れば、もう一寸早く来れば見えたのに、今あそこを行かれる処だと見通しの効く市役所方面を一人の人が指されたのでその方を見たが、もう人影はなく、其処には三十才位かとも思われる大男が仰向けに倒れ眉間から目をかすり頬へかけて斜がけに一刀深く割裂かれアケビの如く切り開かれた奥から小豆大の泡血が尚口を広げるかの様に何千となく下から下からと湧き上り押されて潰れた血汁はツルツルと首を伝って地面へ其の凄惨さ！

　其れを初めから見て居た人がして見せて呉れた格好は恰度劇の男が求愛の時の様に片膝付両手を前上に突出し身をそらせ

「何もしません運転手です」

を何遍も繰り返す処を只一刀、ブッ倒れるのを見済まして悠然と立去られたとか、嗚呼異国人の惨めさ戒厳令下の怖ろしさ〔…〕。

（小森住三郎『関東大震災五十周年記念想い出記　大正時代相』想い出を記録する会、一九七四年）

⑤葉肖麟（在日中国人。中華料理店順海閣社長夫人。当時八歳）

「鉄の棒でバーン」

　ちょうどバンドホテルのあそこ、原っぱだったでしょう。親戚が船乗りだったから、私なんか助けに来たの。それで私に見せないようにするのよ。でも子どもだからまた見るの。もう本当にかわいそうよ、見たら。鉄の棒を持って、バーンと頭をやって、男の人の。それで、それを奥さんか何だか知らないけれど、奥さんにはやらないのよ、そんなことはね。日本人か朝鮮人だか中国人だかわからないけれど。でも結構、人間って強いのね。鉄の棒から血がいっぱいで、それで3回くらいかな、やったら、それでもう倒れちゃう。倒れてはいいけれど、かわいそうにもう息がこうでしょう。ムシロを被せて。それでまだ動いているのよ。こんな大きい石を持ってバーンとお腹とか。それで私、だからあそこバンドホテルを歩くのは、私は……。嫌ですよね。子どもだから割合と覚えいいね。

（『横浜華僑の記憶』財団法人中華会館、二〇一〇年）

⑥塩沢元治（大阪時事新報記者）

「東神奈川に著くと三名の××が騎兵隊に追いまくられて道路に飛び出したので忽ち×されてしまった」

〔見出し〕死を決して帝都に入る

長刀と槍と短銃の関所　京浜間八里を徒歩で突破

〔東京の被災状況を取材するため大阪本社を出発、清水港からは海路で横浜に向かう。九月三日午後六時半、横浜港に上陸〕岸に上ると十七八名の国粋会員が長刀を突付けた。「モウ殺されるのだ」と覚悟を極め荷物を捨て手を上げた。「貴様は日本人か」と云う。「日本人である」と答えると「大阪から来たなら社会主義者ではないか」と将に咽喉に長刀は迫らんとした。記者は原籍から自分の姓名を口早く述ると「斯んな戦場に飛込んで来る奴があるか」と怒鳴る。懇願して五名の護衛を得、暗黒中を進む。唯燃え残るものが音を立て居る物凄い中にはピカリピカリと刀は光っている。一丁程進むと道端には見るもむごたらしい死様をした死骸が五つ六つゴロゴロ転がっている。暗夜に足に搦らむものは焼け死んだ死体許りである。陸戦隊は右往左往して全市の秩序維持に努め三日夜までに既に六百人の××を××し×××××もドンドン××された、言葉つきや顔が似たという許りで××された者も大分多い様だ。〔…〕

横浜を一町毎に誰何されつつ東海道に出た記者は徒歩で東京に行くことに決心し騎馬兵が駆け散らして行く街路を一歩宛進んだ。警戒が厳重で道路一町毎に青年団、消防隊、国粋会員等が長刀短銃と槍を提げて関所を設けている。東神奈川に著くと三名の××が騎兵隊に追いまくられて道路に飛び出したので忽ち×されてしまった。記者は既に生気なく黙々として進んだ。途は検閲が甚しくて捗らない、各方面の叢や線路等から鉄砲の音が聞える、その度毎にヒヤリヒヤリとする。午後十時頃、子安に著いたが、二日夜清水港で飯が咽喉に通った許りで、あとは水許りで生きて居るので疲労はその極に達して居る。沿道で水を貰いつつ進んだ。六郷の橋迄来ると社会主義者が東京から逃げて来たが遂に青年団の為めに捕われてしまった。厳重な警戒に一々原籍から東京入りの目的迄語るのであるが東京入りは非常に困難であると聞いてガッカリして、もうこれで死ぬものと思って大森にかかる手前の鈴ヶ森付近の叢に入込んで疲れた儘寝てし〔ま〕った。

（大阪時事新報、一九二三年九月六日）

⑦長岡熊雄（横浜地方裁判所部長判事）「県保安課の巡査が『御上陸は危険です。鮮人の暴動です』と」

第一　裁判所の崩壊

〔執務中に被災。庁舎は全壊全焼し、死者行方不明者多数。一命をとりとめた長岡は、猛火の中を港へ逃げ、新港埠頭に停泊中の大阪商船の貨客船ぱりい丸に救助される。裁判所長末永晃庫判事の安否は不明。船中、司法省に向けて第一報の打電を試みるが不通。海路で東京を目指そうとするも叶わない。裁判所の被災状況と今後の指示を仰ぐために、一刻も早く東京と連絡を取りたいがその方法を見出せずに甲板で一夜を明かす〕

第二　パリー丸の避難者

〔九月二日、長岡は上陸したいと再度懇願するが〕事務長〔館林貫一郎〕は「陸上は危険ですから御上陸なさることは出来ない」という。何故危険かと問えば「鮮人の暴動です。昨夜来鮮人が暴動を起し市内各所に出没して強盗、強姦、殺人等をやって居る。殊に裁判所付近は最も危険で鮮人は小路に隠れてピストルを以て通行人を狙撃して居るとのことである。若し御疑あるならば現場を実見した巡査を御紹介しましょう」という。私は初めて鮮人の暴動を耳にし異域無援の彼等は食糧に窮し斯の如き凶暴を為すに至ったのであろうと考え事務長の紹介した県保安課の巡査（其名を記し置いたが何時か之を紛失した）に逢い其真偽を確めたところ其巡査のいうには「昨日来鮮人暴動の噂が市内に喧しく昨夜私が長者町辺を通ったとき中村町辺に銃声が声えました。警官は銃を持って居ないから暴徒の所為に相違ないのです。噂に拠れば鮮人は爆弾を携帯し各所に放火し石油タンクを爆発させ又井戸に毒を投げ婦女子を辱しむる等の暴行をして居るとのことです。今の処御上陸は危険です」という。私は「市内の巡査は什したのか」と尋ねましたら「巡査も大多数は焼け出されて何処へ行ったか判らず残って居る者も飢餓に苦み活動に堪えられないのです」という。嗟無（ああ）警察の状態か、天何ぞ我邦に災することの大なると心の内になげいて居た。〔九月三日〕昨日横須賀から駆逐艦二隻来り今朝又巡洋艦一艘来る。警備の為である。此変災の避難者救護につき海軍の尽くした功労は今之を詳記することを得ないが実に貴いものである。平素軍人を仇敵のように思って居た一派の主義者も海軍の今回の活動を見て大に反省するところがあったろう。〔同日午前九時頃、ようやくランチに移乗〕

第三　報告の為上京

〔「港務部の焼跡」に上陸を果たす。裁判所の焼跡を確認後、同行者を伴い陸路東京へ〕惨又惨、桜木町駅の辺に行くと割合に人通りがある。人毎に棒を持って居る。風体は一つとして満足な服装をして居る者はない。災後のこととて誰も怪む者はいないが恰も百鬼夜行の状態だ。ここで道連れになった人が私等に赤布を腕にお巻きなさいという、何故かと問えば鮮人と誤認せらるる虞れがあるから其鮮人に非る標章にするのだいい、警察部長から鮮人と見れば殺害しても差支えなしという通達が出て居ると誠しやかに説明する。私は左様な暴令は想像することも出来ないといえば、否実際であるから仕方がないとて鮮人の暴動せること無警察の状態なること各人自警の必要なることを喋々した。其半分以上は伝聞の絵空事に相違ないが如何にも誠しやかに話すので聞く人は真実のように思っている。〔横浜駅前を過ぎ〕高島町駅前に至れば自警団らしき男が私等の赤布を見て白布に代えよと注意する。何故かと問えば赤布は既に鮮人の覚る所となったから本日から白布に代えることになったという。〔以降、「北部地域」長岡熊雄P．267へ続く〕

（『横浜地方裁判所震災略記』横浜地方裁判所、一九三五年）

⑧O・M・プール（アメリカ人。外国人居留地にあるイギリス系貿易商社の日本総支配人。当時四三歳）

「警察が即決処分を行った」

〔山下町七二番地の社屋で被災。猛火に追われ瓦礫を乗り越え、家族や仲間とともにようやく大型客船エンプレス・オヴ・オーストラリア号へ避難〕船の上では私たちにできることが何もなかったため、提督と私は上陸して、私たちの事務所のどんなところが残っているかを見、できることなら、わが社の職員の誰それと連絡をとりたくてたまらなかった。だが、私たちの一番大事な目的は、メイベル・フレイザーの足取りを捜し出すことであった。けれども、略奪や流血の惨事が横行して、陸上では明らかに事態が混沌たる有様だとの情報がもれ伝わっているため、エンプレス・オヴ・オーストラリア号の高級船員たちは、船から誰一人たりとも上陸させることを許したがらなかった。それでも〔九月二日〕朝の九時ごろには、提督と私はチャールズ・ライスとともに通りがかりの救命ボートに乗せてもらい、そしてダイミョウ号のところで私たちをおろしてもらった。〔…〕提督と私は他の人々とともに救命ボートに乗って、海岸通りのグランド・ホテルのある角に上陸した。

〔…〕山手からきたかなり多数の住民たちは、湾に行ってみるかわりに根岸の丘陵地帯に安全な場所を見いだしていたが、いまでは警察が彼らに、港にいる船のほうへ行くよう警告を発しつつあった。というのは、根岸の監獄がくずれ落ち、脱走した囚人たちの群が、すでに人々を襲撃したり強奪したりしていたからである。

〔…〕そのころすでに、人々の流れは海岸通り沿いにキャンプ・ヒルと岸壁のほうへ向かって溢れつつあり、警察により、また朝鮮人の暴動という不吉な噂によってせき立てられていた。確かに、根岸の監獄には多くの朝鮮人の囚人がいたし、また何百という朝鮮人労働者が横浜東京間の工業地帯にいて、みな不満を抱いていた。しかし暴動が起こったなどというこれらの驚くべき話は、パニック状態にあるときの想像が作り出した虚構であった。不幸にして実際に起こったと思われることは、これらの作り話に踊らされた警察が、少しでも疑わしい振舞のある朝鮮人なら誰でも、そしてまた日本人朝鮮人を問わず現行犯でつかまったすべての略奪行為をしたものを、あるものは電信柱にくくりつけたり、他のものは射殺ないし死刑にしたりして、即決処分を行ったことである。私は、両腕をくくられた囚人たちを連行する警官の群を目撃したが、しかし流血の沙汰を見たわけではない。しかし、他の人々はそれを見て、しかも間にはいるだけの力もなく、いかにも残虐なことだったとのことである。それは一種の戒厳令のようなものであったと私は思う。確かに、それはたちまちにして混乱をおさめてしまった。

〔…〕その日曜日〔二日〕の夕方八時ごろ、イギリス領事代理のブールターは、ユースティス・ストロング師の援助を得て、エンプレス・オブ・オーストラリア号の船上にいるすべての人々をトランプをする部屋に呼び集めて、翌日、行方不明の人々や郊外で生きのびた人々を捜索しに行く救助隊を組織するための会合を開いた。陸上では暴行や流血の惨事が起こっていることを考慮して、独身者だけが自発的参加を許された。危険は、単に想像上のものではなかった。ライズィング・サン（シェル石油）社のビル・ブラッチは、三年前にいっしょに十日間の山登りをしたこともある私の若い友人であったが、鎌倉の村で、朝鮮人容疑者と間違えられて一団の暴徒に襲われ、そして、折よく現われたひとりの騎兵将校によって助け出されたときはすでに、棍棒でめった打ちにされて死んでいたのである。

（O・M・プール『古き横浜の壊滅』有隣堂、一九七六年）

⑨吉田余人

「囚人は朝鮮人と呼応して到る処放火、強盗、凌辱、殺傷」

〔弁天通で被災。エンプレス・オブ・オーストラリア号（英国汽船）に救助される〕二日の夜に入りては東京及横須賀方面に当りて前夜より一層猛烈に火焔の揚がるのを認めた。

船中は色々不穏な噂ばかりで持切った。曰く根岸の監獄は開放せられて囚人は朝鮮人と呼応して到る処放火、強盗、凌辱、殺傷を縦ままにしつつあり。曰く東京は警視庁始め諸官衙全滅、目下宮城炎上して実権は社会主義者と不逞鮮人の手にあり。曰く横須賀は全滅、軍艦は爆沈、為めに横浜に軍艦を派遣する能わずと。元来横浜は兵営所在地でないから斯の如き大変事に際して疲労し切った警察署丈けでは到底治安を維持することが出来ないのは事実だ。

三日の早朝横須賀方面から駆逐艦二隻白波を蹴って横浜に入って来た。沖に居る我がエンプレスの前を通過するとき我輩は思わず万歳を唱えざるを得なかった。十時三十分エンプレス号は乗客全部を神戸へ移送する前に外国人中の独身者より成る義勇兵を上陸せしむる為めにランチを出すことになった。我輩は之に便乗するの許可を得て無事ドック桟橋に上陸する。先きの駆逐艦は早や陸戦隊を上陸させて警備の任に当って居る。〔…〕之から徒歩東京に向かうのであった。半壊の神奈川警察署前で検問せらるる。エンプレス号に避難して居た事を答うると署長室に引入れて英船の待遇振を尋ねられる。噂では震災当時同船目がけて泳ぎ着く日本人を甲板からピストルを指し向けて追っ払ったと云うのだ。我輩は実況を述べて少くとも我輩の関する限り英船長始め事務長以下船員の親切振りを説明して冤を雪いでやった。〔…〕〔子安鶴見辺で〕朝鮮人騒ぎで一町内毎に審問を受ける。竹槍抜刀を差し付けて止まれッと来る。納得すると印しの紐を腕に結んで呉れる。一町内毎に色が変わる。道の捗取らぬこと夥だしい。川崎の鉄橋を這って渡って大森、品川に来ると提灯を点ける。東京に入ると兵隊ばかりで丸で戦時状態だ。焼跡の市中を無気味に急いで虎の門、丸ノ内、九段に来て小石川の宅の付近まで来ると自警団に押止められた。然し之れで我輩の家が災害から免れた事を思って安堵の胸を撫でおろす。四五人の自警団に護衛せられて家に着いたのは夜も更けて十一時近くであった。

（『石油時報』第五三八号　石油時報社、一九二三年一一月）

⑩東京朝日新聞（一九二三年一〇月二一日付）

「米汽船上で朝鮮人六名殺す」

米汽船上で　鮮人六名を殺す　罹災見舞に上京した静岡市民八十名が

九月一日静岡県清水港を出帆した米国汽船プレシデント・ジェファーソン号には東京の罹災者見舞の為め静岡市民等が八十名乗船し二日未明横浜に入港したが四日朝上陸に際し船員から「横浜市内は鮮人が乱暴を働いているから注意せよ」と注意され、其時乗客は端なくも六名の朝鮮人が同船客にある事を発見し一同忽ち殺気立って二名の鮮人を殺し、残りの四名を海中に投じ、傍にいた支那人の母娘をも誤って海中に投じた、然るに右乗客連は一隊となって上京の途鶴見で自警団に誰何されたが一名は答弁要領を得なかった為めか誤って殺され内懐にあった手帳により和歌山県人なること判った。

⑪駒井まつ（助産師。当時四五歳）

「集ってきた群集が柄物をもって騒ぎ立てました」

震災後五日目、私が福富町の焼け跡から、水道山の避難所へ帰る途中に、一人の男が倒れておりましたので、その手を取って脈を計って見ますと、まだかすかに生存の望みがありますので、早速人工呼吸を施しますと息を吹き返して蘇生されました。その時、急いで口うつしに水を与えていますところへ、どこからともなく集ってきた群集が、手に手に柄物をもって騒ぎ立てましたが、これは多分何かの誤解から起った騒ぎだと想像しました。

（『産婆看護婦関東震災殉難記』関東震災殉難記刊行所、一九三〇年）

⑫諸節はつ（助産師。当時二四歳）

「××と間違えられて肩先に十数個の弾丸で」

〔県救護班の看護師として各所で活動。一〇月五日からは高島町の社会館で救護〕此処は程ヶ谷の紡績女工が多くおりまして、大腿部の焼け爛れた人、××と間違えられて肩先に十数個の弾丸で射貫かれた人、膿胸で胸から膿が二升ほど出た奇病患者、何れも見るも惨ましい限りでありました。

（同前）

⑬夢野久作（作家。当時、九州日報社新聞記者）

「流言、自警団の様子、囚人に関する噂」

「備後丸通信」第二信〔九月五日朝、横浜港に投錨〕ランチから飛乗った一青年に、横浜の惨情を問えば、「私の申すのは、本当と信ずる事と、実際見た事ばかりです。一昨日午後、東京を追われて横浜に来た不謹慎の徒は、在浜の同類と一緒になって、あらん限りの非人道的暴行益々甚だしいので、青年団、在郷軍人会等で自警団を組織し、陸戦隊と協力して之れを鎌倉方面に逐った。六郷川鉄橋を破壊したのは、追撃を恐れた彼等一味の所業で、実に此許すべからざる、血なき、涙なき不謹慎の徒の暴行は、非人類としての人道上の大罪悪である」と語って、悲憤の涙に咽んだ。船客一同の眉宇は物凄く動いた。

第三信　横浜港の防波堤、燈台は全部破壊して居る。神戸から入港した箱崎丸には千二三百の乗客あり。其傍らを過ぐる時、互に甲板上に立ち並んでハンカチを振り交う。逗子、神奈川の石油タンクから依然として黒煙濛々として居る。〔…〕三等船客中に、護身用として日本刀を携帯する者数名あったが、何れも隠し処に困って居た。横浜刑務所では囚人を解放したが、該囚人等は武器を提げて不慎の徒を平げたと云う噂と、此一味に与したという説がある。

（『夢野久作著作集　2』葦書房　一九七九年、「焼跡細見記」。
原本は「九州日報」一九二三年九月一一・一二日）

⑭高橋茂（県職員）

「某地方出身者に対する冤罪蜚語」

〔勤務先の神奈川県庁で被災し横浜公園に避難。その後、第一中学校庭に避難していた家族と再会〕然るに突然に起ったあの嵐、自分は敢て嵐と云う。九月二日午前十時半頃、私は驚くべき報告を耳にしたのだ。某地方出身者に対する冤罪蜚語。けれども午後から終夜に亘るあの恐怖、修羅場、逃げ惑う人々、銃声、喚声、エスペラントを語り得ない我れ人の悲しみ、収容保護、論争、自刃、この俺を罵った多くの顔、時に憎むべき関東気質、でも俺は実証者なのだ。誤謬は訂正されなければならない。

そうして人道は亡びない。我等は互に助け合い、且つ生きたのだ。ああ友よ、君は今何処で大工の業を励んでいるか。あの十五昼夜も物凄く天に沖して燃えた神奈川の石油会社の地獄の如き業火も、凡てこれ地震の仕業、不可抗力であったのだ。警備の手薄い横浜での語り草だ、只一語「猥りに疑う勿れ、神は愛だ」と丈け云って置き度い。

（『十一時五十八分　懸賞震災実話集』東京朝日新聞社、一九三〇年）

⑮日高帝（一〇〇歳を超えて初めて震災の記憶を語り継ぐ。享年一一一歳）

「警察官のそばで血だらけの朝鮮人がはりつけに」

〔山下町一五七番地の勤務先スピルマン商会で被災。横浜公園に避難し一夜を明かす。翌二日、加賀町警察署の巡査の手も借りて、自発的に園内の負傷者の手当てに従事〕日高帝さん（一〇六歳）の震災体験談は三時間以上に及んだ。瀟洒なグランドホテルは跡形もなく崩れ落ち、死体は川にも海にも浮かんでいた。避難所で親は子を捜し、子は親を捜し、泣き叫んだ。流言が飛び交い、警察官のそばで血だらけの朝鮮人がはりつけにされているのも目撃した。「何もしていない」と訴える男性の血を、ほかの人に気付かれないよう布きれでぬぐった。〔…〕

横浜の被害はあまり知られていないでしょ。横浜駅も伊勢佐木町も山下町も全部、何もなくなったのに。

「少しでも何かの役に立てば」と帝さんが筆を執ったのは一〇〇歳を迎えた六年前のことだ。被災の記憶をもとに手記を原稿用紙六枚にまとめ、横浜市に寄贈した。〔…〕

（神奈川新聞、二〇一〇年九月二〇日「一〇六歳が語るいのち　関東大震災の記憶から」下）

⑯文戊仙（**在日一世。一九〇八年生まれ、慶尚南道鎮海出身**）

「夫はもう必死で逃げて……」

〔東京大井町で被災。震災七年後ほどで結婚〕これは結婚してから夫に聞いた話です。夫は震災当時横浜港で仕事をしていました。地震で生きた心地もないところへ、いきなり殺戮です。一緒にいた同胞たちと夢中で逃げましたが、結局、逃げのびたのは二人だけだったそうです。もう必死で逃げて、石炭ガラを運ぶ船にもぐり込み、石炭ガラの中で何日も過ごしたと語っていました。

（『朝鮮人強制連行調査の記録――関東編1』柏書房、二〇〇二年）

(3) 藤棚、西戸部、県立第一中学校付近

①中島徳四郎

「直に一刀を腰部へ浴せて、深さ一寸幅五寸骨膜に達する痛手を負うて、血汐は周囲へ飛散した」

〔自宅下の境之谷停留所から乗った市電が発車した直後に被災。自宅に隣接する県立横浜第一中学校（西戸部町（現西区県営藤棚団地）。略称、神中・一中・県立一中など）は、校舎も運動場も避難民であふれ返っている〕実に大正時代の文明的国民と言えるかと云いたくなる。戦国時代の原始状態に、俄に逆転してしまったものだと思われる。日本人は果して真実な文化を理解し得る国民であるや、否やを疑わざるを得ない。

地震や火災に驚いて居るさえ沢山なのに、其上掠奪に苦められると言う有様、何と云う不幸の事であるかと思うた。又朝鮮人が井戸に劇薬を投じたり、爆裂弾を投じて放火したり、内地人を強姦したり、総ゆる暴行を為しつつあり、其れ故郡部の方では、専ら警戒を努めて居るとの事を耳にしたが、間

もなく其方面から「今朝鮮人が百五十名程、ピストルを携えて、内地人を襲撃せんとして、此坂下に押し寄せた。内地人にして十五歳以上の男子は、武器を持って、之を撃退せしめらるべし。女子は学校運動場内に避難せらるべし」との警報があったので、避難民は忽ち顔の色を変えて、手に手に棒や短刀や鉄棒やを携えて、応戦の準備に忙しかった。運悪く自分の家は、肱掛け窓の鉄棒を二十本程抜き去られた。自分達は其時より自警をする事となった。

中学校運動場の坂上では、朝鮮人に応戦して、朝鮮人を銃殺せりとの報があった。又時々喇叭で集まれの号令を為すあり、また何れよりか朝鮮人が捕縄され、巡査に護送せられ、中学校へ来るのが沢山ある。

再び「甲府連隊は、今神奈川に到着したるも、此山に到着する迄には、尚約三時間を要すべし。諸君は其間厳重に警戒を努められたし」との警報が来た。

毎夜付近を警戒し、日没後通行する者は、何人たるとを問わず、誰何する。答弁の怪しき者は、直に一刀の下に切り殺すと云う物騒の社会に化した。全く戦地にあるが如くに感じた。

在郷軍人は要所要所に剣銃で警戒して居る。自宅は四五間先の中学校裏門にて、在郷軍人が四五人宛常に警戒して居る。日没後自宅の庭先の大松の木陰より出でて、中学校裏門へ差し掛る者があるので、在郷軍人が誰何して、原籍を問うと、山梨県と言うたが、郡名・村名が言えぬので、直に一刀を腰部へ浴せて、深さ一寸幅五寸骨膜に達する痛手を負うて、血汐は周囲へ飛散した。被害者は其儘倒れて居った。幾千人ともなく通行する人が之を見るので、被害者は着衣の単衣で顔を匿したが、朝鮮人が殺されて居るので、之を見る為、集まる者も少なくない。中には「貴様等の心得違いから、我々は此難儀をする」とて、蹴ったり打ったりする者もある。其後三四日を経て、雨が降ったので、避難民も一層殺気立ち、通行者の一人が、日本刀で数箇所切り付けた。又伴れの一人は、鉄棒で打って打って打懲し、其上顔の姿が判らぬ様に、こなごなにしたが、負傷者は死にきれず、其夜は八時頃、雨で人足絶えたので、其場より十四五間も離れたる拙宅の庭先の土手へ匍匐って来たので、避難者が見て、終に之を打殺した。死体は約一箇月も其儘放棄せられてあったのは、実に困った。

（『横浜市震災誌　第五冊』横浜市役所市史編纂係、一九二七年）

②村上美江（当時一〇歳）

「神中に集められた避難民、男は教練用の銃で武装」

〔神中（県立横浜第一中学校）校庭の東側の草地に一家で避難。九月二日〕夕方になると、メガホンを持った人が現れて、避難者は至急神中の運動場に集まれと命令された。朝鮮人が攻めてくるから危ないという。

校庭はテントが敷いてある所が少しで、大部分は土の上に坐る。隣の草原は真っ暗で誰も居ない。校庭から教練用の木の銃が持ち出され、四十歳までの男の人は前に集まれとメガホンが叫ぶ。そのうち暗い中でパチパチとピストルの光がして「そっちへ逃げたぞ」とか「右の方にかくれたぞ」とか叫び声がして、みんなちぢこまっていると、皆で「ウワーイ」とトキの声をあげろと二度三度命令される。暗やみを人が走りまわったり、叫び声がしたり、前の晩よりも緊張した恐ろしい夜になった。尋ね人を呼びかう声も禁じられていた。兵隊みたいな怖い声の男が、どなり声で指図をしながら人々の間を駆け回った。災害とは全く別の恐怖に包まれた夜、恐ろしい長い夜だった。

やっと明るくなって、私たちは前のMさんの家に向かったが、途中で兵隊のような人に、両方から引っ立てられて行く怪我をした人や、道の脇の草の上に倒れている人や、地割れした道のわれめの中に押し込められている人も見た。母は「見ないで、見ないで」と言うけれど、道も壊れているから、足もとは見ないわけにはいかなかった。

（村上美江『ヨコハマ育ち』創栄出版、一九九五年）

③東京日日新聞（一九二三年一〇月）

「自警団の虐殺」

横浜で殺された鮮人　百五十名に上る

〔横浜地方裁判所検事局の坂元検事、戸部署で調査をする〕

保土ヶ谷、久保山辺でやられたのは多く戸塚辺の鉄道工事に雇われていたもので、二日正午ごろ例の山口正憲一派のものが「鮮人三百名が襲撃してくる」との流言をはなったため、久保山やその付近に避難したものは自警団を組織し、全部竹槍や日本刀を持って警戒し、一方、久保町愛友青年会を初め在郷軍人会員は第一中学校の銃剣を持ち出して戦闘準備をととのえ、保土ヶ谷の自警団と連絡をとって三十余名の鮮人を包囲攻撃し、何づれも重傷を負わせ、内十名ほどは保土ヶ谷鉄道線路や久保山の山林内で死体となってうずめ、または池中に沈められた。〔…〕鮮人に対する警戒は十日ごろまでつづき、二日から一週間は深夜でもピストルの音が絶えなかった。

④嶋田初江（フェリス女学院本科五年）

「捕まった二人松の木へしばられ、ぶたれ、血だらけで山中ひきずりまわす」

〔西戸部で二日〕父はおにぎりを食べると、すぐ近所の方と一緒に横浜に居る叔母さんを尋ねに行った。「関内なんか一番先だ」と云われる度、叔母さんも又さっきの人のように戸板へ乗せられて来るのやないかしら、それとも又幸に命は助ったが、全身やけどをして帰って来るかしらとて、私は線路に立って一人一人見て居た。

すると突然「朝鮮人が井戸へ毒を入れたから、暫く飲まずに居て下さい」と云う知らせ。この先水まで飲めないなんて、なんてあわれな事だろうと思って居る間もなく、「ホラ朝鮮人が山へかくれた」と云うので、気の荒い若い人達は、手に手に鳶口やふとい棒を持って山へおいかけて来た。とうとう二人だけはつかまえられてしまって、松の木へしばりつけられて、頭と云わず顔と云わず皆にぶたれた。気の立って居る人々はそれでもまだあきたらず、血だらけになった鮮人を山中ひきずりまわした。そして、夜になったら殺そうと話して居た。

待ちに待った父等もようよう六時過に帰って来た。叔母さんは幸にもなんのけがもなく、本牧へ避難して居るとの話。のある手で名前を書いた紙を見せて呉れたので、家内の者は始めは信じられない様な気がしてならなかったが、見おぼえ嬉し泣に泣いた。

そうしている内「今、鮮人が逃げたから気をつけて下さい」と云う。間もなく「ローソク消せ」と云う。あたりは一面真くら。その中でピストルの音さえ聞えるのである。私等はまるで戦場にでも居る心地がした。その内ガサガサと私共の居る所へ人の来るけはいがした。「ホラ鮮人だ」と私等（女）は顔をふせてしまった。「誰れだ」とどなると、「私です。どうぞ少しの間ここへおいて下さい」と云うのはたしか日本人らしいので、やっと安心して夜の明けるまでおいて上げた。

（『フェリス』）

⑤斉藤敏子（フェリス女学院本科五年）

「鮮人騒ぎです」

〔西戸部で二日朝〕家族五人と女中一人と友達一人とで焼けなそうな神中の庭に避難した。その夜はこころぼそく山でねた。夜があけて焼跡を見に行く途中、皆んな武装しているので一寸きいて見た。「知らないのですか、鮮人騒ぎです。日本人は鮮人に間ちがえられない為に赤布を付けるのです」と言った。それは大変と皆は赤布を付けた。「地震と火事、其の上鮮人ではとてもたすからないね」と言った。そばの人が合言葉があるのでと話して居るので、私共は又きいて見た「山と川、熱い寒い」と答えた。兄と父は竹槍を持って出かけた。私共はどんなに心配か分らない。日本人が鮮人と間違えられてころされる者も沢山にあった……。私どもはしかたなしに明朝、古郷へそうでで立った。

（『フェリス』）

⑥宮部ふみ子（フェリス女学院本科五年）

「竹槍のすれ合う音がだんだん近くなった。今度こそたすからない」

〔一日、十全病院のそばの野沢の森で〕十全病院がもえはじめて暗かった森の中があかるくなりました。前はそれこそ火の海です。恐ろしい勢でもえています。もう大多数もやけたでありましょう。すこし気をゆるめている中、向方から「朝鮮人が隊をくんでせめてきました。男の人はみんな護って下さい」ときこえてきました。竹槍のすれ合う音がだんだん近くなってきます。地震でもう生きた心地もしていないのに、又朝鮮人の襲来！もう今度こそは今度こそはたすからないと……女の人達はあたりの火を消して、小さい子供を泣かせまいと息をころしていました。

（『フェリス』）

⑦加藤さかゑ（フェリス女学院本科五年）

「朝鮮人が爆弾を持ってやって来た」

〔西戸部の自宅は全焼〕二日の午後になって一大難事がおそって来た。それは二日の日の午後「千人も朝鮮人が裂弾を持ってやって来た」と云う噂が一時に広まった。

我々の運命はどこまで突落されるか分らない。其日から腕は赤の切でしばり、「山と川」との相言葉を使わねばならなかった。人々は皆竹槍や刀等をさげて、まるで戦争の姿である。私も死ぬなら鮮人に殺ないで死にたいと堅い決心は決めて居った。しかし二日、三日と恐ろしい日を過ごす内にも、目の前に鮮人を見たわけでもなかった。

震災に会い、又鮮人に驚かされ、此思い出多い難事はいつまで立つとも私達の口から消え失せる時はないであろう。

（『フェリス』）

⑧阿部裕（神奈川県立工業学校建築科三年）

「喊声が盛んに起き、銃声が僕等のきもを冷やす」

恐ろしかった九月一日も過去って、又いやな二日の夜が段々せまって来る。〔…〕昨日の大地震大火災の出来事から、今日の鮮人さわぎの事等が脳中を駆巡り、又新しい不安が湧いて来る。沈黙は長くつづいた。と、「わあー」と言う喊の声が聞えた。皆はっと耳を聳立てた。と又「わあー」という声が以前に増してはっきりと聞える。「なんだらうか」と先ず伯父が口を切る。「あれは青年団が鮮人を追立てるのでしょう」と、哲さんがいう。伯父「そうらしいな」。僕はやっとはっとした。喊声は盛に起る……そして銃声までが轟き出す。〔…〕ときの声が四方に起る。銃声が僕等のきもを冷す。〔…〕「カタガタ」と亜鉛板を踏む音がする。そして其が段々と高くなる。はっと思って思わず渡してもらった金棒を固く握りしめる。胸がどきんどきん鳴る。室内には一種異様な厳粛な空気が流れる。やがて音の主は小屋に向って声をかけた。「私は隣漆畑ですが、もし鮮人が来たら見つけた方から声をかけ互に声援しましょう。貴方の方には何か武器がありますか、私の方には日本刀が二本ありますが」「私の方も日本刀一本と外に金棒が五本ありますから」「ではどうぞお願いします「いいえ私の方こそ」伯父さんとこんな会話をすますと、又がたがたと音立てて帰って行った。〔…〕あたりがまた静になると、彼方此方より起る喊声、闇にとどろく銃声が耳に入る。あの喊声銃声（中には鮮人の打銃声もまじっていないとはいえぬ）は明に我が味方だ、があれに逐われて逃げて来た鮮人が僕の小屋の方へ来たら、と思うと不安は益々つのるばかりだ。伯父さんは時々日本刀を抜いたり納めたりして居る。兄さんや、勗さんや、哲さんは、じっと屋外を見つめている。〔…〕〔翌九月三日の朝〕すでに起きて居る伯父さん等は、次の様な事を話合って居た。「昨夜はおそろしかったね」「そして十二時頃『西戸部方面は激戦になります、各自警戒を要す』なんて言って来ましたね」。「来た来た。それよりもあの夜中の悲鳴たらどうだったい、あの何ともいわれぬ『ひゃぁー』と言う悲鳴たら」「まったくあれはおそろしかったですね」。此の話が昨夜のおそろしさを思いしのばせる。

（『震災記念号』神奈川県立工業学校、一九二四年）

⑨山崎紫紅（劇作家。当時四八歳、戸部町在住）
「いいわけも聞かず撲殺する」

〔日時、場所不明。戸部町の自宅は全焼〕朝鮮人が来襲すると云って、代り代り鉄棒や、竹槍を持って、寝ずの番をする、怪しいものと見ると、云分けも聞かずに撲殺する。食うものに迫って、倉庫から食料米を掠奪するのを、当然の所置に感じる生活欲、焼けた死骸を心にもかけず、その傍らに数日を送った自我心、実に恐ろしい。

私は思う、地震・火事の恐怖は非常なものである。しかも、その災害に原由して生ずる人間の心の奥を発揮する。その残忍さは、実に実に自然の破壊よりも一層の恐怖である。

（『横浜市震災誌　第五冊』横浜市役所市史編纂係、一九二七年）

⑩石坂修一（横浜地方裁判所判事）
「鮮人と見れば直ちに殺してよしという布令が出たりと」

九月三日、〔…〕藤棚が火元なりという者ありたる故、同所のにある従弟夫婦の消息を探し旁々経路を横浜駅より塩田にとる。途中電柱には、在郷軍人会と署して米はドック倉庫にありと。市役所と署して缶詰は四号岸壁にありと掲示せられあるを見る。従弟夫婦の家は火災を免れ極めて元気、婦は共同炊事に従事し、夫は竹槍を杖いで警戒に当れり。一日以来の鮮人の暴状を語ること詳なり。何か印なければ危険なりとて白布を腕に巻きつけ呉れたり。又曰く、税関より物を持ち来るは自由勝手ということになりたる故、写真器械を一つ持ち出しては如何と。又曰く、鮮人と見れば直に殺してよしという布令が出たりと。余は当然之を否定する気持ちなく、又肯定する気持もなく、之を怪む心もなく、又之を賛同する気も起らず、何心なく之を聞き居りたり。

（『横浜地方裁判所震災略記』横浜地方裁判所、一九三五年）

⑪村岡まつ（助産師。東藤棚町在住）

「崖の上からの二発の銃声」

当時の記憶としては色々ありますが、そのうちでも最も恐しかったのは、あの晩、境の谷からお産のお迎えを受けた時のことでありました。一条の明りもない真の闇の中を、先方からのお迎えの方三人の中に挟まれた私と助手とが一列となって、崖下の狭い道伝いに歩いておりました時、突然、崖の上から二発の銃声が聞えて、弾丸が私の背後を掠めたものでありますから、私は、やられたと叫んで、そこに倒れてしまいました。しかし同行の人が身体をよく調べて見てくれますと、傷らしいものも見当らず、そういわれてみますと、私も息をしてはじめて何ともなかったのだということを知りましたが、あの時は確かにやられたものとのみ思い込んで倒れたのであります。それは後で聞きますと、崖下に飛び落りた××を射とうとしたのであったそうでありますが、そんな経験をしましてからはすっかり度胸が据ってしまいまして、竹槍や抜刀などの間を終始鉄の棒を杖にして押し通して行きました。

（『産婆看護婦関東震災殉難記』関東震災殉難記刊行所、一九三〇年）

⑫佐藤伝志（当時戸部警察署巡査）

「虚偽が事実になる時」

神奈川県戸部署の巡査になって間もなく、関東大震災にあった。軽井沢派出所が私の受け持ち交番だったが、本署との連絡用電話が断たれてしまった。罹災当日の九月一日は住民の避難指揮や災害処理で手が離せず、二日、夜明けとともに本署に出向いた。

「朝鮮人が暴動を起こす」の報を聞いたのはこのときである。署の内外は緊張した空気につつまれていた。そんなやさき、数十人の朝鮮人が武装して集会を開いているとの知らせが入った。「それッ！」とばかり、居合わせた者全員が現場に急行したが、そこには人影ひとつなかった。右だ、左だ、いや向こうだと走り回っているうちに、恐ろしいもので、朝鮮人暴動は、もはや既成の事実として疑わなくなっていた。だれも彼もがそんな疑心暗鬼になり、私たちも、しまいにはサーベルを振り上げ、本気で追いかけた。

家屋の倒壊、断水、停電、出火……で平静さをまったく失っていた一般住民の激昂ぶりは、私たちに輪をかけてすさまじかった。町内ごとに自警団を組織し、竹ヤリ、日本刀、角材をたずさえ、徒党を組んで〝朝鮮人狩り〟をやった。町の辻で朝鮮人を取り囲み、袋だたきにしている光景も幾つかあった。いずれも、暴徒とは思えない一般朝鮮人市民であり、人がきをわけて入ってなだめようとするのだが、そのじぶんには、警察官といえどもヘタに口出しすると命が危ないというありさまだった。私自身、危やうく竹ヤリで突かれ、トビ口で頭を割られるところだった。

結局、まる一昼夜探索しても、朝鮮人の武装蜂起を裏づける事実は何一つなく、このままでは犠牲者が出るばかりだということで、署が朝鮮人保護にのりだした。近くの学校の雨天体育場に五～六十人を収容したと記憶している。

このあと、三日から私は、県知事宅の警護をいいつかったが、市民、県民のいざこざの収拾や陳情こそあったが、朝鮮人による襲撃や暴動は、まったくなかったことを追述しておきたい。（談）

（『潮』一九七一年九月号　潮出版社）

⑬栄女（当時、数え年九歳。西戸部在住）
「トロッコに乗せてくれた朝鮮人のおじさんは」

大正十二年九月一日の関東大震災の時に私は数え年九歳だった。私はその時起ったことをいつか人に話したいと思って来たが、言えなかった。

〔…〕西戸部へは八月の二十日を過ぎた頃に引越したばかりだったので知り人は居ないし、近所隣もあまりなくみすぼらしい家で、子供心にも何とも言えない淋しさだった。今にして思えば養父が何か失敗して吉田町に居られなくなったということかも知れないと思うのだが、この年迄知らないで過ごしてしまうともう誰に尋ねようもない。

私は独りぼっちですぐ裏から続く原っぱで何をしていたか覚えていないが遊んでいた時に、少し向うにトロッコが走っていた。そのトロッコのそば迄行って見ていたところ、トロッコを押していたその時分は朝鮮人と言っていたおじさんが、「乗りたいか」と聞いた。私はコックリとうなずいた。おじさんは私を抱いてトロッコの前に乗せてくれた。そして向う側に着くと空（から）になった帰りのトロッコに私を渡してくれた。そして元に戻ると何かを乗せてまた私を乗せてくれた。それからはいく日か家を抜け出せる時は原っぱに行ってトロッコに乗せて貰った。私の判らない言葉で隣りのトロッコにひょいと渡してくれて、とても楽しかった。何故か判らないが、このことを言っては悪いような気がして家へ帰ってもだまっていた。養母は独り遊びが好きな子だからと思っていたようであった。

一日の大震災の時も独りだった。〔…〕翌日の朝のうちに養父は真黒になって帰って来た。帰る途々（みちみち）で梁の下になった人や、火の中から助けを呼ぶ人たちを助けて歩いて、家迄は帰れなかったということだった。

そのことがそれからの養父の人生をまるで変えてしまうことになるのだが、その夜から恐ろしい事が起きるのだった。養父を迎えに来た人に誘われて養父も棍棒を持って出掛けた。外が騒がしくなり、そのワーワーという人声に混って人の悲鳴が聞えた。その晩養父が帰って来て言うには、悪いことをした朝鮮人を追いつめて交番の前に折り重ねて置いて来たということだった。

私は机の下でブルブルと震えていた。そんな事はない、そんな事はないと、口に出して言えないまま心の中で叫んでいた。あのおじさん達が悪いことをする筈がない、それなのに大勢の人に棍棒でなぐられて交番の前に積み重ねられている。どうして、どうして、そんなことにと、養父をはじめ追いつめた人達に言いたかった。でもどうしても言葉に出して言えなかった。「怖がることは何もないのだよ、此処へは朝鮮人は誰も来ないからね」と養父は震えている私に言った。養母は「変な子だね、地震の時に椅子に挟まれているのを引っぱり出した時には泣きもしなかったのに、さあ、もう寝なさい、此処なら地震が来ても大丈夫だから」と言って隣りの部屋に行ってしまった。私はいつ迄も震えが止まらなかった。〔…〕

数え年九歳の女の子の前を通って棍棒を持った養父が出て行った。孤独な女の子をトロッコに乗せて遊ばせてくれたあの朝鮮人のおじさん達は、衆を頼んでのこととは言え殺された。それは養父の罪でないことは判っていたけれど、その時の事は何かに向ってどうしても許せないという想いが消えなかった。

〔…〕関東大震災の日となると、私に親切だったあの朝鮮人のおじさん達と養父が今でも二重写しになってなかなか消えない。だが今私の心の中で、もう忘れることにしようと思っている。

（『国際経済研究』第一四八号　財団法人国際経済研究センター、一九九三年一〇月号）

⑭三堀菊太郎（神奈川県立工業学校機械科三年）
「朝鮮人が三四人来たら消防夫や、警官が来て皆でなぐって連れて行った」

九月二日　曇

〔場所不明〕早朝日の出づる頃に父と共に我が家を出で、父の会社の様子を知る為めに鉄道線路を歩みて子安に行く。線路を歩む者列をなし、両側には焼出された者が小屋を作って入って居る。〔…〕漸く家に帰って来た。握飯を食って少したつと「津浪が来る」、「朝鮮人が刀を抜いて四百人も押寄せて来る」という事が伝わると、近所の人達は皆一斉に山へ逃げた。其の騒ぎは大変な物であった。其の内に朝鮮人が三四人来たら消防夫や、警官が来て皆でなぐって連れて行った。人々は皆警戒して刀や鉄砲を持って居ったりした。家へ入る事が出来ず庭へ小屋を作った。其処で一先ず露をしのぐ事にした。かくして又夜を過した。

九月三日

十時頃横浜倉庫で米を呉れると云う事を聞いたので行って見ると、それは戦場のようであった。荷車がずっと列んで其れへ米俵をかついで来ては又積んで居る。僕はよその人が米を三升ばかり呉れたのでそれをもらって帰って来たが、それは大変な騒ぎであった。

（『震災記念号』神奈川県立工業学校、一九二四年）

⑮**片山茂（県立横浜第一中学校一年）**

「傷ついた朝鮮人が相当収容され」

〔九月一日、午後六時頃には校庭は約一万人の避難民で埋め尽くされた〕二日の昼頃になると、朝鮮人騒ぎがおこり、「今後、不逞鮮人数百名が神中を襲撃してくるという情報が入ったから十四才以上の男子は武器をもって闘うように」と在郷軍人会や青年団の幹部がいって回った。神中の武器庫が避難民によって破壊され、鉄剣、演習用の空砲等が全部持ち出された。また各自、日本刀、銃剣、鉄棒等を持って校内を歩き回るので物凄千万だった。

夜になると、銃声、突撃ラッパ、カン声等が屡、神中の表門通や保土ヶ谷方面でするので、私たちは地震よりもその方の恐ろしさが身にこたえた。（後で思えば日本人同志の錯覚による出来事だったのだが）。

戸部警察署が焼けて神中に本部を移し、博物の教室が留置場に代用された。傷ついた朝鮮人が相当収容され、日赤救護班の治療を受けていた。

三日の夜、生田校長が有泉先生らを連れて提灯を下げて避難民の間を廻り、「奥少将の率いる軍隊が近くの一本松小学校に泊っているから、もし朝鮮人が襲撃してきた場合、皆で大声を出して、「山」というように、軍隊は「川」と答えて、すぐ応援に馳けつけてくれることになっています」と説明されると、皆安堵した気持になったことは今も忘れません。

（『神中・神高・希望ヶ丘高校百年史　資料編』神奈川県立希望ヶ丘高等学校創立百周年記念事業合同委員会、一九九八年）

⑯**藤本秋圃（本名、藤本實也。当時、横浜生糸検査所勤務）**

「千人位居ると云う風説」

此夜〔九月二日〕は×人襲来と云う風説で家族は怖がって上の原場に大勢と共に野宿した。青年団や秋山工場の若衆が夜警をする、久保山方面に盛に鬨の声が揚がる、鉄砲の音がパチパチと方々に聞える、原場の避難者の中でもボツボツここを逃げ行くものがある、妻や子供等はここは危険だから何処かへ落ち延びようと荐りに訴える、自分はここを最も安全の場処と思ったから此を制した、〔…〕少し上には野毛山貯水地帯に何万の人が居る、ドウ考えても安全地帯だ、殊に直下に自分の宅がある、掠奪等にも監視することが出来る便利もあり、兼ねて好都合の場所であると思って〔…〕直彦は大きな棍棒を持って居る、自分は宅の格子の鉄棒の外れたのを提げて来る。七才の道子は気丈者である、何時の間に拾って来たのか荊のある棒を握り詰めて、「××人が来たら此棒のデコボコのある所で撃って遣る」と力んで皆を笑わして居る、本人は至極真面目で其棒を枕元に置いて寝た。

此夜は原場の人々は大部分は寝なかった。××人は千人位居ると云う風説、襲来などと云う事はよし誇張であっても×人の居ることは事実である。神奈川警察署や中学校にも五百人宛留置されて居るとの風説であった。其上横浜刑務所の囚人千人が開放されたと聞ているから何となく人心不安であるは当然だ。

（藤本實也『焦土を凝視めて』一九二四年）

⑰江波友二（寿小学校五年）

「神中の原に逃げる。鮮人騒ぎには校内の武器で備える」

二日、人々は皆、税関にく物を取りに行く。又一つ心配しなければならないことがおこった。それはほかでもない。兄さんの身の上を思う。そうこうしているうち「つなみ、つなみ」と人々が逃げる。僕等も神中の原へにげた。兄さんは神中四年生だから、居やうしないかとさがすが居ない。原にはひなん民がたくさん居て、僕等にたべ物をくれた。早や夜になると、鮮人さわぎ、校内の鉄砲や刀をもって来て守る。四方が山で四方から攻められる。時にわあわあいってはおしよせる、ぶるぶるふるえているとやがて兵隊が来た。その時はばんざいと皆かんこのこえをあげた。

（４）久保山方面

①石橋大司（当時八歳、福富町在住）

「電柱に荒縄でしばられた朝鮮人の血だらけの死体を見た」

〔見出し〕

忘れてならぬ事実！　少年の日に見た　朝鮮人大量虐殺

大震災当時

一市民が殉難慰霊の日　横浜久保山墓地

九月一日の震災記念日を前に、横浜で会社を経営する一市民が「関東大震災殉難朝鮮人慰霊の碑」を横浜・久保山墓地内に建てる。〔…〕「日本人として決して忘れてはならぬ歴史的事実を何らかの形で残し、再び繰り返させぬあかしとしたい」とその人はいう。碑の裏面には「少年の日に目撃した一市民これを建つ」と記されている。

慰霊碑を建てる会社社長Aさん（五九）＝匿名希望＝は一九二三年（大正十二年）九月一日、小学校二年生（八つ）だった。横浜市中区福富町の自宅で家の下敷きとなったが脱出、九死に一生を得て久保山まで逃れた。二晩野宿の後、三日朝、一家で根岸の親類へ行く途中、西区内の市電通りの電柱に荒縄で縛られ、半裸体で血だらけになって殺害されている朝鮮人を目撃した。根岸の堀割川を通った時、川面に浮いている死体が朝鮮人だ、と人々は騒いでいた。

ことし六月亡くなった母も、根岸で多数の朝鮮人が虐殺されているのを見たが、死ぬまで「話したくない」と胸の内に抑えていた、という。Aさんの脳裏には当時の惨状が刻みこまれ、消えない。「朝鮮人が井戸に毒を入れた。襲って来るから気をつけろ」という話も、デマ情報と判明したが、当時はまともに受けていた。

Aさんは数年前、飛鳥田市長にも市民の手紙で殉難朝鮮人の碑を建てるよう訴え、この数年、何らかの形で慰霊をしたい、と考えていたという。

「危うく災害を逃れた者同士が、なぜその仲間を殺さねばならなかったのか。忘れてはならぬことです。歴史が語られているが、ほんとに知らなければならぬ史実をほっかぶりしているものへのアンチテーゼの意味もこめて碑を建てます」と話すAさんには朝鮮人との知人は一人もいない。高さ三メートルの細長い石碑を建てる九月一日、静かに供養したい――ともらしている。

（神奈川新聞、一九七四年八月二一日）

※石橋さんは右のとおり、この時点では匿名を希望した。実名を公表したのは約二〇年後、左の新聞取材の時である。

〔見出し〕

大震災　少年は虐殺を見た

朝鮮人慰霊碑を建立　供養を続ける横浜の石橋さん

横浜市神奈川区神奈川一丁目のかまぼこ製造業、石橋大司さん（七八）は三十日、今年もつえをつきながら、同市西区の久保山墓地にある慰霊碑の前にやってきた。前面には「関東大震災殉難朝鮮人慰霊之碑」、裏面には「少年の日に目撃した一市民建之」とだけ記してある。建立者の名はない。

この慰霊碑は、石橋さんが一九七四年に建てた。七十年前の幼い眼に焼き付いた関東大震災での光景を、石橋さんは忘れることができない。

一九二三年九月一日の震災直後、「朝鮮人が動乱を起こそうとしている」などのデマが飛び交った。軍隊をはじめ、青年団員などによって結成された自警団が、朝鮮人や中国人に対して拷問、虐殺を行った。立教大学の山田昭次教授（日本近代史）によると、関東一円の朝鮮人数千人が殺されたという。

横浜市福富町に住んでいた石橋さんは当時、小学二年だった。一家は火に追われた。九月三日、根岸方面に向け家族と一緒に逃げていく途中、久保山の坂で、電信柱に荒縄で後ろ手に縛られた朝鮮人の死体を目撃した。血にまみれていた。家族は無言で通り過ぎた。以後、家族の中でこの日の事が話題にのぼったことはない。

「多くの日本人は朝鮮人を虐殺したり、目撃したりしているのに口をつぐんでいる。恥ずべきことだ」と石橋さん。

一九七〇年代に入り、石橋さんは「市長への手紙」という市民の声を聞く制度を利用して、当時の飛鳥田一雄市長に手紙を数回送った。久保山墓地に完成していた震災犠牲者の合葬墓の修復と、虐殺された朝鮮人の慰霊碑の建立を求めるものだった。市は、合葬墓の修復だけ行った。

私財を投げうって、合葬墓の横の市有地に許可を得て、慰霊碑を建てた。五十九歳、震災から五十一年目だった。

石橋さんは十八歳のとき、両足が不自由になった。おぼつかない足取りで慰霊碑を後にしながら、「終わりの近い私にとっては、この碑の建立が生涯たった一つの善行だった」とつぶやいた。

（朝日新聞・夕刊、一九九三年八月三一日）

※なお、右の記事中の山田昭次教授（当時立教大学）は、石橋さんについて、自らの著書で「私は彼を写真に撮影しようとすると、『私は無名の市民ですから』と断られた。追悼碑の『一市民』と刻んで自己の名前を刻まなかったのは、彼のこうした精神の表現であった」と述べている。（山田昭次『関東大震災時の朝鮮人虐殺とその後』創史社　二〇一一年）

②石井政太郎（神奈川県立工業学校機械科四年）

「巡査が朝鮮人が放火したり、井戸に毒を入れるから気をつけてくださいと」

〔下校途中に被災〕僕はY君とS君と三人で久保山に避難した。途中どの食糧品店も人で一ぱいであった。久保山から高い岡の向うは僕の家であるが、煙が勢よく立登って居るから大抵焼けて居るのであろうと思ったので、帰る勇気もなく一時間余り山に坐ったのみであった。〔…〕

其の日〔九月二日、場所不明〕の三時頃に巡査が「朝鮮人が放火をしたり、井戸に毒を入れるから気を付けて下さい」と、青年会の人に話をして居た。それを聞き伝えた者は奮起した。そして腕に赤い布をまいて同胞なる事を示し標の無い通行人をしらべて、内地人には赤い布を与えた。次に白を又其の次には赤白を付けた。二日の夜は来た。大人は刀或は竹槍及小刀を持って要所要所に集って、十分に防備した。夜が更けると山の下の方で喊の声を上げて、勢を示して朝鮮人の来ぬ様に努め、山の上では盛に火を焚いて居た。其の有様は戦争の如くであった。年寄小供は非常に恐しがって泣いた。

夜明になって海軍陸戦隊が一小隊ばかり山に登って、僕の前を通り過ぎた。其の時老いも若きも一声に、万歳を唱えた。

（『震災記念号』神奈川県立工業学校、一九二四年）

③竹内實（神奈川県立工業学校建築科三年）

「鮮人の死体至る所にすてられてあった」

〔九月一日夜、境之谷で祖母と野宿。翌日になって家族がそろう〕聞けば父は会社で潰され辛うじて公園へ逃げ込んだと云う事である。それから共に久保山へ行き、明三日午前七時根岸の親戚へ行くべく久保山を立った。此の間に起った重な事件は鮮人さわぎであろう、如何に鮮人なりと云えども皆我が同胞であるにも拘らず鮮人の死体は到る処にすてられてあった。

（同前）

④朱秀子（当時一四歳、南吉田町在住）
「二人、三人と縄でしばられた朝鮮人がどこかに連れていかれるのを見た」

当時、朱秀子さんは横浜市南吉田町で両親、三人の妹たちと暮らしていた。尋常小学校の高等科に通う十四才。〔…〕四方を運河に囲まれている地域なので人々は幾つもある橋に殺到し、炎に追いかけられるように山手に逃げた。

山の頂には関東学院があってすでに校庭は被災者で足の踏み場もないほどだった。〔…〕

夜、自警団の人がやってきて「朝鮮人が襲ってくるから鬨（とき）の声をあげていろ！」と触れ回ったという。

その時期、街中で朝鮮人労働者やその家族をたくさんみかけた。何がなんだかわからず、怖くて三日三晩、飲まず食わずで「エイエイオーッ」と大声を張り上げていたので、のどが渇ききってしまった。そのうち自警団の人たちが、「朝鮮人を三人殺した」、と言っているのを聞いた。その後、山伝いに戸塚の親戚を頼って歩いたが、その時も、二人、三人と縄でしばられた朝鮮人がどこかに連れていかれるのを見た。〔…〕

「そのときは朝鮮人だってわたしたちと同じように怖くて仕方がなかったろうに、それなのに殺したりして……。警察官は手が回らないのか自警団の人たちが被災者を仕切っていたけど、あとで流言飛語だとわかって、本当にひどいことをしたものだ……」

（『会報』第一〇九号、関東大震災時に虐殺された朝鮮人の遺骨を発掘し追悼する会、二〇〇四年）

⑤磯部和助（当時二九歳、南太田町在住）
「伊勢山太神宮裏山裾辺で血腥い光景を見た」

〔久保山南太田町庚耕地の自宅で療養中の七男和助の安否が不明。九月二日の〕昼前だったろう、兄はどうせ駄目とあきらめながらも、久保山和助宅を見に出かけた。ところが意外！全く意外にも和助は隣人今岡某に背負い出されて、〔看護師の〕千葉ゑい子氏と共に無事であった。これを知った母は即時久保山行を決心、田島一家を誘って同道。然るに道中家屋の倒潰道路の亀裂、その危険と困難とは全く想像以上。加之折柄××騒動の流言蜚語頻りに飛び、何となく不気味なところへ、紅葉坂上伊勢山太神宮裏山裾辺で、一××を中に群衆の血腥い光景を見て、一同思わず肝を冷した。既に薄暮迫り、行く先の程も覚束ないので、行き逢う人に訊くと、

――久保山なんかへ行くのは、死にに行くようなもんですよ

これを聞いては進退両難、田島家一行は稍々暫く逡巡決しなかった。この時母は断乎として

「私は向うにあてがありますから、どんなことがあっても行ってみます」

と云いきって、先に立って歩き出した。一同も不安ながら母に引かれて前進。夕方遅く行き着いてみると、山も××騒ぎの中に。その夜は和助宅前の丘上に屯した避難民と共に、戸板を敷いて野宿という有様、必ずしも安全地帯と云うわけでもなかったが、決して求めて死地に飛び込むようなものではなかった。

（磯部和助編『花橘』、一九三六年）

⑥田端芳子（寿小四年）

その中に朝鮮人のさわぎで又一しきり心配になってしまいました。それからはねむる事も出来ません。〔…〕〔夜が明けて→学校→川〕そして、きがらちゃのおむすびを半分たべて、よろこんであるき、久保山へ行くとちう朝鮮人のころすのをたくさん見ました。

3　横浜市北部地域

（1）子安地域

①桑名三重彦

「手足をしばられ燃え盛る石炭のなかに」

〔九月三日、大森から川崎→東神奈川→関内→山下町と被災地を歩き回る〕至る所で、それ等の自警団に殺された不逞の徒の話を聞いた。軍隊や警察に捕えられた者も多かった。

横浜の帰りに子安付近で軍用電話を切断せんとして捕えられた二名の不逞の徒が殺気立った群衆の手で手足を縛された上、燃え盛る石炭のなかに生き乍ら葬られたのを見た。

（『関東大震災実記』「火焔を浴びるの記」紅玉堂書店、一九二三年）

②長岡熊雄（横浜地方裁判所部長判事）

「余り惨酷なる殺害方法なので筆にするのも嫌だ」

〔「中部地域」長岡熊雄P．248から続く。執務中の裁判所庁舎は壊滅、多くの圧死者を出す。一命をとりとめた長岡は、被災状況を報告するため陸路で東京をめざす。九月三日午前〕行き行きて子安町に出た。此辺からは火災に罹った跡はない。壮丁が夥しく抜刀又は竹槍を携えて往来して居る、鮮人警戒の為だという。元亀天正の乱世時代を再現した有様

だ、其壮丁の一人が私の腕に巻ける白布を見て横浜では本日から白布に代りましたかと問う私は左様だと答えて行去る。〔…〕先方から自転車に乗って来た者がある。壮丁の一人は抜刀を突付けて之を誰何す、車上の男は恐縮頓首恭しく住所氏名を告げて通過を許された。壮丁の多くは車夫鳶職等の思慮なき輩で凶器を揮て人を威嚇するのを面白がって居る厄介な痴漢である。加之（しかのみならず）之を統率する者がないので一人が騒げば他は之に雷同する有様で通行人は実に危険至極である。道にて鮮人の夫婦らしき顔をして居る者が五六人の壮丁の為詰問せられ懐中を検査せられて居るのを見た。幸にして私等一行は純日本人の相貌を有するので誰何せられずに通過した。

　生麦から鶴見に行く。此辺の壮丁も抜刀又は竹槍を携えて往来して居る。路傍に惨殺された死体五六を見た。余り惨酷なる殺害方法なので筆にするのも嫌だ。

（『横浜地方裁判所震災略記』横浜地方裁判所、一九三五年）

③坂本半蔵（**日本郵船勤務。当時四一歳**）

「線路に鮮人の虐殺されたるもの所々に散在す」

〔上海出張の帰りに立ち寄った郷里福岡で震災の第一報を知る。妻子が待つ神奈川桐畑の自宅を目指し、東京方面から東海道を下る。九月四日午前〕鶴見は割合に被害少なかりしと云う。麦湯を飲んで別る。足は靴にかまれて痛くて仕方がない。ゴム底足袋を買ってはき替ゆ。全ての交通機関は全然途絶、電車線路には徒歩行き交う人の群れ＊＊織るが如し。新子安は鮮人の放火なりと、今なお盛んに燃えている。線路に鮮人の虐殺されたるもの所々に散在す。身体はれあがり、或いは腸が露出し、或いは顔面無数の刀傷を受けたるもの凄惨を極む。

（船津英夫『関東大震災　罹災記　祖父坂本半蔵氏の日記から』二〇一五年）

④渡辺歌郎（**鶴見の開業医。鶴見町会議員**）

「入江川の橋際に二人の鮮人斬り殺され居りしを見た」

〔九月二日夜、東京へ帰る途中に自警団に襲撃され負傷した日本人青年を治療。その青年からの伝聞〕現に来る途中にも子安に於ても入江川の橋際に二人鮮人が斬り殺され居りしを見て恐ろしさの余り急ぎ帰ろうと鶴見にさしかかりしに暗闇の中より七八人の青年が飛び出し来、今にも打ちかかからんの気勢、全くの日本人なる旨を弁明するも更に夫れを聴かずに打って来りし故、遂に逃げ出した者ですから遂に後ろより棍棒でなぐられた訳。

（渡辺歌郎『感要漫録』（私家版）横浜市史資料室所蔵「手島温子資料」）

⑤川崎市桜本一丁目・三丁目長寿会での「大震災座談会」「首のない死体が転がっているのも見ました」

問　デマはどんなことでしたか。

答　C：朝鮮人が暴動を起すというようなことでした。

D：私は上奏野村にいたのですが、やはり騒ぎました。平素はしっかりしている人でも、やはり巻きこまれてしまうのでね。

C：私は次の日、用事があって子安を通ったんですが、交番に逃げこんだ人が竹やりで殺されるのを見ました。首のない死体が転がっているのも見ました。

（『十一時五十八分　川崎市南部り災者の声』川崎市臨港消防署婦人消防士グループ編、一九七八年）

⑥やまと新聞（一九二四年二月一〇日）

「虐殺鮮人数百名の白骨、子安海岸に漂着」

虐殺鮮人数百名の白骨、子安海岸に漂着　昨日の暴風に打ち上げられて　当局面倒がって責任のなすりあい

横浜在、子安方面では九月一日の大震災当時、気荒い漁夫連が多く居住して居たとて、数百名の朝鮮人を殺害し、その大部分は海中に放棄してしまったが、八日の暴風の為め波浪高く、腐爛した肉をつけた白骨数多、同海岸へ打ち揚げ、而かも神奈川署では、完全な骨組をしてないからと市役所へ回すのを面倒がり、どこへでも埋めてしまえと取り合わぬので、同海岸にはバラバラとなった人骨累々として鬼気人に迫るの物凄さである。

⑦河北新聞（一九二三年十月二十一日）

「ありとあらゆる惨虐を恣にす　流言蜚語におびえた　横浜付近の住民」

〔…〕神奈川方面では二日朝、流言伝わり、子安自警団の多くは日本刀を肩に自転車を疾駆し、鮮人一人残らず打殺せとただ今警察から命令が出ましたと態々〔わざわざ〕触れ回った程で、二、三、四の三日間に五十名の惨殺鮮人屍体が鉄道線路付近に遺棄された。その後、鮮人屍体百余を算し或は火中に投ぜられ或は嬲殺された者などあるが、適格には知り得ない。神奈川方面の某会社雑役に従事していた80名も殆ど一夜にして全滅し眼も当てられぬ惨状を呈した。（東京電話）

⑧寿小学校高等科一年女子（木村ハナ）〔小学生の作文に再掲〕「がんがんとかねが鳴った」

〔小見出し「子安」〕がんがんとかねが鳴った。「なんだろう」「あれはきっと火事だよ」と私はいった。けれども火事の様子がない。そばの電信柱に「鮮人がいるから井戸水をのむな」とかいてあった。それを見て思い出したのは朝鮮人でした。それからうそだと云う事をきいて安心をした。

(2) 高島山、反町、二ッ谷橋、東神奈川付近

①八木熊次郎(元街小学校教員、洋画家(雅号・八木彩霞。当時、青木町字反町四八〇番地に在住)

「警官が流言を広げ、自警団を組織」

〔勤務先近くの元町で被災。家族とともに自宅近くの高島山下の草地に避難〕九月二日、大空ハ黄灰色に霞ンデ頭上ヲ絶エズライジングサン石油タンクノ煙ガ渦巻イテ飛ブ、太陽ハ銅色ヲ滞ビテ煙ノ中ヲ縫ウテイル。何トナク災禍ノ前兆ヲ示スモノノ如クデ一層不安ヲ増サシメタ。火災ハマダ全市ヲ包ンデ居ル。

コノ日午後、吾々ガ陣取ッテイル草原へ巡査ガ駈ッテ来テ、皆サン一寸御注意ヲ申マス。今夜、此方面へ不逞鮮人ガ三百名襲来スルコトニナッテ居ルソウデアル。又、根岸刑務所ノ囚人一千余名ヲ開倣シタ。コレ等ガ社会主義者ト結託シテ放火、強奪、強姦、井水ニ投毒等ヲスル。昨夜ハ本牧方面ヲ襲来シタ。右ノ様ナ始末デアリマスカラ、今夜ハナル可ク皆様ガバラバラニナラヌ様ニ一所ニ集ッテ居テ下サイ。ソウシテ万一怪シイ者ガ来タラ一同デ喚声ヲ挙ゲテ下サイ。猶、十六歳以上、六十歳以下ノ男子ハ武装シテ警戒シテ下サイ。コレヲ聞イタ婦女子ハ皆震エ上ッテ、各自重キ家具ヤ貴重品ヲ負ウテ狼狽シ始メタ、子供等ハ恐レテ泣キ出ス、目モ当テラレヌ有様デアッタ。自分ハ家族ニ向イ、決シテ心配スルニハ及バン、若シ不逞ノ鮮人攻メ来ルコトガアッテモ、此処ニハ数十人ノ青年ガ居ルシ、此下ニハ又何十人ト居ルノダカラ、片ッ端カラ切リ倒スカラ心配スルナ、死セバ諸共ダ、此様ナ際ニ周章スルト却ッテ命ヲオトス、静カニシテ居ナサイト云ッテイルト、午後四時過ギ、向ウノ山上デ喚声ガ起ッタ。一同ガ振リ向イテ見ルト、白服ヲ着タ者ガ幾十人カ抜剣シテ沢山ナ人ヲ追カケテイル。基ヲ見タ者ハ異口同音ニ不逞鮮人襲来ダ、白服ノハ日本ノ青年団ダト騒グ。人々戦々恐々、急ニ避難場所ヲ変エルモノ、重キ荷物ヲ草叢ヘカクスモノモアル。疲労ト不安ノ中ニ、其日ハ暮レカカッタ。各町ノ青年団、衛生組合ノ人々ガ腕ニ赤布ヲ巻キ、向ウ鉢巻、腰ニ伝家ノ宝刀ヲ佩ビ、或ハ竹槍、ピストル、猟銃其ノ他、鉄ノ棒ナド持ッテ避難地ノ草原へ集合シタ。恐ロシイ夜ノ戸張リハ全ク閉サレタ。余燼ハ空ヲ赤ク染メテイル。海上遥ニ低ク下弦ノ月ガ懸ッテイル。夜ノ十時過頃カラ各方面デ銃声ト喚声ガ聞エ始メタ、提灯ノ火ガ幾ツトナク野原ヲ飛ンデイル。折々、武装シタ青年ノ伝令ガ駈ッテ来テ「御注意ヲ願イマス。只今、怪シイモノガ数十名此方面へ這入ッタ形跡ガアリマス」等ト入替リ立チ替リ報告シテ来ル。此夜、鮮人十七八名、反町遊郭ノ裏デ惨殺サレタ。カカル不安ノ中ニ妻子ハ、マンジリトモセズ夜ヲ明シタ。(二日朝六時ヨリ翌三日午前六時迄、大小地震ガ三百三十四回アッタ)

〔…〕三日、鮮人来襲ノ報、一層喧シク、放火、強奪、強姦、井水に投毒、鮮人ト格闘セルコト等ノ報、頻リニ伝エラレタ。此日、海軍陸戦隊ガ五十鈴、春日等ニテ到着シ、探照燈ノ光ガ暗瞻タル空ヲ照シタ。避難地ノ混雑ハ昨日ニ同ジク、重傷者ノ死亡、妊婦ノ出産等、目モアテラレヌ、ミジメサデアッタ。余震ハ午前六時ヨリ翌四日午前六時迄ニ百五十三回ニ及ンダ。

（八木熊次郎『関東大震災日記』一九二三年。横浜開港資料館保管「八木洋美家文書」）

②黒河内巌（青木町字七軒町の運送店主。当時六三歳）
「警官が鮮人と見たらみな打ち殺せと」

大正十二年九月一日
前日宇田川叔母来泊宇田川叔母　おけい　すず子東京へ行月島福沢　宇田川德藏　三十五日墓参として出発神奈川駅ニテ地震　直チニ帰宅
朝十時雨止ム
午前十一時五十八分大地震家族一同在宅
地震ト同時ニ全町ノ家屋潰倒　所々ヨリ火ヲ起ス
二階ノ荷物　箪三棹　フトン　行李　風呂敷包略全部運ビ出シ船へ積ミ避難ス
避難セシ船へ火ガ移リ他ノ船へ避難ス福吉約十人　中屋ニ人　藤の家三人　亀藤の家七人　坂部三人　家族八人海水ヲ注ギ一夜ヲ明カス　夫レガ為メ　栄　私　喜み江、三人共眼ヲ痛メ　更ニ明ク事ガ出来ズ　二三日間ハ失明ナリ
九月二日
宇田川叔母ハ帰レリ朝家族ヲ引キ纒メ　高島山へ避難シ露セリ
全夜ハ朝鮮人ガ飲用水井戸へ毒ヲ打チ込ミタリトテ　鮮人ト見タラ皆打殺セト極端ナル達シアリ　依テ鮮人ト邦人ト間違イ　ナグリ合等ニテ混雑セリ
九月三日
高島山ヲ引キ払イ　青木小学校へ立退ケリ喜み江ト小児二人ヲ栄ガ連レテ関沢へ行ク坂部モ東京ヨリ来リ　関沢へ行全所モ泊ル事モ不能トテ一同帰リ来レリ
九月四日
坂部一家族　東京へ出発セリ眼モ少シハヨクナレリ

（黒河内巌『日誌』一九二三年。横浜開港資料館所蔵「黒河内隆家文書」）

③對木克郎（神奈川県立工業学校電気科三年）
「近所の人達は竹槍を持って朝鮮人を追いかけまわして居る」

〔高島山近くで被災。九月二日〕昼近くなると、下の道を「朝鮮人が井戸に毒を入れるから気を付けてください」とどなって歩るく者がある。近所の人達は竹槍を持って朝鮮人を追いかけまわして居る。少したつと鮮人が一人縄につながれて

行く。其内にあっちで一人殺されたの、こっちで殺されたものと人々のまちまちな流言は頻々として伝わる。暮方近く又一人巡査に連れられて通る。きっと警察につれて行かれるのだろう。夜に入ると夜警事務所では「川崎地方から横浜へ鮮人八十名火を放ちに来る」と言っている。人々は非常に恐れ、どこの家でも逃支度をしている。僕は其夜も夜警に出た。時々「ドーン」「ドーン」と銃声がする。横浜地方の空は赤い煙が空を覆うている。「ワーッ」と言う喊声にいよいよ押寄せて来たものかとさえ思った。

（『震災記念号』神奈川県立工業学校、一九二四年）

④石坂修一（横浜地方裁判所判事）

「東神奈川で途中危険なりと注意を受け駅に宿し、終夜銃声を聞く」

九月三日〔夜、裁判所長と検事正の家族を避難先に見舞った帰り道〕神奈川高等女学校前迄に来るに自警団中に喧嘩あり、この仲裁をなす。他にも仲裁するものありて漸く鎮まる。坂を下りて東海道に出でんとして道を聞きたるところ、却ってここを警戒する自警団長に怪まれ、氏名を告げ行先を語るも信ぜず、官氏名の記しある名刺を示すも尚信ぜずして曰く、名刺など何処からでも持ってこられる、横浜に勤める人間が横浜の地理を知らぬ筈がない、それに所長の家族を三日経って訪ねるのが尚怪しい、とて通行を許さず。百方手段をつくして漸く免れたるに、うしろにて判事さんが捕まったとて大笑を為しおりたるを聞きたり。

東神奈川に到りたるに早、夜の八時を過ぎたり。途中危険なりと注意を受けたるを以て、帰りたくはあれど命は惜しし、終にプラットホームに宿す。終夜銃声を聞く。

（『横浜地方裁判所震災略記』横浜地方裁判所、一九三五年）

⑤角田三郎（牧師）

「二ッ谷橋の欄干に虐殺した朝鮮人宙づり」

〔角田さんからの手紙〕

お手紙有難うございました。

お調べの件、私は自分の家の（母と兄達と）影響と自分自身が正しいと信じて生きた青年前期（士官学校出身）の思い出や反省から、靖国問題や憲法改悪への反対運動にかかわり、その中で虐殺問題もある程度調べました。

「靖国と鎮魂」の最初の部分をリプリントして同封し、また、そこに出てくる『坂巻さん』『村尾さん』の家、私の家が大震災当時にあった場所などを、昔の地図として下手ですがかきました。虐殺死体の運ばれ方や、どこに埋められたか、はこの図とリプリントしたもので大体分かるか、と思います。なお、放置されていた死体を、ともかくも（穴に投げこむような仕方でも）埋葬したのは、図にある村尾さん（退役海軍少佐で当時の激昂した民衆や、その裏にある政治家・警察に対して、はっきりと埋葬すべきことを発言し得た人でした）（戦後しばらくして韓国・朝鮮関係の人が、投げこまれた状況の骨を掘り出して火葬し、改葬した時、村尾さんに感謝して村尾さんの墓を建てました）、そして死体を運んだ状況のききとりをした坂巻さんの家の位置なども、これでお分かりかと思います。また当時の私の家から数分上に大きな竹藪があり、そこで民衆が朝鮮の人々を虐殺したこと（多数ではない）、母がコッソリと偶然出あった朝鮮の人・二人を家にかくまい、玄関に海軍大佐角田貫三留守宅とかいて、正座していたこと（小説『荒野の虹』で金一家を、としているのは小説上のことです）[注(1)]、その母がこの虐殺のことを悲しんで私に墓地や竹藪や二ッ谷の橋[注(2)]、そして青木橋などを案内して事実を伝えたこと、それである程度、一九六〇年〜七〇年代頃の地図をかけるわけです（ある程度のききとり、だけです）。また、ご存知の通り、横浜の市街地があまりにも変わり、今、当時の場所を特定することができません。

『荒野の虹』は今、手に入りにくいので、お送りしますが、お読みになり納得されたあとで送り返して下さい。それでもこれは、日本人の書いた、朝鮮・韓国の人々への申し訳ない思いを母から受け継ぎ、戦争体験から書いたものとして是非読んでいただきたいものです。〔…〕

二〇〇九年一一月八日

角田三郎

山本すみ子様

＊注（1）

角田さんが書いた小説『荒野の虹』の中の朝鮮人を匿った時の様子。

二日の午後になると、この火災が鮮人の放火によるものだ、というデマや、刑務所の解放囚人と不逞鮮人が荒し回っているなどの流言蜚語が飛び始め、自警団が竹槍や日本刀で武装するものものしさになった。

あとで、貞淑小母さんに繰り返し聞いたことだが、その時、すぐに金一家を家に迎えた母は、

第X艦隊所属　海軍中尉松沢尖三留守宅
無用の者の立入を禁ず　　海軍省

などと門に張り紙をし、自分は鉢巻きに男袴をはいて帯の前に懐剣を横様に差して、門内に敷いたむしろの上に正座していたのだそうだ。もちろん、金一家の評判はもともと良かったのだから、一家の人々に近所の人からの危害が加わることはまずあり得なかったのだろうが……。

だが、嵐の様な狂気と混乱は、火災時の旋風のように皆を巻きこんで行った。家から十数分離れた沢の奥近くにいた三軒の朝鮮の人達と、そこに難を避けてきた十名ほどの人達が、一緒に針金で手足を縛られて竹藪につながれ、全く無抵抗のままで、ツルハシやスコップでなぶり殺しになってしまった。

〔角田さんからの聞き書き〕

震災時、私は生まれてないが、母から当時のことを聞いているし、母が現場に案内してくれた。家は三ツ沢の滝の川沿いにあり、自分の家から捜真女学校にいける坂道があった。僕の家からすぐ行くと左側に竹藪があった。その竹藪で朝鮮人が撲殺された。その時母は二人の朝鮮人を自分の家に匿い、玄関に

第X艦隊所属　海軍大佐角田貫三宅

無用の者立ち入りを禁ず　海軍省

と書いた張り紙をして、正座して朝鮮人に危害が加わることを防いだようです。

そうやって、何日か、少なくても数日はそのようにやっていたようだ。匿った朝鮮人がどういう人で、その後どうしたのかは聞いていないようだ。

母は虐殺を止めさせることが出来なかったことを終生苦しんでいたようです。虐殺された朝鮮人は、近所に住んでいる人ではなく、どこからか連れてこられたようで、首に針金がまかれたり、後ろ手に縛られていたようです。

加害者は、軍隊でも警察でもなく、民衆だったそうだ。知っている人は誰もいなかったそうだ。

＊注（2）

二ッ谷橋での虐殺については、小説では以下のようになっている。

竹ノ川が東海道を横切るあたりでは、不審訊問にかかった朝鮮の人々が、後手に縛られ、首に縄をつけられ放り出されて、橋の欄干に宙吊りにされていたそうだし、その付近の道路・鉄橋だけで、六百五十名以上の被虐殺体が確認されている仕末だった。

〔聞き取り〕

現在、二ッ谷橋の付近から滝の川は、暗渠になり遊歩道になっている。二ッ谷橋は欄干の片方が現在残されているので、場所を確認することができる。ここでの虐殺は、角田さんのお兄さんが目撃している。朝鮮人が虐殺され、首に縄を巻かれ、橋の欄干に吊されていたこと、二〇人位虐殺されていたことを目撃している。

⑥坂巻群三郎

竹藪のところがずっと無縁仏のところでね。（死体が）この坂を担がれていくのを見ると、「あっ、また行き倒れだな」なんて思いました。ただ何年何月どこでなんて書いた木の札が標みたいにさしてあって。

そうです、（朝鮮人の死体は）あの無縁仏のところに大きな

穴を掘りまして。……ひどいもんでしたよ。この坂の下でトラックを止めるでしょう。そうすると鳶口で死体を引きずり落とすんです。もう何日も経ってたからすごく臭くてね。だから囚人たちが使われていました。二人一組で棒に死体をかけて運んでいました。すごく大きな穴を掘ってただ放り込むんです。そうです。しばらくは土をかけなかったです。わたしらあの当時、ああいう風に朝鮮人を殺した意味がわからなかったから不安でしたよ。どうしてこの人たちをこんなめにあわせたかって……針金で首をくくられたのや、縄で絞められたのや、無茶苦茶に叩き殺されたのや、ええ、しばらくは土もかけずでした。

（角田三郎さんによる聞き取り、二〇〇九年一一月二三日）

⑦三橋三千代（一九一二年生まれ　三ッ沢墓地お茶屋）

三ッ沢墓地は明治二十二年、市が買い上げた。大正六年母が嫁に来た時は墓は十基しかなかった。墓守が住む事務所に祖父母が住んで、家族は道の向かい側に住んだ。

震災時、父は小刀を抱えて夜警。「朝鮮人が井戸に毒をまいた」という流言蜚語。東北弁の人も殺されたそうだ。

松浦医院の道を挟んで向かい側に〔朝鮮人の死体を〕一時置いた。〔その後、墓地まで〕荷車で運んだ。荷車は市でやった。〔朝鮮人の死体は墓地の〕秋山さんの前の事務所のところに山積みにされた。朝鮮人の死体は黄色くてすぐわかった。

「唐辛子を食べるからか」とみんなが言っていた。

（今本陽子による聞き取り、二〇一〇年四月二九日）

⑧石黒茶屋のおばあちゃん

そうですよ。〔朝鮮人の〕遺体は初めは無縁さんの上の奥の方にずいぶんたくさん埋めました。それをすっかり掘り出して改葬してね。焼いてこんな小さな壺にも入れて、その前に朝鮮の人たちが来て、なんでもとっても偉い人が来て改葬したんですよ。村尾さんがそこを管理していたからって、村尾さんの墓もきれいに立ててあげたりしてね。だけど最初に朝鮮の人を埋めた様子なんかこのへんじゃもう坂巻さん一人だね。もう地付きの人で良く知っているのは。あの頃の若い衆じゃ。

（今本聞き取り、二〇一〇年四月二九日）

⑨田邊新太郎（神奈川県立工業学校電気科五年）

「自分は思わず竹槍を握りしめた。『何くそ、どうせ死ぬなら敵の一人や二人は』」

〔日時・場所不明〕『ピリピリピリ』と云う呼子の音に『ワーッ』と云う喊声が夜の湿った空気を伝って響いて来る。

又、彼処此処に、その度毎に抜身を提げた人々が声する方に走って行く。『気をつけろ』『朝鮮人が警察を襲撃したぞ』『朝鮮人が押寄せて来たぞ。』既に大地震に脅かされていた人心は更にこの一句一句に戦々恟々としている。同じ此の境内に避難していた十幾組かの家庭は親子兄弟相抱いて恐ろしさにふるえている。『山』『川』『松』『竹』鉄砲を持った人、丸太を提げた人等行会う毎に相言葉をかわして行く。『此の畜生め』『叩っ殺してしまえ』此の様な罵詈をあびながら、頑固そうな体の大男が後手に縛られて行く。

自分には彼等の惨しい姿がまざまざと目に映る。肩から胸に赤い液体で色どられ、口からは赤黒い血を吐いて胸に大きく波打せて苦しむ様が浮ぶ。自分等がもしや彼等と同一の運命になりはせぬかと思った。『ピリピリピリ』ハッと思うと数町先の彼方に笛が鳴る。続いて二三人の人が駆けて来た。『燈を消せ』『朝鮮人が三千人許り鶴見方面から押寄せたぞ』『男は皆出ろ』……自分は思わず竹槍を握りしめた。『何くそ、どうせ死ぬなら敵の一人や二人は』……と自分は心の中でさけんだ。『ピリピリピリ』『パチパチパチパチパチ』又停車場方面に笛の音と共に豆をいる様なぴすとるの音が聞える。月明りに槍のほがとぶ。刃の光がやみにかけって行く。

(『震災記念号』神奈川県立工業学校、一九二四年)

⑩齋藤松五郎(神奈川県立工業学校機械科四年)

「朝鮮人が戦っている。二十七人中ほとんど捕まり、二、三人は殺された」

九月二日正午頃、電気会社で朝鮮人が戦って居ると聞いたので、急いで行って見ると、大勢戦って居る。橋の所で一人は死に一人は川の中に投げ込まれていた。会社の近くに行つて見ると家の中で大乱闘が始って居る。家から一人が飛び出して、まさかりを持って土工に飛び掛った。怒り狂って居た土工は鉄棒で相手の腹を貫いた。倒れる所を頭を打って殺してしまった。

之れに力を得て大勢で室の中に飛び込んで手当り次第に捕え始めた。捕えられれば命は無いと思った鮮人は椅子を投げたりピストル迄乱射して抵抗した。弾丸が無くなったので次の室へ逃る、追いかける、二階へ逃る、追いかける。逃場を失い、二、三人は屋根へ上り、他は仕方が無のいで窓から飛び下りた。そして皆鉄棒で、なぐられて、捕まって仕舞った。屋根へ逃げた者は追いかけられて海へ飛び込んだ。

こうして二十七人中殆捕まり、二、三人の者は殺され、やっと形が付いた。大勢の人の顔にはようやく安心の色が見えた。

(同前)

⑪高橋暢(神奈川県立工業学校教員)

「寮生は不逞鮮人襲来の報が伝わるや直ちに武装して」

〔…〕私は茲で寄宿寮生徒を主として当時の警戒振りを紹介したい。

戒厳令布かれ、軍隊到着のあった四、五日迄の寮生の活動振りは実に目覚しきものであった。

変事突発と同時に寮生六十余名夫れ夫れ手分けして急救薬品携帯、学校付近住人一帯の慰問に努め、之れが救護に当り、不逞鮮人襲来の報、一度伝わるや、直ちに武装して、徹宵、校舎内外の警備に寝食を忘れて尽した。一日、二日の徹宵はさほど苦痛もないが、四日、五日とつづく日夜の警戒は、如何に非常時とは言えなかなかに堪え得るものではない。然も遠く親兄弟の安否にどの位か心を痛めつつあったろうに……。

世は真に戦国時代と化し終た。折柄、半弦の月光青く焼土を照す中を長刀、槍、根棒と、あらゆる武器武装に身を固めて、山川の合言葉に更けゆく大道を破歩する青年団員、在郷軍人の血なまぐさい談し声につづいて起る呼る笛と喊声、実に人触るれば人を切り馬触るれば馬を切るの慨があるその中に、綿の如く疲れ切った五体を以て銃剣の光物凄く、歩哨線を張って立った寮生！「歩哨」と呼んで廻れば「オー」と答える緊張したあの警戒振り、誰か涙なしに見たであろう。

五、六日目に陸続と軍隊到着し、本校は炊事班の駐屯する所となり、一個少隊の警備隊が配置せられて付近一帯の警戒に当り、つづいて甲府其他の連隊区より召集を受けた在郷軍人数百名、寄宿舎を始め教室工場に宿泊して、焼跡の整理に奔走して呉れたのであったが、十日頃寮生は漸くに家族に会うべく帰省した。

私は寮生の献身的な働き振りに対し限りなき感謝を表したい。そして本校が天裕に依り隣接地からの出火をも免れ、社会的にあらゆる方面に有形無形に尽す所多かった事を諸君と共に喜び度いのである。

（同前）

⑫齋木春雄（神奈川県立工業学校電気科四年）

「まるで満州のあの広い野に於ける夜襲もかくやと思われた」

〔九月二日夜、「町外れのM君の家」で〕加之驚怖の上又驚怖が襲うてきた。それは鮮人騒動である。夜は家人の生死不明の心配と鮮人の暴行にて眠ることが出来なかった。裏の山からは銃声、前の原からは鬨の声が聞えたりしてまるで満州のあの広い野に於ける夜襲もかくやと思われた。

（同前）

⑬梶川金藏（当時一九歳）

「横浜はひどかった」

三日目の日に、神奈川（今の東神奈川）の親戚を、訪ねてみましたら、やはり、つないである舟が焼け、みよしだけが残っていました。その時、すでに朝鮮人さわぎが、初まっており、横浜は、特に、ひどかった。川崎に帰える途中朝鮮人が、三〜四人つかまってしばられているのを見ました。〔…〕1ヶ月ぐらい何も出来なかった。朝鮮人さわぎで町内の若い衆が、見回りに歩いた。私も、消防の半てんを、着て出ました。これを、着てないと朝鮮人と、まちがえられて、大変だからね。

(『十一時五十八分　川崎市南部り災者の声』
川崎市臨港消防署婦人消防士グループ、一九七八年)

⑭大野林火(俳人。当時、旧制高校三年)

「誰何がきびしく、その返答に些かの不審があると不祥事にもなった」

〔日ノ出町の自宅は全焼〕神奈川斎藤分に住む父の友人の離れまがいの一室に親子三人落ちついたのは二日の昼過ぎ。余震はまだまだ頻繁であったが、それでも峠を越し、その方の不安は遠のいたが、食料品店、衣服品店をはじめ店々への浸入、略奪が口々に伝えられた。子安の日新製粉、港の倉庫も襲われたという。そうした不穏な空気をさらに強めたのが、朝鮮人が暴動を起したとか、井戸に毒を投入したとかの流言蜚語である。当時の斎藤分は文字通りの町はずれ、裏は畑つづき、夜はしんのやみであった。従って自警は当然であるが、竹槍、さらには日本刀まで持ち出したのは、専らそのためである。いまどこそこまで押し寄せていると、まことしやかに隣町から伝令が来るのだから緊張せざるを得ぬ。理性を失ったといわれればその通りだが、いったん狂うとつぎつぎ狂う。夜間の通行は殆んどなかったが、それでもあると誰何がきびしく、その返答に些かの不審があると不祥事にもなった。

(『神奈川の写真誌　関東大震災』有隣堂、一九七一年)

⑮里見弴(作家)

「鮮人の死骸が暗紫色の水袋のように脹れあがり」

〔九月四日、東京から逗子の親族のもとへ向かう途上〕六郷の橋袂(はしだもと)が、みんな力を協せて、一台ずつ俥〔人力車〕を舁(か)いて渡らなければならないような難所の初まりで、だんだんに道中の困難はふえる一方だった。暴徒騒ぎで気の立っている自警団も、その一つに数えられないでもなかった。純日本人であるという印に、行く先々で、白いのや赤いのや、いろいろの布を渡し、やれ腕に捲けの、後鉢巻きにしろのと、言うことが区々(まちまち)で、そのたんびに、乗り物からはおろされ、わるくすると、抜刀(ぬきみ)を提げたりした血の気の多そうな若者の前で、執拗(しつこ)い訊問をうけなければならなかった。自転車の連中が、面倒臭がって、突っ走ってぬけようとでもしようものなら、素早くギヤの間に竹槍をさし込み、転落の憂目をみせずには措かなかった。

神奈川のはいり口あたりに、三四人の鮮人の死骸が、薪ざっぽうよりも無造作に積み重ねてあった。烈しい日射の下に、暗紫色の水袋のように脹れあがり、羽音だけでもすさまじい銀蠅、青蠅だった。――見詰める遑(いとま)もなく、昌造は瞑目合掌し、口のうちに念仏を唱えていた。

「およしなさい、旦那!」

あとから空車を引いて来た小柄なほうの車夫が、いきなり耳もとに、圧し低めた叱声を響かせ、自分は素早くあたりを見廻しながら、ぐいと昌造の腕を引ッ張った。……その意味はすぐ嚥み込めた。気がつけば、われながら、いかにも危険きわまる所行だった。慌てて解こうとする手頸に、いつ衣嚢から取り出したものか、ちゃんと数珠がかかっていた。……埃ッぽく、白々と延びた街道に、とは言え仕合なことには、近い人影もなかった。

（『里見弴全集　第六巻』「安城家の兄弟」筑摩書房、一九七七年）

⑯渡邉悦子（フェリス女学院本科五年）
「鮮人の顔や胸から出ている真紅の血潮の其のものすごさ」

私が此の地震に遭ったのは去年の夏十六才であって、私等家族は神奈川町三千百八十一番地に居った。〔…〕度々来る強い余震に驚かされている間に、家の後手に黒いもくもくした煙が見え出して来た。「火事です」と云う声に又一つの恐怖を抱かされて、私等は僅かな着物を持って線路に逃げて行った。〔…〕二日目の露営した時の恐しさ、鮮人の顔や胸から出ている真紅の血潮の其のものすごさ、そしてその時にも平然としてつれて行かれる彼等の不思議とも思われる其の態度等を見、又何万という国民や外国人の残酷な死を傍にききながら、自分達ばかり生きて行くと云う不幸か幸か、選ばれた者として大きな責任を果すのに、どうしていったらよいかと考えさせられた。

（『フェリス』）

⑰金子富男（当時八歳）
「火消しのとび口を人の体に突き刺して連行」

〔九月二日、母の実家がある神奈川町字御殿町に家族とともに避難〕御殿町に移ってからも、余震がありましたが、こりたのですぐには外に飛び出さず、柱のそばとか、机の下にいました。電線とか木などが揺れるのを見て、また大きくなるのかと不安でしたね。余震がくると、ちかくの権現様というお寺の竹やぶに避難しましたが、お墓に女の人の死体が何日も置いてあるので、臭いがひどくて、息をつめながら通ったのを、今でも思い出します。

あと、印象に残っているのは、朝鮮人が井戸に毒を入れたという話でした。たまたま、十人ぐらいの人が、火消しのとび口を人の体に突き刺して連行しているのを見ました。悪いことをしたかどうかもわからないのに、朝鮮人だということで、そんなことをする人もいることを知って、がく然としました。ただただびっくりしました。そのことは気持ちのなかに、あとあとまで残りましたね。

（『語りつぐ関東大震災　横浜市民84人の証言』横浜市総務局、一九九〇年）

⑱中村保蔵（当時、数え年三〇歳。座間村栗原在住）

「三ッ沢辺りの路傍に死体が転がっていた」

朝鮮人騒ぎは、こちらでは三日あたりに聞いたように記憶しております。というのは二日あたりに神奈川まで乳牛を引き取りに行ったからです。〔…〕

途中、三ツ沢辺りの路傍に死体が転がっているのを見ました。さすがにコモはかぶせてありましたが、それは朝鮮人を追い込んで殺した死体だったらしいのです。

（『座間の語り伝え　外編Ⅱ・関東大震災』
座間市管理部行政管理課市史編さん係、一九八四年）

⑲小林勇（岩波書店店員（のちに会長）。当時二〇歳）

「廊下の向うは留置所で、朝鮮人がぎっしり入れられて立っていた」

〔九月三日、店主岩波茂雄の家族の安否確認を命じられて鎌倉へ向かう途上〕とも角一刻も早く鎌倉へ着こうと思って線路を歩いた。川崎の駅を過ぎた頃、一人の兵隊と一緒になった。軍曹で、長い軍刀を腰にしていた。

線路のわきの暗がりの中に白い着物の人間がねている。傍を通りぬけるのも無気味なので、皆立ち止った。兵隊は刀を抜き、小山と私は石を拾った。兵隊が誰だ、立てと大声でいったが、全く反応はない。線路から街へ出て歩くことにした。暗い街に提灯が見える。そこには刀、竹槍、鉄砲などを持った人間が屯していて、「こんばんわ」といわせたり、後頭部を撫でたりして通行人を一々調べている。その頃歩いている人は少なかった。線路の人間のことをきくと「ああ、あれはもうやっつけてあるんです。二人いる筈ですよ。昨日やったんです」と彼らは兵隊に平然と答えた。

いたる所で尋問され調べられた。しかし、いつも兵隊が自分の友人だといってことなきを得た。「誰か一人、それっと声をかければ、何と弁解する暇もなくむざむざ殺されてしまうのだ」と〔自身の震災体験を綴った〕ノートには書かれている。この時の朝鮮人虐殺の恐るべき見聞は、若い私に実にいろいろのことを考えさせる契機となっている。

横浜方面には夜空に赤々と火事の火が見えた。もうこれ以上歩きつづけるのは無理と観念し、通りがかりにあった警察に三人は飛び込んだ。たき出しの握飯と沢庵づけがあった。それを無断でしたたか食った。「戦場のような」警察では私たちに注意する者などいなかった。三人は奥まったところにあった畳敷きの部屋を見つけて寝てしまった。朝になって見ると廊下の向うは留置所で、朝鮮人がぎっしり入れられて立っていた。

この警察は東神奈川署であった。軍曹とはここを出てすぐに別れた。

（小林勇『一本の道』岩波書店、一九七五年）

⑳岩瀬百蔵（当時二八歳。川崎在住）

「針金で手足をしばられ」

〔九月四日、横浜常盤町で死亡したいとこのお骨をもらい受けに行く途中で〕いろんな悲惨な状態をみました。生麦のあたりまで行きましたら、針金（八番線）で手足をしばられ、身体中たたきのめされた後がある死体が道路はしに置きざりにしてありました。死体には大きな青ばえが群がって、みるもむざんな姿でした。横浜駅に行くまでの間に、そのような死体が10体ほどありました。デマによる朝鮮人暴動の犠牲者でしょうね。〔…〕帰にはもう夕方でしたが、神奈川警察署の前で近衛兵57連隊の兵隊が、通行人の持っている日本刀を検閲していました。あの頃は警察よりも軍隊のほうが権力がありましたからね。〔…〕

（『十一時五十八分　川崎市南部り災者の声』
川崎市臨港消防署婦人消防士グループ、一九七八年）

㉑安藤耕平（当時一三歳、青木町字反町在住）

「朝鮮人を見るとたちまち大勢で追いかけ」

〔神奈川町と子安町に隣接する橘樹郡大綱村白幡の〕伯父の家は農家で、私たちは一夜納屋で過ごしたが、父の病状は悪化するばかり。医薬には不便なので再び街を目指し、今度は神奈川の新町にある母の実家に世話になることになった。

街中に移ると、今度は流言飛語が私たちを新たな恐怖に包んだ。それは、朝鮮人が井戸に毒を入れているとか、少女を襲って殺害したとかいう噂である。そのため、朝鮮人と見るとたちまち大勢で追いかけ、棒や石を投げて攻撃するという騒ぎがいたるところで突発した。日本人でも、間違えて襲われることもあった。

（『週刊読売』一九八三年九月一一日号、
「特別企画　関東大震災から60年」）

㉒細井喜海（当時一六歳。神奈川高等女学校生徒）

「外国の人がピストルを」

地震がおさまると今度は「外国の人がピストルを持ってテントを襲う」というデマが飛んだので、神奈川高等女学校の講堂に逃げました。同じようなデマが何度も飛び、私達も転々と逃げ回りました。

（『関東大震災の記録』聖母の園老人ホーム、一九八六年）

㉓藤井操（当時、小学三年。神奈川池の坂在住）

「大人たちは合い言葉を作り」

悪いデマが流れ、大人たちは合い言葉（山、川）を作り、顔が合うと必ず呼び合い仲間を確認していました。うちの叔父は急いでいた時、すぐ合い言葉が出ず、相手に日本刀で切られてしまいました。ひどい怪我で、今でも「ウーン、ウーン」とうなる声を思い出します。

（『関東大震災の記録』聖母の園老人ホーム、一九八六年）

㉔根本愛子（寿小四年）

そのあくる日〔二日〕神奈川へにげて、とちうで朝鮮人におっかけられて、いっしゃけんめいににげました。ようようのこと、神奈川へついたときは、ほっと一といきをついて、まずうちへはいって、おゆうをわかしてのみました。その夜、朝鮮人をみんなでおっかけて、かねのぼうをもって居ます。汽車のせんろに朝鮮人が日本人につかまられて居ます。そのありさまが、にかいにいてありありと見える。あんまりこわいので、こんどはほどがやへにげました。そこも朝鮮人のさわぎもしましたが、神奈川ほどのさわぎはありませんでした。そのうちにへいたいさんがきて、みんなはうれしなみだがぽろぽろと出ました。

㉕河野美津子（フェリス女学院本科五年）

〔二日、避難先の神奈川で〕一つずつおむすびを食べ、おばさん達と別れて主人の親類である神奈川の家へと行った。まだ電信柱がチョロチョロ燃えている下をくぐり桜木町の通りへと出た。暑い思いをしながら月見橋の所まで来たが、橋が落ちていてそこから先に行く事が出来なかった。しかしおそるおそる鉄橋を渡ってやっとの事で神奈川へ着いた。食物を頂き、ふとんの上で寝られる事の出来た時はうれし涙が出た。又夜になると鮮人騒ぎで恐しい一夜を過した。それから二三日は夜昼鮮人で一寸も安心して休む暇もなかった。

（『フェリス』）

㉖佐藤善次郎（神奈川高等女学校長）

「あまり正気でないから戒めると『校長は鮮人贔屓だ』などとどなる」

〔神奈川町字台町一八三七番地の校地内にある自宅で被災。周辺住民が続々と高台にある学校を目指して避難してくる〕学校付近に集まる避難者一万人、校庭は立錐の余地がない。太陽は月の様に暗く、赤褐色に見える。日が暮れると火焔高く天を焼き、東京の方も同様である。この大天災は果たして何処まで及んだであろう。〔略〕水道は断絶し、電燈は消え、唯彼の石油会社の火災で夜猶昼の如くで、五百メートルを隔つるに猶頬が熱かった。此夜殆ど一睡もする事が出来なくて明けた二日の朝になっても夕暮の景色である。正午になると、意外な事が起こった。それは鮮人が数百人徒党をなして攻め来るという風説である。私はそれを打ち消して「それは食物に窮して貰いに来るのであろう。自分のたべる物を割いても与えようではないか」と言えば、群衆はなかなか承知しない。井戸に毒を入れたとか、火をつけたなどと言う。棍棒を携え、竹槍を作り、果ては付近の中学校から数百挺の銃剣を持ち来って自ら警戒するという騒ぎとなり、〔略〕全く狂気の沙汰である。〔略〕あまり正気でないから戒めると「校長は鮮人贔屓だ。朝鮮から賄賂をもらって居るに違いない。殴って仕舞え」などとどなる。真剣とも見え、滑稽とも見えた。

（『学校時報　大震災記念号』神奈川高等女学校、一九二四年（再版））

（3）橋本町二丁目内務省機械工場付近

①齋藤新次（内務省横浜土木出張所職員労務係）

「私はもう鮮人でした。私も李も目もくらむ程撲られました」

朝来の雨も名残りなく晴れて、紺碧の空高く、貧乏人の私達にも、思い切って大きな呼吸の出来そうな九月一日、あんな大きな洗礼を受け様などとは、全く誰れが思って居ましたろう。

「革命」って言葉をよく見聞きしましたが、それを思い浮べつつ、惨禍の巷を走り廻った自分の姿を、今でもはっきり書く事が出来るのです。当時山の内町の埋立地と、浅野船渠との中間に造函船渠を建造すべく、百余名の鮮人人夫と共に、その掘鑿に余念なかった私は、締切結壊に依る奔流と、地面の亀裂とに極度の脅威を感じつつ、兎に角夫々避難を完うしました。

もう一人ぼっちです。

事務室の重要書類と、私の全財産（と云っても行李一つですが）とを背負った私は、線路伝いに高島駅へと向いました。火の海、イヤイヤそんな沈腐な言葉で、何であれを形容出来ましょう。私達には到底尽し得ぬ凄絶光景です。

何処をどう走ったか、全く私達は夢中でした。神奈川のとある寺院の境内に迷い込んだ私は、住職のお情けの握り飯に、生れて初ての野宿にも、既に空虚の心裏には、何の涙もありませんでした。

その次の日の出来事でした。

何せあの大袈裟な朝鮮人騒ぎ、「そんな馬鹿な」とは思い乍らも、矢張り少からず恐怖に襲われて居りました。

放火・強盗・毒薬・追う人・追われる人、正に剣戟の巷です。ふと自分達の使って居た忠実な鮮人達に思い及んだ私は、或る不吉な予想に、思わずぞっとしてしまいました。

「何」っていう目的ではなかった様です。慌しく行き交う人々の間を、山の内町へと出かけた私は、予め予期した恐ろしい幾多の事件に打つ突かりました。

恐る可き人間の残忍性、それは遂に尼港の露助も此処のこのジャップも共通でした。

とその時です。「Sさん」って云う癇高い声、それは李根榮君ではありませんか。その癖私は不意に敵にでも襲れた様な、どきっとしてしまったのです。

「一生貴君に奉公します。どうぞ助けて」かれは手を合せて居りました。全く夢です。

二人は草叢から倉庫の影へと、そして埋立を事務所へと一気に飛んで行きました。

勿論既に荒された事務所はカラッポです。それでも昨日の昼迄、私の住家であった宿直室の押入れに、古いセルの着物のある事を忘れては居ませんでした。伴天の李根榮を、着物の李根榮に、そして私達は敵の間を縫わねばならないのです。

私はもう鮮人でした。死生の岐路にといった総ての恐怖に、激しい胸の鼓動を感じ乍ら、でも出来る丈落付いて、さて高島町へと向いました。（高島町には内務省横浜土木出張所がある）幸に日本語に巧な李でも、どことなく締りのない顔は、亦止むを得ないのです。第一の歩哨線（というのも変ですが）は、先ず無事に通過しました。私達は常に日本語で話し乍ら歩きました。

第二の歩哨線も、難なく通過して約五分間、「待てッ」と云う鋭い声、私達は息付く暇も与えられずに、すくんで失いました。

伝家の物らしい細身の業物、トゲトゲしい青竹槍、さては銃剣六七人も居りましたろうか。李の顔にはもう血の気はありませんでした。恐らく私だってもそうでしたろう。

激しい訊問と前後して、私も李も目もくらむ程撲られました。李の間のろい顔、それから裄丈の合わぬ着物、問答は少しも記憶はありません。只李が役所の小使である事を極力力説した筈です。その間時折「殺してしまえ」と云う悪魔の叫びです。

竹槍・抜身、それよりもどれだけ此声を恐れたでしょう。

小一時間の後役所の門に馴染の工夫人夫に迎えられて、「御無事にしたか」といわれた時、違った意味の嬉しさから、急に暗い気持ちになって、瞼の裏が泌々熱く、遂にポロポロ泣いてしまいました。李も矢張り泣いている様です。

その後一度も上陸せずに暮して居たのですが、間もなく迎えに来た叔父と、一と先ず朝鮮に帰りました。

十八の若者でしたから、今年はもう二十歳。

年賀状と時候見舞は、今でも呉れます。その度毎に、恐ろしかったあの日を思い出してしまうのですが、微笑む気にはどうしてもなれず、結局泣いてしまうのです。

李は今頃何うして暮して居ますやら。（大正十四年三月三十一日）

（『横浜市震災誌　第五冊』横浜市役所市史編纂係、一九二七年）

②白井駒三郎（当時、一六歳。星野町の回漕店筏部に勤務）

「朝鮮人とみれば叩き殺し」

〔横浜ドック付近のタグボート上で被災。勤め先の事務所近くの河岸にあった小舟で避難生活〕こうして船上で二、三日寝起きを続けている裡に、横浜一帯は石油タンクなどの爆発事故などもあって、市中はさながら火の海と化し、数万となく死傷者が発生し、地獄絵そのままの姿となった。そこへ朝鮮人騒ぎという騒動が起こり、朝鮮人とみれば叩き殺し、日本人でも言葉が少しおかしいと、そうではないかと逮捕されたり、監禁されたりした。私自身も、そのようなむごたらしい情景に二、三ぶつかったのであった。

（白井駒三郎『筏と共に五十年』日刊木材新聞社、一九七五年）

③大阪朝日新聞／山陽新聞（**一九二三年一〇月一九日**（**一八日夕刊**））

雑夫一夜に全滅／掠奪を恣にした／神奈川警察署の管内

震火災で横浜では神奈川警察署だけが唯一つ辛うじて焼け残ったが其管内の混雑は口絶を極め二日朝から伝えられた流言で自警団の不統一は言語に絶し日中は横浜倉庫や各商店の掠奪を恣にし、夜は通行の労働者等を惨殺し二、三、四の三日間に五十余名を惨殺し死体は鉄道線路並に其付近に遺棄されてあった、殊に神奈川方面の某会社の雑役夫八十余名の如きは殆んど一夜に全滅するの惨状を呈した。

④大内力（**経済学者。当時五歳、鎌倉在住**）

「**東京湾には虐殺された朝鮮人の遺体が沢山浮かんでいた**」

関東大震災は一九二三（大正一二）年九月一日ですね。ぼくが小学校へ入る前の五つの時です。この時ぼくは鎌倉にいました。〔…〕

この震災のことはよく覚えていますね。明瞭な記憶の始まりはこの時からのような気がします。その時、大きな騒ぎになったのは、朝鮮人問題です。要するに、震災の混乱を機会に朝鮮人が反乱を起こすというデマがさかんにあり、朝鮮人と見たら、片っ端から逮捕しても殺しても構わない、といったヒステリックな状況が支配的になったわけです。東京だけではなく、鎌倉でもそうでした。警察だか、地元の顔役だか知らないけれど、それらが来て、朝鮮人がおたくの井戸に毒を入れるから井戸の水は飲まないでくれなどといって歩いた。それから、いつ襲撃されるかわからないから気をつけてくれとかということで、自警団っていうのが各地域ごとにでき、元気のいい若者はみんな、包丁や刀や棍棒をもって警戒にあたるというような感じでした。

その頃は、朝鮮人というのはたしかタチツテトだかハヒフヘホだかが旨くいえない、だから朝鮮人だと見かけられるような人間がいると、タチツテトといってみろっていってね、それが旨くいえないと、おまえは朝鮮人だといっていろいろ虐待したようです。

その頃、遠い親戚にあたる海軍の軍人から、横浜が大変という話を聞いたことがあります。横須賀から横浜へ来てみたら、あの辺の東京湾には殺された朝鮮人の死骸が沢山浮かんでいて、死骸の上を歩いて渡れるくらい多くの朝鮮人が殺されていたという話でした。ですから、今から考えれば、ここにも今日までつづいている朝鮮問題の現れがあるのですね。

（『埋火――大内力回顧録』御茶の水書房、二〇〇四年）

4　鶴見地域（当時は横浜市域でなく橘樹郡）

①鈴木国之（当時二三歳前後）

「刃物のようなもので惨殺された二人の朝鮮人の遺体を見た」

横浜市の鈴木国之さん（一〇〇歳）は震災直後、近所の人から、「南西の方角から朝鮮人の集団が押し寄せて来る。鶴見川の橋で食い止めなければいけない」と聞いた。

村の幹部は竹やりを持って集まるよう呼びかけている。当時は、テレビはもちろんラジオもない。唯一の報道機関だった新聞も、ほとんどが社屋を焼かれ、発行が一時ストップしていた。村のうわさに、「そういうこともあるのかな」と思った。

言われるままに、近くに生えている竹を切って竹やりを作り、鶴見川にかかる橋のたもとに走った。数十人で何時間も待ったが、結局、朝鮮人は来なかった。

その数日後、鈴木さんは妹の無事を確かめるため横浜の市街地を歩いた。数人がかりで朝鮮人を殴ったり棒で突っついたりしているのを見た。陸軍の兵士が止めに入ったが、その朝鮮人は死んでしまったようだった。また、刃物のようなもので惨殺された二人の朝鮮人の遺体が道ばたに転がっているのも見かけた。

鈴木さんが殺害に関与することはなかったが、「朝鮮人が暴動を起こした」などのうわさは何度も聞いた。

「あの時はみな気が立っていたから、一言がほうぼうへ広がってしまう。実際には朝鮮人の暴動などなかったのに、みなそればかり頭にあって戦々恐々としていた」と振り返る。

（『20世紀　にっぽん人の記憶』読売新聞社、二〇〇〇年）

②吉村藤舟（郷土史家。当時四〇歳前後）

「鮮人をひっとらえて、皆殺しにしろ」

〔九月二日深夜、自警団の若者が五十過ぎらしい印半纏に巻ゲートルの男を誰何。横浜から幡ヶ谷へ行くと聞いて〕

「いつ浜を立たれて……」

「今朝立ちました」

「そうですか、あちらの騒ぎはどうです。すこしはやって居ますか」

「まだそうまではない様です。が、生麦だけは。鮮人が六七人寄って女を強姦した揚句、それを火の中に入れたとか云って、大騒をして居ましたよ。鮮人をひっとらえて、皆殺しにしろ……大変な意気込みで以って張り込んで居ました」

「そうだろうね。奴等は日本人を仇の片破れ位に考えて居るのだから、子供でも見れば火の中へ放り込んで行く相だよ」

「私は東京が全滅だと云うから、とても寄っても駄目だと思って来たが、何ァに横浜に比べたら何んでもありゃしない。

何しろあちらは本当の全滅ですからね。殊に支那人や外人と来ては悉くやられちゃったのですから、その苦しそうな憐れっぽい声のうめひ様ったら、とても聞かれたものではないね。夜通しその声は絶えなかった。実にみじめな様でしたよ」

（吉村藤舟『幻滅（関東震災記）』泰山書房仮事務所、一九二三年）

③東京日日新聞（一九二三年一〇月二一日）

「殺されて鶴見川へ投げ込まれ路傍にさらされ」

　鶴見神社境内では三日白昼、二名の鮮人土工が百余名の自警団に包囲されて殺され、死体は付近の鶴見川へ投げ込まれた。潮田海岸浅野造船所付近でも三日夜、鮮人人夫一名殺され、生麦及び新子安では二日朝から三日夜にかけて飴売り二名と土工五名の鮮人が殺されて路傍にさらされてあった。

④總持寺前朝鮮人虐殺（「虐殺関連新聞報道史料」）

「横浜地方裁判所で扱った朝鮮人虐殺事件（鶴見事件）の概要」

（1）事件のタイプ　朝鮮人虐殺事件

（2）事件の年月日　1923年9月4日

（3）事件の発生地　神奈川県橘樹郡鶴見町

（4）事件の概要　自警団員4名は警戒中、鶴見町総持寺前を通行する朝鮮人を捕えたところ、朝鮮人が懐中に軍隊用の重焼パンを持っていたので「不逞鮮人」と誤認し、料亭華山荘付近の山道に連行し、居合わせた十数名の者とともに棍棒で殴り殺した。

（5）判決の年月日　1924年2月16日

（6）判決の内容　被告4名

森野　博造　懲役2年（執行猶予3年）

田村　勘助　懲役1年（執行猶予3年）

石崎長次郎　懲役1年（執行猶予3年）

横溝善次郎　懲役1年（執行猶予3年）

（山田昭次編『朝鮮人虐殺関連新聞報道史料　別巻』緑蔭書房二〇〇四年、「朝鮮人虐殺事件関係判決一覧六　横浜地方裁判所」）

⑤安藤利一郎（当時二〇歳）

「鮮人の死体が路上に横たわっていた」

〔東京で被災。九月二日、雇主の家族が滞在している葉山の別荘へ安否確認のため向かうよう命じられて出発〕三時間を費やして品川に入った。突然、鮮人襲来の報が伝わった、〔…〕

九月三日（月）晴　〔…〕六郷橋を渡った。世は維新前に帰ったのだ。刀と刀、強い者勝ちとなってしまった。川崎町に入った。今、鶴見方面から襲来するとて各所に密集して万一に備えていた。

　青物横丁に出た時、第一師団三連隊の一小隊が警備に前進していた。夜も明けて鶴見に入ったが、すでに鮮人も昼は来るまいと、幾分不安は去ったらしい。生麦から神奈川に入ると神奈川から青木町西部、横浜にかけてことごとく火災のため全滅していた。

火災と鮮人の暴動のため横浜市民は多くの生命を失っていた。鮮人の死体が路上に横たわっていた。何も残っていない。惨しき市街を眺めて東海道線に沿って程ヶ谷へ――五里八分戸塚へと山峡を鉄路を伝う。避難民は鉄路の各所に小屋を立てている。西へ西へ、人は続く〔…〕

九月六日（木）晴　鮮人来襲も虚報だ。すでに数日、鮮人とても飢餓にていこうする力もあるまい。飛行機からも宣伝ビラをまいていた。実に東京、横浜から一帯震揺地は戦々恐々の有様だ。戒厳令もしかれ、各地からの救済も段々食糧、被服の供給がなったから心配はないと宣伝している。暴利取締令も出た。軍隊は各地に派出されて安寧秩序を保っていた。

（『手記・関東大震災』新評論、一九七五年）

⑥渡辺歌郎（鶴見の開業医。鶴見町会議員）

「鮮人を捕えて後方より打つやら蹴るやら」

〔九月〕二日となっても前の通りは益々劇しく、却て昨日より其数を増せし有様、其内誰言うとなく、日本に併合された朝鮮人が反乱を起し、保土ヶ谷に集合して山の後ろを子安に東京の同士と合併、夫れと同時に各県方面よりも皆集合すべく連絡しあり、夫等鮮人団は往く途々掠奪を恣ままにし、少しでも抵抗せば忽ち虐殺せられ、婦女子は悉く之を辱むる等、実に残虐無謀にして、既に虐殺せられ又は辱しめられし者四五百名にも達せし等、飛報瀕〔頻〕りに来り、夫れが次第に険悪となって鮮人が井戸毎に毒薬を投入し歩くに依り、井戸は厳重に蓋をすべしとの流言が瀕りと飛び、上町に於て現場を見付けて一鮮人を捕えたとの蜚語が次から次ぎと伝わり、果たして夫れが真なるか否やは不明なるも、人心次第に不安となり、随って鮮人を憎むこと甚だしく、見付け次第に大勢にて蹴る擲ぐるの残酷を演じ、現に本院のわきを大勢の若者が一人の鮮人を捕えて裏の警察へ連れて行くを見たが、後方より打つやら蹴るやら鮮人は瀕りに何か哀訴するらしいが、元より言語は通ぜずし、唯之れを押し飛ばしたり棍棒で衝くやらなぐるやらの噪ぎ。余之を実見見れば、鮮人は已に右足の下腿に骨折しおりて、歩行不能となりおるを認めたり。〔…〕余り惨酷の真似は止せと注告せしも、何にせよ鮮人等の反乱事件を盲信し居りて、一同殺気だって居る矢先きとて、他よりの忠言などには更に耳を藉さず、その内、本院前を鮮人の一団を警官が連行して警察へ行く約三十人、聞けば皆、暴行或は虐殺を防ぐが為め警官が保護しつつ警察に連行して之れを掩護する者との事〔…〕。其内愈々夜に入ると早々青年団が一外科患者を連れ来りて曰く豊岡の青年団が日本人を鮮人と間違えて頭部をなぐり負傷せしめし者との事。〔後頭部を七、八針縫合する。手術中に朝鮮人来襲との半鐘と呼子と発砲と喚声が響き渡り院内は恐怖に包まれる。この患者は、とても恐ろしくてもうこの先東京へは帰れない、現に途中の子安でも入江川の橋際に二人の朝鮮人が切り殺されていたのを目撃し、恐ろしくて急いで鶴見に差しかかった際後ろから棍棒で殴られたのだ、と訴える（「北部地域」渡辺歌郎P．268参照）留め置けないので医院のすぐ裏手にある鶴見警察署へ連れて行く〕

〔九月三日。午後一時、演芸場鶴見館で臨時町会を開催。鶴見警察署の大川常吉署長が隣席、署内に三百人以上の朝鮮人を収容していることについて議員から問い詰められる〕大川署長起って説明して曰く、本員は其鮮人の反乱事件は何かの理由に依り発生した全く根もなき流言蜚語と断定します。今や彼等は吾邦摂政の元に嬉々として只食を得んが為めに働き居り、其反乱等の如き、たいした目謀等起すべき事絶対無い者と確信します。若し又有るとしても無資力の彼等が何事をか成し得べき。殊更帝都に近い此地方に斯る反乱等起したとて何か成らんや位は彼等迚（とて）能く之を知り居る民族。確かに余は国際問題でも惹起せんが為めの構作せしデマに疑いなしと堅く信じております。尚彼等を悉く裸体として所持品検査を施すも、武器としては小刀一挺をも携えし者なく、只内に二三剃刀（カミソリ）を所持した者ありしも、之れは鮮人の習癖として鬚の延びおるを嫌うの結果、暇さえあれば鬚を剃りおるの民族、武器として認め難く、殊に彼等は何故に斯く吾等を悪むかと哀願するのみにて、署へ収容後、最も厳重に行動に対し監視するに、彼等は柔順猫の如く、一食稗（ヒエ）の握飯二個宛を給与しおるをありがたく涙を以て感謝し居る姿を認むるの時、実に可哀想の感を懐くのみならず、確かに斯る反乱等、事実無根なりと断定すると同時に、彼等迚同じ国民故、之を保護するは私の絶対的の責任であります。若し又不幸にして収容の彼等が蜂起するが如き事ありし場合には私、断然命を賭して之を鎮圧すべく、決して民衆に危害を及ぼす事なきを固く明言します。又先程お言葉の中に、一刻も早く県外へ放逐せよとの御希望でしたが、県外とは何処を指さるるのですか、隣りの県としての東京にせよ静岡にせよ又山梨にせよ、何れも皆之れ日本国の内なるを以て、本県にて厄介な者は他県でも又厄介なるを、他府県へ送り込む事は警察としては到底成し得ざる事、と言うて各自に自由に県外へ行くべく命じても、一度警察の手を離れれば忽ち全部が虐殺されて仕舞います。夫等の理由に依り、署は飽く迄も之を保護します。尚向後も日に増し収容人員も殖えましょうが、仮令（たとえ）何人殖えたりとて署の方針は変りはありません。右の様の次第ですから、町民の指導に立つ満場の議員諸君は根もなき流言に惑わさるる事なき私の説明を信じ下さって、民心の安定する様、最善の御協力を衷心よりお願い致します。之を以て本員の説明を終りと致しますが、本会が了りましたら是非一回、来署せられて、彼等の行動を御実見ください。百聞は一見に如かずて、実見すれば皆さんが想像せらるる真価より数等下位の人種民族な

るを発見し得らるる事と信じます。依って是非御来署ある様お待ちします、

是れで署長の説明は終りしも、其後二三の質疑ありしも署長は皆能く要領を得た説明を以て之に応え、議員一同は署長の言動に拠り幾分か不安の観念を薄め、随づ心情も梢明るき感じとなりし、会も間もなく閉会し、議員連、打揃うて出署し、鮮人の収容状況を視察せしに、其数約三百人程度にして、内に頭部に繃帯せるもの、手を頚より釣りし者、足の骨が折れて副木せし者など、相当の負傷者あり、今や稗飯の握飯二個宛の給与に預かり嬉々として感謝し居る哀れな姿を眺むる時、成程署長が言わるる如く反乱等目論むが如き民族ならずして、より数段劣等の民族、彼等に何事が成し得べきやとの確信を得て、心情初めて晴朗となり、誰が発せし流言が正に根もなきデマに相違なしとすれば、何の縁由もない彼等鮮人をして身命に及ぶ危険に追込み、又当方民衆も仮令一時的にせよ恐怖に陥り不安の二夜を徹せし愁嘆は実に其愚かさを恥ずべきなり、

案の如く三日の晩も異常なく過ぎ、例の流言も段々と遠ざかり、初めて安堵せしも、初心(さて)静まって破壊された家を顧みれば家は傾き〔…〕

（渡辺歌郎『感要漫録』（私家版）横浜市史資料室所蔵「手島温子資料」）

⑦佐久間権蔵（鶴見町会議員。代々名主を務めてきた）

「夜分巡邏の時は凶器を携えて、あやしきものと見れば勝手の行動に出るも已むを得ず」

九月二日　日曜　好晴〔以下、原文はカタカナ〕

〔…〕不逞鮮人の一団が此の天災に（社会主義者が尻おしをなすと風評す）乗じて、京浜の各所に放火せり、今晩より各自衛の為め夜分巡邏の時は凶器を携えて、あやしきものと見れば勝手の行動に出るも不得已ること当局も認めらると云う為め、町内壮丁は各自衛の器をたづさうこと。終日終夜時々震動あり。即ち中動、少動あり。〔…〕

九月三日　月曜　晴　午後降雨あり

一日の大震動以来、時々強微両様の震動ありて人身動揺止ず。その間に土塊残木瓦等を取片づく。当町と潮田町、其外散在の鮮人約二百余人ありて、是等は何れも親方ある集団にて至極温良のものなれども、不逞鮮人が東京、横浜、其他に於て放火又は狂暴をあぐる輩ありとて各自自衛の必要を益々認めければ、昨夜よりひきつづき消防組、青年団、壮丁等、隊伍をなして終夜巡邏す。夜明けの頃迄、鮮人来れりとて警鐘を打ちければ、家族の者は避難の準備をなせしも、其のことなくすめり。

鮮人の処分につき、午後より分署に予と平沢、中西重は大川署長に会見して云く、当地工場に居る鮮人は温良なりと雖も、何時内地人即ち町の人々と衝突するやも難計、人々の頭

中には、京浜にて鮮人の暴動が極度に悩を刺撃しおれば、此の際は是非二百余人の鮮人は本部以外の東京方面に送り出したしと強要せしに、署長は温良なる弱者（鮮人）を保護するは職責上当然にて、放逐せんとせば、川崎署と東京の警察に交渉を遂げざれば不可能なりと云う。当方は云く、弱者を保護の為め、衝突の恐れある当地より退去させたしと。又当分署より警察力の充実せる、殊に東京府は既に戒げん令施行しあれば、通過の節、危険の惧なしと思う故、町民の為、鮮人の為、是非放逐を実行したれと強要せしかば、署長は遂に意を決して、鮮人の親方五人計り招きて諄々とし、鮮人工夫の当町を一時退散するの安然なる事を認むる故、退散を強要せしかば、親方等もしぶしぶ承知して千葉県の寒川へ連れ行んと云う。町にては一人につき六合の米を支給の考なれば、中西より四と半の玄米を署に渡す。折りから瀬田町の小野重行殿来りて共に種々相談す（小野は警さつにて当分ほごを加えては如何と云う）小野の意見あるも警察の（現在の）力にてはほごは十分ならざれば余等は是非送り出されたしと云いしに、時已に黄昏になりければ、夜分の護送は大いに危険なれば、今晩は警さつの二階へ二百十人を封じおきて、明日送り出しを決行せんとて散会す。

〔欄外上段〕鮮人が所所に放火すとか、毒薬を井戸に投ずるとか、種々おだやかならざるの説流布して人心恟々、各自夜を徹して自警せり。併し果して鮮人が如上の悪事をなすのか否や的確の証なし。

九月四日　火曜　好晴

朝人の退去を実行する件に付き、本日再び、つるみ館に署長（大川）と午後、町議の集会を開く。〔…〕署長は朝人退去の件に付き打合せの為め県に出しとて不在故、会議は午後三時頃より始む。署長帰署して打合せの結果を述て云く、朝人を退去せしむるは県の方にても不賛成なれば、昨日請願せし戒厳令も必ず施行せらるる事と信れは、人心の安康を得ることて望みありと思う。又鮮人を当地に置くことが人心に危険を与うと云う事にて、戒厳令の兵士数より少なる時は県に警察官の増派を求むる事、本日県の諒解を得てある事なれば、鮮人を当分署の二階に収ようして十分巡査の監督をなさしむるれば、其れにて此の問題を解決をなされたしと大川署長、熱誠を込て陳せり。平沢は監督の＊に於て不十分ならんかと陳弁せり。予は昨日も陳し如く、好んで鮮人を退去せしむるに非ず、人心興奮の際、内地人との衝突を恐るる為の退去論なれども、署長が県と打合の上、全責任を以て分署に鮮人を収要して人心の動揺を防ぐ事は必ず実行すと云うなれば、其以上退去説を主張せず、右にて本問題は解決したしと陳ず。次に衆も警察へ収要すと云う事にて先づ安心して之に決す。次に昨日町長が分署長の同意を得て知事に戒厳を要求せしにそのままなれば今日町長より尚請求する事を決して散会す。

午前九時より当家にて町内の人々へ味噌壱千貫目、大豆約

弐拾石を、一戸に付、味噌五百目、大豆五合ずつ無料提供す。〔…〕くくり戸より門内に計り入れて、十時過ぎに渡し終ゆ。〔…〕

〔欄外上段〕午後十二時戒厳令の公布あり。

九月八日　土曜　晴

〔…〕予は昨夜町長との約にて、九時過ぎに、つるみ館の集会に臨席す。町議員、消防小頭、自警団支部長、外に支部出張所主任、署長も出席して、諸職人は明日頃、修繕又は損傷の片づけに着手し〔…〕十一時頃散会す。〔…〕午後、平沢権次郎殿来たりて過日戒厳令の騎兵二個中隊当地に来着すと云う。予始め一同大安心せり。不逞鮮云々は内地の不逞人どもの口実にて、不逞内地人の取り締まり大に必要なれば一同安心の至りなり。二個中隊は約百五六十人なり。

〔欄外上段〕戒厳令の兵士来る。

九月九日　日曜　好晴

〔…〕当地に戒厳令施行に付、警備隊なる三十六連隊（福井県鯖江の連隊）第三大隊の歩の二個中隊午後来着。当家を大隊本部とす。歩哨の配置はつるみ神社入口とつるみ生麦新旧国道交叉点の処と外数ヶ所にて、つるみ館に約七十人寄宿、当家の本部は大隊長歩の少佐田実秀夫殿と外、将校一人、医官一人、下士五人、兵六人なり。糧食は原料は軍隊より提供、当方にて理料す。右の状況にて人心大いに安堵せり。

自警団の巡邏は夜分は依然今迄通り警戒す。一、二日内に明治製糖より砂糖若干、味の素よりも小麦粉若干を各町村へ提供すと云う。

九月十日　雨

〔…〕昨午後到着の戒厳令の警備隊なる歩兵三十六＊大三大隊二個中隊の本部に充てられし当家は、将校三人、下士五人、兵六人にて朝來　役に彼我共に忙殺せり〔…〕

（『佐久間権蔵日記』一九二三年。横浜開港資料館所蔵「佐久間亮一家文書」）

⑧川畑孝蔵（当時二三歳）

「親方から言われて百名の朝鮮人労働者を扇島に避難させるのを手伝いました」

私は鹿児島の桜島の噴火で命からがら助かって、ちょうど震災の年の三月に、鹿児島から一人で出てきたんです。鶴見の友だちの家に住んで、カスケートビール工場で働いていました。

〔…〕当時、鶴見は工場建設が相次いでいたため、労働者の朝鮮人がたくさん集まっていました。〔…〕

震災のあった当日に、すぐ戒厳令が出ました。流言飛語がひどく、とくに朝鮮人が井戸に毒を流したといううわさが広まりましてね。このままでは朝鮮人が襲われるから、全員避難させるようにと、鶴見の警察署長から、労働者の親方に指示がありました。この親方は朝鮮人をたくさん使っていたんです。親方からいわれて、私も避難させるのを手伝いました。

朝鮮人は、家族も含めて百名ぐらい。大部分がまだ独り者で、みんな飯場（はんば）の寮（りょう）住まいでした。仕事先から寮にもどってきた朝鮮人を急いで集めて、三時ごろから全員一緒に扇島に向かいました。家財道具を持つ暇もなく、五十人乗りの船二隻に分乗して扇島に避難したんです。扇島なら、船でこないと襲えませんからね。

その日から毎日、食料は親方の子分が、麦やサツマイモを船に積んで扇島に運びました。しかし、その船を日本人が襲撃したり、妨害したりするんです。そこで、私と、ほかに若い者四人が見張りをしました。朝鮮人たちはみんな、おびえて震えて、眠るどころではありませんでした。こん棒を持って、夜も警戒しました。

四日たってから、井戸に毒を入れたという話はデマだとわかり、朝鮮人を襲う人もいなくなったので、朝鮮人はやっと寮にもどれました。

（『語りつぐ関東大震災　横浜市民84人の証言』　横浜市総務局、一九九〇年）

⑨氏名不詳

大正十二年九月一日。突如として発生した関東大震災のとき、家では二十余名の当時の朝鮮の労働者を抱えていました。流言飛語の乱れ飛ぶ中で、在郷軍人会を中心に結成された自警団の連中が、その人たちを捜索していると聞き、親父は自宅の裏の納屋にかくまい、自警団の何回かの検問をなんとかして言い逃れたが、夜になると殺気だった連中が、人数を増やして押しかけて来ました。しかしその日の夜中、幸いにも本山河岸にもやってあった艀（はしけ）に全員を移乗させ、闇夜にまかせて鶴見川を下り、食料と水を持たせてとりあえず扇島に潜伏させ、その足で鶴見警察署に保護を願い出たんです。

（『古老が語る鶴見の百話』鶴見区役所福祉部市民課、一九九一年）

⑩斉藤仙太郎（当時二一歳、川崎の大師河原遠藤野在住）
「普通の人まで日本刀や鉄棒をもって」

九月三日には、横浜元町の商店（薬屋）に奉公に出ていた姉の所へ兄貴と二人で訪ねました。飲み水にこまっているというので一升びんに三本水を入れて風呂敷にくるみ、にぎり飯を作って持って行きました。川崎から鶴見を通って横浜まで歩いて四時間半もかかりました。例の朝鮮人騒動のデマで戒厳令がしかれまして普通の人まで日本刀や鉄棒をもって見回っていました。〔…〕朝鮮人騒ぎも、ごく厳しかったのは二～三週間でしたが、横浜から帰る途中、鶴見で日が暮れてしまって、夜歩くと朝鮮人とまちがえられるから知り合いの家に泊っていこうと言ったんですが、兄貴がどうしても帰ろうというので、やっとの思いで家にたどり着いた時は夜中の2時でした。朝鮮人とまちがえられて殺された日本人も何人かいたでしょうね。社会主義思想をとなえた人なども、どさくさにまぎれて殺されたと聞きましたから……。

（『十一時五十八分　川崎市南部り災者の声』　川崎市臨港消防署婦人グループ、一九七八年）

⑪朱才坤（虐殺を免れた中国人。浙江省青田県油竹出身。証言当時九二歳）

「死体の上を踏んで逃げた」

一九一九年日本へ。九月一日は横浜で。川崎の橋の上には多くの死体が横たわり河面にも死体が浮いていた。殺された者、逃げながら突き落されたもの、流れにいっぱいだった。死体の上を踏んで逃げた。油竹の人は数十人死んでいる。油竹郷だけでも二〇人死んでいる。上黄村の二兄弟は川崎から横浜への途中で殺されたよ。逃げのびた人は少ない。

地震の後、私は外へ出て行った。遠くから日本人が鳶口か何かで人を打ち殺しながら来るのが見えた。その中に一人、いっしょに仕事をしたことのある顔見しりの日本人がいた。かれは私の名を呼んで「早く逃げろ、あいつらはお前を殺しにくるぞ」といった。他の二人が聞きつけて「お前の知ってるやつか」「そうだ」「まあいいだろう」と私を放した。

日本人は外で人さえ見れば殺した。家の中もくまなく探し、床下にかくれている者もひきずり出して殺した。私は日本人の親方の家に住んでいた。かれはわれわれに外へ出るなといって、人を見はりに立たせた。

王希天は知ってるよ、集会に出たこともあるよ。かれはカンフーができたよ、かれはみんなのためにつくして死んだ。日本人はかれをボスだと認めているから、政府はおおっぴらに殺すことができず、暗殺したのだと思うよ。

（仁木ふみ子『関東大震災　中国人大虐殺』　岩波ブックレット№二一七、一九九一年）

⑫氏名不詳

「震災後立ち話をしていても殴られた朝鮮人労働者」

「横浜で良い仕事があるから移住しないか」と誘われて来日し、鶴見・川崎方面で働いていた朝鮮人は多数にのぼっていたが、震災後飯場には見回り監督がつき、夜、立ち話をしていると「暴動を起こすつもりか」とスコップで殴られたという。

（『図説・横浜の歴史』横浜市市民局市民情報室広報センター、一九八九年）

5　小学生の作文（1〜4に掲載以外）

（1）寿尋常小学校（『大震遭難記』）

①筑川シヅ子（高等科一年）

　そうすると皆んなが朝鮮人んとゆってどなっていました。そのうちにほうぼうからあつまってきました。おまえはどっからきたのだときくと、だまっています。だまっているとなにするかわからないよ、なにかゆえ、ゆわないとしどいよ、とゆっている内に、もうしんでいました。今日の夜るは火はたいてはいげませんよ、とゆいにきてくれました。そうすると皆んなが朝鮮人ん朝鮮人んとゆうて、それがほうぼにきこえているので、おちおちねることができませんでした。〔…〕五月になると田舎のおじさんが、もうここにいたってだめだから、すこしのあいだ田舎へいっていればはいじょう、それならいまっからいきましょう。田舎にいくとちゅうに、しにんが川にいたり地にいたりしました。田舎へつくと皆んなが、しいちゃんおかなかったでしょう、あたしたちも二、三日はよその家の竹けやぶで小いさくなっていましたよお。まだ朝鮮人がくるから、ようじんするのよ、朝鮮人のあいずは、かねをほうぼでならすから、わかりますよ。

②木村ハナ（高等科一年）

　停車場まで来た。そこは「かまた」であった。私はもうくたびれてしまって少しずつあるいていると、朝鮮人が来たと云うのでたいへんにさわいでいました。「まあたいへん朝鮮人が来たって」と幸ちゃんに云うと、幸ちゃんは材木屋から木を二本もって来て、私と一つずつもってあるいた。やれやれーと大きな声で云っているのが、きこえてきた。そこへ来た人は、へいきな顔して「なにあんな者が来たって大ぜいでやつけてしまえばだいじょうぶだよ」、そう云うと「そうだそうだ」と外のひともいっていた。けれども私はおっかなくておっかなくて胸をおさえながら早く内へかえりたいねーと云っていると、向うから自動車にのって大ぜいで私の方へくるようでした。それは常設館の女優でした。〔…〕外は犬の泣声も聞こえない。夜警をしている人の靴の音が聞こえる。こんな思いをしたことはあらしない。皆がねたのでさびしくなったのでねてしまった。すると外がさわがしくなってきた。だれがきたのだろうか、もしかすると朝鮮人が来たのかもしれない。大きな刀なや剣で私たちをころしにきたのではないのかしらなど、考がえると幸ちゃんをおこしたくなった。〔…〕夜警の人は云いにきてくれた。くらい所に刀がぴかぴかするとほんとにおそろしいからねーといっている内、方々の内の戸はさかんにかぎの音が聞える。いくらまっても、あのおそろしい刀や剣を持った朝鮮人はこない。うそかしら、うそならいいけれどもと云って又ねはじめた。〔…子安〕がんがんとかねが鳴った。「なんだろう」「あれはきっと火事だよ」と私はいった。けれども火事の様子がない。そばの電信柱に「鮮人がいるから井戸水をのむな」とかいてあった。それを見て思い出したのは朝鮮人でした。それからうそだと云う事をきいて安心をした。〔…子安から後、北部地域にも掲載〕

③大沢善幸（四年）

そのあくる朝〔三日〕起きてみると、みなさんがたが、みなぼうをもっていました。なんでぼうをもっているのかとききますと、朝鮮人がみなをこまらすからこのぼうでつついてやるんだといいましたのでした。ではわたくしに一本んおくんなさいといってもらいました。それで兄さんといっしょにでかけました。するとみなさんがたが朝鮮人をつっいていましたから、わたくしも一ぺんつついてやりましたら、きゅうとしんでしまいました。またそのひとのあとをついていくと、またちょうせんじんがぴすとるをもってうとうとしていましたから、にげてきてしまいました。

④佐藤藤吉（四年）

三日の朝見れば朝鮮人がたくさん川の中で死んでいました。

⑤神保猿之助（四年）

朝鮮人が井戸の水の中へ毒をいれるといったのでしんぱいしましたけれど、なんともありません水でしたので、それをくんでのんだり、ごはんをたいたりした。それから朝鮮人を十人ぐらいみました。ちはだくだくながれている。ぴすとるをもって人をうちころすのでありますから日本人はすぐてつのぼうで朝鮮人の頭をなぐってころしてしまいました。夜は朝鮮人だとさわいでいるので私はびくびくしていた。

⑥堀田信義（四年）

〔二日〕鮮人がせめて来たので男の人は手に手にぼうをもってたたかった。それからいく日かたって兵たいがきて鮮人をせいばつしたのでまったく鮮人はいなくなった。

⑦丸田勇（四年）

其夜〔一日〕に大なる事件がおこりました。それはいうまでもなく、朝鮮人さわぎでした。此の夜は口でこそえらいことをいっても内心はびくびくでした。

⑧古澤瑛司（四年）

朝鮮人騒ぎで軍隊はけんつきであるいてるとか、朝鮮人はころされるし、日本人もついぶんころされるし、ずいぶんたんきをしたというのでやっとで軍かんへのりこんで清水港へついて、それから汽車で僕のいたところへきました。

⑨北村榮吉（四年）

翌日僕等は梅さんの田舎にやっかいになった。所が当時、鮮人がそこらの井戸へ毒をいれるということが評番になったので僕等は大へん心配したが無事にそんなことはなかった。ある夜はあちこちの山で時の声が聞えるので僕等は安心してねむれぬ。ようやくのことで鮮人さわぎはやんだので僕等はやっと安心した。

⑩坂牧アサ子（四年）

二時頃〔一日夜中〕になりましたら、おとこの人が今、朝鮮人が女子どもをさらったりするから女子どもはようじんなさいといったので、おっかなくってたまりませんでした。

⑪筑川正治（五年）

〔家→山。元町小学校が燃え、山手公園に。二日〕僕は水をさがしました。そしてさがしている内に、五時ころになりました。そしたらよその人が、朝鮮人がくるからはやく内にかえりなと、しんせつにいってくれました。僕はおどろいて、あおくなって逃げました。内へ行ってみると、しばの上で朝鮮人がころされていました。そしてしばらくするともう十時でした。

⑫中山幸男（五年）

其日〔一日〕は知っている人で焼ない家に宿ったのはよいが、一晩中、鮮人さわぎで安らかにねむれなかった。〔…三日鶴の橋→伊勢佐木町→貨物汽車中に雨宿り→鶴見…〕川崎に着いたら青年団がキャラメルをくれた〔…六郷の鉄橋、貨物汽車にとび乗る…〕品川で降りて麻布の親類の家に向った道には青年団がかがり火をたいて張番している。

⑬松宮敏雄（五年）

逃げついたのは午後九時三十分頃でした。そのうちに朝鮮人が火つけをしたといって大さわぎをしました。その日は朝鮮人さわぎでした。

⑭神田正夫（六年）

〔二日〕公園は人がいっぱいで頭上へ火の子が雨の様に落ちて来る。夜になると親をたずぬる子共の声、子をさがす親のさけび声、その内に根岸の方に朝鮮人があればて居るからいまに公園へも来るからきをつけろという声もきこえて丁度戦争の様であった。

⑮鈴木重太郎（六年）

〔車橋を渡り戒遊寺の竹やぶへ〕〔三日〕其の夜は板を利用して造った家の中へ寝た。すると「わあー」という声が戒遊寺の方に起った。他の人に聞くと朝鮮が日本人を殺すといったので僕は「チャンコロ来やがつたら殺してしまわ」、いいなが母のひざにもたれて、うつらうつら朝人の夢を見ながら寝てしまった。

⑯太田とき（高一）

〔車橋を渡り相沢の山の方へ〕あくる日夜の明けない内に起きて見ると、わいわいと男の人がさわいでいるので、母さんにどうしたのと聞くと、きのうの夜、朝鮮人がくるから、ねないで下さいと、いいに来たから、きっと朝鮮人かもしれないといった。すると又もわいわいとちかくに聞えました。私は聞のする方へ行って見ると、男の人が大ぜいで、棒を持って朝鮮人をぶち殺していました。

⑰小宮美代子（高二）

石油倉が破裂したのだと云う事が分った。小母様はねる様にと、すすめて下さったのだが何だか心配でねられない。「アイゴーアイゴー」と鮮人のさけび声に、ウトウトした目はあいた。

⑱栗原亮（四年）

〔一日夜〕その内に火ばんが、かんごくからでたちょせんじんが火をつけたり、日本人のところへぴすとるをむけて日本人の着物きて日本人のふうをして食物をとつるということだからきをつけて、もし朝鮮人がきたら、なんでもいいからころしてしまえ、とどなってきました。私はびくびくしているうちに、ようよう朝となり、朝ごはんをたべて、日るごろ朝鮮人はますますあばれて日本人をころす、みんなはたけやりをもったり鉄ぽうをもっている。又夜になると又火ばんの人が、朝鮮人がいどにどくをいれるといいにきた。三日めには、しんるいをたずね、めあたりましてやはり朝鮮人がでた。そいう長い間おっかないくるしみをした。バラックをたててくらいて、ぶじにくらしました。

⑲薮田＊〔不明〕一郎（学年不明）

〔植木商会→山の家〕夜になると朝鮮人がくるといって竹やりさびた刀などをもっておおさわぎでした。三日目の朝、父はかねって来た。それから五、六日は安心してねむれなかった。十日、二十日たつと朝鮮人もいなくなったと見えて、こなくなったので安心してねむれた。

⑳酒井正明（学年不明）

〔二日〕その夜、朝鮮人がいるというのでみんなでていってしまいました。僕たちはねてしまいました。〔…〕その夜は〔五日〕舎田では鮮人のさわぎで、どこの村でもたいこうをたたいています。鮮人をやつけてかえってきました。そのうち鮮人がしずまったので安心してねられました。僕も安心してねられました。

㉑**萩原正治**（学年不明）

するとし巡査は公園へ逃げろといったからいくと、みんなか公園はいけないといったから山へいくと〔…〕よ中かに朝鮮人がきたといって、かき根のたけをとっておっかけまわしました。するとだんだんと明けてきました。するとみんなはいかきにいってしまいましたから、のこっていることは田けいとんもろこしや、鮮人かいろいろのものをとってきてたべました。水はどろ水をのんでいました。水がないからくみにいこうとしたが、朝鮮人がどくをいれたといったから、くみなかった。するといま又朝鮮人が火をつけたからといっていました。

㉒**野崎吉六**（学年不明）

二日の夜になると、朝鮮人がきたぞと、いって、「竹や鉄のぼうを、持って」、そらおっかけろと、いって、どんどんおっかけました。僕はござの上にすわって、いました。

㉓**渡辺トキ**（高等科一年）

其の中に朝鮮人さわぎが始まった。夜になると恐しくて恐しくて、便所へさえも行かれなった。「来たぞー」と言う声が聞えたかと思うと、ばたばたと言う人の足音に、夜もろくろくねられなかった。父母がもし生きて居ればやっぱし朝鮮さわぎで心配して居るだろう。

㉔**中田栄子**（高等科一年）

四日の朝、はげしく門を、たたく音。「どなたです」と聞くとそれには答えず、「松影町では、来て居ますか」という。朝鮮人さわぎで、やたら門を開ける事を、堅く禁じられて居た私は、いそいで母さんの名をよんだ。其の声に皆が出て来て、開けると思いがけなく、戸部の叔父さんが立って居た。

㉕**高島ハナ**（高等科一年）

夜中になってもちっともねむられない。「朝鮮人が相沢の方を荒していますから、もし朝鮮人のような人があったら、かまわずにころしてやって下さい」とふれてきた。私はなおねむられなくなってしまった。

㉖**宮内利枝**（高等科二年）

「朝鮮人が何か取りに来た」と人々はさわいだ。そして男の人は皆長い棒を持ってどこかへ行ってしまって、あとは女の人や小供ばかりになってしまった。時々「ワアーッ」と上がる声は私達を一そう驚かした。人々は皆ピクピクして「さあ」と言ったら逃げる用いをしていた。赤ん坊は何も知らずにスウスウと眠っている。其の夜は時々ゆれる地震と朝鮮さわぎで落ちついて眠ってはいられない。ねるどころではないけれど、おそれていた朝鮮人もしゅう来してこないでよかった。長い長い夜、朝待遠し。

㉗**村上保子**（高等科二年）

〔一日夜〕「朝鮮人が襲来して来ましたから気をつけて下さい」とどなる声にびっくりして私達は飛び起きた。するとは父は朝鮮人なんかきたって「大丈夫だよ、こんな多さん人が居るから、なんでもありゃあしないから、さわがないで寝て居いで」と云われても安心して寝る事が出来ず、なおさら早く夜があければよいと思った。又山の所で「朝鮮人を二人捕えましたから安心して下さい」いった人の声を聞くと、私達も幾分安心して寝むることが出来た。

㉘**綱島キミ子**（高等科二年）

その内朝鮮人が二、三人つかまってぼうでぶたれたり、けったりして大変にさわぎであると言うのを聞くと一そう寝る事さえ出来なかった。

㉙**堀川ルイ**（高等科二年）

二日の朝、朝鮮人さわぎで又驚きました。その内に日は暮れて来ました。青年会の人は、女子はきをつけろといってくれる。私は此の時、陸軍海軍の兵隊がいたら、こんな時にはどんなに便利であるかわからない。その内に名古屋から兵隊が来たから安心しろといってくれた　私はその時おもわず心の中で喜こんだ。三日の昼頃に陸戦隊の兵隊が上陸した。

㉚**犬塚おほ子**（高等科二年）

津波なんかこないわね、と足を安め安心した。〔…〕目をさまして十五分ぐらいたったとおもうとこんどは、朝鮮人さわぎで「切角ここまできて朝鮮人にころされるのはいやだわね」とお母さんと小さくなって家の中にはいっていた。男の人は手に手に竹やりを持ち、そろいもそろって手に赤色のきれをまき、元気よく茨って立っている。時々ときの声を上げる。朝鮮人、そら来た、女、小供は家の中にいなければいけない、とどなられる声も心の中にぞっとした。〔…〕夜になっても朝鮮人朝鮮人といってうるさくさわいで、いくら頭を安めようとおもっても安められなかった。

㉛**相沢喜美子**（高等科一年）

いよいよ大井町へ着いた時はもう夕方だった。あたりが段々うす暗くなるのにまだ道程が余程あるので気が気ではない。とうとうもう二三丁という時には真暗でよく見えなくなってしまった。おまけに自警団が角々に竹やりを持って大勢居て一々通る人をしらべていた。私達が第一番目の自警団の前を通ると其の中の一人が寄って来て恐ろしい顔をして、「其の車には誰が乗っているのだ、どこから来てどこへ行くのだ」と大きな声をして聞いた。そばに居た人はどかどかと手に手に提灯をふりかざして寄って来た。私はあまりに恐ろしいので車の中で小さくなっていると兄さんが、「此の車には私の妹が乗って居るのです私達は横浜から来て大井へ行くのです」と言うと車屋さんが車のほろを取った。皆提灯を振り上げて私の顔から足の先までしらべてなお車の中までしらべた。それで「よし、通れ」と言うと一人の人が先へ立って又其の次の自警団の居る所まで連れて行って、「此の人達は怪しくないから」と言うと又一人がそこから連れていってくれた。不だん通れる所も縄張をして通らせないので一丁も遠おまわりをしたのでくたびれている足がなおくたびれてしまった。やっと自警団に送られながら無事に兄さんの家へ着く事が出来た。

㉜原田福太郎（学年不明）

それからあさがたになると、えきさいかンのこくすがもえだしました。そのつぎには石油の舟がもえだしました。それから私は家内中根岸家いっておせわになりました。それから私は鮮人がやけない家へ朝人が火をつけたり短銃をもって日本人をころすときいてびくりしました。それからまもなく日本人がやけたやりやてっぱをもって鮮人があっちいったといっておっかけました。それからそのあした陸軍や海軍がきました。それから鮮人をせいばつしました。

（2）磯子尋常小学校（『震災に関する児童の感想』）

①田口實（四年）

朝おきて見るとまっかになっていました。すると朝鮮のやつだと　山でどなっていました　僕は又こわくなって家へはいってしまいました。すると見ながボウをもって、てにあかいきれをまいていました　僕はぼうをもってすすんでいると一人の朝鮮がしんでいました。僕はぼうでぶってにげてきました。

②石井正雄（五年）

又は食料にするものは兄さんが山へさつまいもやなにか、もってきましたので、地震はすみましたが朝鮮人があばれだしました。僕は川のほうへいっていました。すると橋のしたに朝鮮人が死んでいました。家へかいってきました。僕は地震がおわりましたのを、たのしく暮しています。

③伊坂正男（五年）

山へ逃げることにした。山へ逃げる途中には車を引いて行人が多かった。〔…〕その夜、鮮人があばれこんで来ので大人の人が太い棒で頭をなぐたらたおれて死でしまった。その夜、北方の方はまさに燃えて居た。近所の人が、鮮人が来たと言ったので大人の人は棒を持って待って居ると、鮮が来のでなぐり殺した。それで其の夜は鮮がこなかったので大人の人は寝た。そのうちに鮮が来たと言うので又目をさまし、大人ノ人は棒を持って待って居ると鮮が来たのでなぐり殺してしまった。それからこわくなってしまった。

④大熊吉之助（高等科一年）

〔一日〕其の夜はずいぶん長いと思った。やがて夜が明けた。時々小さな余震があった。そうこうして昼頃になると朝鮮人があばれて来たという事を聞いた。僕は本当とは思わなかった。そしてしばらくようすを見ていると、うそではないらしい。若者は手に手に棒を持って、けいかいをしている。そろそろ夜になって来た。夜になるのが地震当時は僕は一番いやだった。時々かなしそうに「ぴりぴりぴり」と、よびこがなってい居た。男の者はいよいよきびしくけいかいをつづけていた。すこしでもあやしいとすぐにつかまえて切ってしまった。其の頃はだれでも殺気立って居た。それが為になんにもしない朝鮮人や又日本人をまちがって大勢殺ろされた。まるで戦国時代の様だった。

⑤岡田宗吉（四年）

僕の家はみんなが水をくみにきました。うちでは、おくみなさいといいました。それから朝鮮人が大でいきました。それから刀槍薙刀や槍やで朝鮮人をのこらずころしてしまいました。それかあら二、三日たって朝鮮人はころしたからもういません。僕たちはやとにいきました．僕のおとうさんも青年男でまいにちやけいにいきました〔…〕僕は二日たつとけん兵がたくさんきました。けん兵が橋や道をなおしました。けん兵が夜るまわっていました。それから刀たなやなにか五十一じようはむてませんでした。僕はそれからだんだんしずまってきました。

⑥勝田正一（四年）

その夜る本牧の向の空は赤黒の色、又の夜るはすぎて、明日になった。それから、又この家を出て、こんどは工場へいった。工場にはたくさんな人だった。又朝鮮人のさわぎでした。それからだんだん工場もいそがしくなってきたから、といてくれましたから工場のえいの中にはいっていた。こんどは朝鮮人もころされて川からながれてくるのを見ると、きびがわるい。それから学校も出来たから学校へいって友だちとあそべました。

⑦山崎繁雄（四年）

地震の二日目に朝鮮さわぎがひきおこった。磯子の方にも朝鮮さわぎもあったが磯子に来た朝鮮人は富岡方面でつかまったそうだ。其れだから横浜一時みだれたが、よそから兵隊さんが来たから今は地震当時よりにぎやかになった。

⑧服部輝雄（**四年**）
そのあくる日になると朝鮮人がきたといっておおさわぎでした。そのときにヤリ・ナギナタなどをもってきました。僕は二日三日足がふるいていた。それから配給をくれはじまって、あんしんをした。

⑨安室忠次（**四年**）
二日の十一時ごろから朝鮮人があばれてきたといって大人の人はみんな刀や竹槍を持って朝鮮人をおいまわしていました。夜は、まいにちかどかど夜警していました。十月ごろにはもうあんしんしました。

⑩岸文司（**四年**）
其の夜、朝鮮人さわぎで、みなけいかいしたので、たいそうこわかった。横浜の焼けていた時のけむりのいろは真赤になって非常ないきおいであった。

⑪岡田武雄（**四年**）
よくきくと朝鮮人が皆小さい小供を川の中へすてているとひひました。僕等はびっくりしていました。それで私たちも川の中へほうられるとこまるから岡村の山の奥の方へ来たのですとたずねました。

⑫長谷川清次（**五年**）
九月一日後前十一時半頃、家がゆれて来た。と同時に僕は家を飛び出した。すこしたって近所の家々がたおれ始めた。其の中に朝鮮人が来たなどと言ったので僕はこれからどうなるのだろうと思った。〔…〕そろそろ日は西にかたむいた。と、又朝鮮人が来たというので僕等は竹やぶへ逃げこんだ。その中、真暗になったので、皆ちょうちんをつけた。すると又、朝鮮人が来たと言いながらわあわあ叫んでいる。

⑬藤田和一（**五年**）
家が潰ぶれてしまったので裏の広場へひなんした。〔…〕三坪位の所へ二十五、六人も居た。毎日毎日「うあー」と言う声や「それ朝鮮人だ」とか、言う声がする。晩には、人々が合う度に、片方が「ハ」と言うと又片方で「マ」と答える。僕等はてんで生きて居る心持がしない。「早く兵隊さんが来て悪い人を追払って来れといいな」と思いながら、いやな日を送っていた。

⑭竹山健壽（**五年**）
朝鮮人騒ぎで八幡橋で人が一人殺されたという噂がある。

其のうちに深川亭の離れ座敷の塀をやぶって入って来たのだと思った。隣の内の人は、誰ですか誰ですかといって、さわいでいた。僕は其の時、朝鮮人だと思もって、気がどくどくとした。

⑮**岡田忠要**（五年）

朝鮮人ンヤオサワギ。ボオモッタリ、テンビンボオモッタモノヤ、タイソツオオサワギセキツノカハネタリシマシタ。

⑯**石黒大治**（五年）

二日の日夜、青年団等が「不鮮人がつけびをしますから注意してください」とか警報をきいたので、一そうかたく警戒した。

⑰**福田時蔵**（五年）

其のばんは屋根もない、荷物でかこいをして三間の内で其の所へねたのである。又朝鮮人だといって、石油のにおいがするといったり、井戸の中にどくをいれたなどいってさわぎました。僕はこわくてたまらない、でふとんの中にもぐってしまった。

⑱**山下誠造**（五年）

二日の朝、朝めしをたべおわってバラックを立ておわった時、朝鮮人さわぎであった。朝鮮人が来〔このあと原本欠〕

⑲**田邊茂**（五年）

一日中、朝鮮さわぎで眠て居なかった。翌朝となりの人とばらっくをこしらえた。

⑳**西村初枝**（五年）

その内につなみも地震もいくらかしずまったと少し安心したと思う間もなく此度は朝鮮人がせめてくるとの人々のさわぎに、又々私は生きて居る心地なくななんとしようかと其の心配はしけんの時よりつらく思って、ねてもねられず、御はんも喰られませんでした。あー恐しや大震。

㉑**小神野志津江**（五年）

翌日になると朝鮮人さわぎで、やはり家にはいってはいられないので、また磯田さんの家でその夜しなんをしました。私は一番んこわかったのが朝鮮人さわぎがこわかったのです。

㉒**梶ヶ谷キン**（五年）

夕方になると火事も地震もすこしおさまった。そのあしたになると朝鮮人で大さわぎ。よその大人の人は大きなぼうもって朝鮮人をおっかけている人もありました。

㉓**武林芳子**（五年）
　吉永さんの所へいって、すこしやすんで居りますと、朝鮮人がきたというので、皆はわーという声をあげて私どもの方へにげて来て、かきねの所を又いでにげてゆきます。私どももへっしょうににげました。そしてとちゅうまでにげてきますと、朝鮮人とそっくりな人がきたので私たちはびっくりしていますと、朝鮮人ではありませんといったので安心しました。それからすこし朝鮮さわぎもないので安心して野宿しました。

㉔**高橋きく子**（五年）
　やまの方だから、かさかさとたけやぶのおとがしました。すると私が朝鮮人ではないのといって、その一ばんをすまし、あさになってから起てしたのほうへくだって〔…〕

㉕**中山よ志子**（五年）
　翌日の夕方、朝鮮人さわぎで八幡橋までにげてゆきました。それから又うちの方にかえってきました。

㉖**内田力子**（五年）
　二日めの夜には朝鮮人がきたといって大人の人々は皆ぼうをもって朝鮮人がここをとうるのをまています。私どもはこわくてこわくて、おちついてねていられませんでした。

㉗**山内きみゑ**（五年）
　私クシハ朝鮮人ガワイワイセメテきタトキハ、私クシハオドロイテ人橋ニゲました。〔…〕夜るも朝鮮人がさわぎました。夜るもロクロクネマセン。

㉘**山島いツ**（五年）
　ある日になると朝鮮人がたばこをくれと、となりのみちにやって来た。それから朝鮮人でおおさわぎになりました。

㉙**江口政子**（五年）
　大正十二年九月一日、後前十二時前の地震で東京横浜全滅し、そのときのさわぎはただ朝鮮人さわぎでした。朝鮮人の顔やふをみると、すぐにころしました。

㉚**平井梅子**（五年）
　ようやく夜が明けた。〔二日〕すると今度は朝鮮人が来たと云ってさわぎ初めた、その時こんなことがいくつもあるなら一そう死んでしまった方がよいと思った。ああ、あの時は何んとこわかったでしょう。

㉛**櫻井貞子**（五年）
　わすれてもわすれられないこわいこと。私はこんなこわいことはわすれることはできません。あの大震災のことを、お

もいだすと、おかしくてたまりません。あの朝鮮人のことをいまさらこわいとおいます。あの大震災のときは私は八幡橋のところいにげましたが、みなが、つなみというので岡町のはらぱにげました。にいさんたち、たたみをしいてくらましたから、私たちはその上にあがりました。いせだき町のほをみると、まかになっていました。ゆうがたになったので私たちはばんのごはんいただいてねますと、ねんしのほうで朝鮮人がきたとゆへば、いそごのほうで朝鮮人がきたとゆうてはさわぎました。私たちはこわいので、ふとんのなかへもぐったりしていました。私たちはそのままねてしまいました。私たちは、おちついてねられませんでした。朝は、よもあけないうちにめがさめでねられませんでした。わたしはそのしいちにちこわくおもいました。三日めにいへいはいりました。私はいはいることをこわくおもいました。それから家いはいりました。おとうさんは、それからながいかたなをもって朝鮮人をこないように番にんをしていました。

㉜**小島國太郎**（六年）

二日ノ朝頃ニナルト朝鮮人ガキタタメ日枝神社ノ方ヘニゲテイッタ。

㉝**須藤春吉**（六年）

地震ガシズカニナッタトオモウト鮮人ガ隊ヲナシテ日本ニ襲来シテキタトイウウワサガパット広ガッタ。ソレデアルカラ寝テモ起テモ鮮人鮮人デサワイデイル――鮮人ガソノココニ、ミジメナ最後ヲトゲイル――マルデ戦国時代ノヨウデアル。ナマグサイ風ハ情モナクピウピウト吹イテクル。マルデ闇黒ノ世界ノヨウデアル。僕等ハ焼土ト化シタ横浜市復興ノタメニ動コウデハナイカ。

㉞**谷知太一**（六年）

三日、朝鮮人が隊を組んで日本人をころすといった。三日昼る頃、朝鮮人がきたので、僕らは竹やりや、いろいろのどうぐうのはのついたのをもって、きんちょうをしめしている。僕は外にでるところされるといったから外にでませんでした。しぜんのちからも人のちからもつよいと思います。

㉟**高田徳一郎**（六年）

アアナントイウ恐シイ有様デアロウ。僕等ノ平和ヲヤブッタアノ大震災。アノ震災ニ乗ジ世間ヲサワガシタアノ朝鮮人。ナントイウウラメシイ事デアロウ。

㊱**福島幸雄**（六年）

二日目ノ朝ゴハンヲタベテイルト朝鮮人ガテッポウ爆弾又ハイロイロノブキヲモツテ日本人ヲコロシニクルトイウノデシタ。我ラモオオキクナッテ国ノタメニツクス国民デアルカラ、ナブリコロサレナイヨウニ、ヤリ又ハテッポウヲモッテ、夜シルバンヲシテイマシタ。ウンガヨク僕ノ家ノキンジョノモノハ朝鮮人ノタメニ、ミニキズシトツ、ツケラレマセンデシタ。其ノ自分ハイキタ心モチハナカッタ。

㊲芝山雅次（六年）

横浜モ最早惨タル都トナッタ。夜ニ入レバ人々ハタダ思案ニクレルバカリデアッタ。所々ヨリ朝鮮人サワギガ起ルト同時ニ我々ノ心ヲ一層シキシメテ来ル。僕モ夜中、朝鮮人ノ警戒ヲ勉メタ為、寝ルヒマサエナカッタ。此ノ様ニ何時シカ二日モオエテ三日ノ朝トナッタ。「アア」此ノ惨タル都ヲ復興スルノハ我々ノ勉メデハナイカ。

㊳岡田彦作（六年）

〔1日〕ソノ内ニ夜ハダンダンフケテイッタ。ソシテ朝トナッタ。スルト向ノ方カラ朝鮮人ダ朝鮮人ダトイッテ一サンニコチラヘ走（か）ケテ来ル人ガアリマシタ。僕ハオドロイテ向ヲ見ルト朝鮮人ハ見エナイ。ソレカラ鮮人鮮人デ親ヤ子達チモ竹ヤリ竹ヤリトイッテ町ノ中ヲ竹ヤリヲモッテ危ナクテショガナカッタ。ソシテダンダント夜ニナッテモ僕ハ鮮人ガ来ルカ来ルカト思ッテ、ブルブルトフルエナガラ、フトンノ中ニモグッテイタ。僕ハコレマデ地震ハオソロシカナイモノダト思ッテイタラ、始メテ九月一日ノオソロシイノニ感ジマシタ。

㊴八木次夫（六年）

ヨクジツ〔二日〕ニナルト朝鮮人ガアバレマワルトイウ、ウワサガアッタ。竹ヤリヤカタナ、ナドヲ手ニシタ、人々ハ皆、朝鮮人ヲオイカケマワル、マルデ戦国時代ノヨウデアッタ。此ノ後ハ我等第二ノ国民ハ此ノハカイシタ横浜ヲモットヨリイジョウ盛ニシヨウデハナイカ。

㊵木村清兵衛（六年）

損害ハ約一百億円ト云ワレ、コレダケノ費用ヲモッテスレバ、カノ有名ナ日露戦争ガ二、三、四度モ出来キルソウデアルガ、地震ト同時ニ朝鮮人ガ暴行シタ。僕ハ瞬間死ニタクナッタホドコワカッタト共ニ、人ノ力ノ強キコト、自然ノ力ノ大ナルコトハ、人ノ襟ヲ正サシメタトイウ有様ガ人間ノ間ニ満チ満チテイルコトガ全身ニシミワタリマシタ。

㊶中澤二三（六年）

九月二日、又モヤオソッテ来タノハ鮮人暴行ノウハサ、其レモ後ニ人ノ流言トワカッタ。コノ様ナ時マズ僕等ノ心ヲ安ンジサシテクレタノハ各国ノ人々ノ同情デアッタ。

㊷近藤信三（高等科一年）

三日になると朝鮮人騒となって皆竹やりを待たり刀を待たりしてあるき回ってた。其をして朝鮮人を見るとすぐ殺しので大騒になった。其れで朝鮮人が殺されて川へ流れてくる様を見ると、きびの悪いほどである。又食料を見つけにいったりして、たべていたのである。朝鮮人騒は約二週間の間であった。又正金銀行の前へには大勢の人が死んで山の如であった。其れから地震も時々行たけれども皆小いのであった。

㊸安室盛造（高等科一年）

二日目の朝もまだまだといふうにはげしくもいている。しばらくたつと朝鮮人さわぎ。僕は一層ふるいて、なにも力にも出来なかた。よその人達が竹やり、まるたん棒を以って鮮人が来たらこのまるたん棒でよこつらはんなぐるという調子でまっていた。夜番をする為に、鮮人は段々静になって来た。〔…〕朝鮮人さわぎの時は、まるでやばんの様であった。

㊹横田幸雄（六年）

僕ハ此ノ有様ヲ見テ、夜モロクロクネナイデ、ビョウキニナリマシタガ、ヤットナオルト、朝鮮人ガオソウテクルトイウノデ、青年団ノ人ガネナイデケイエイシテクレルカラ、朝鮮人モオトナシクナリマシタ。

㊺原勝正（学年不明）

〔船へ逃げ三晩泊ってから〕そして見なで磯子へきました。もうその時はもうばんでした。するとむこうで、朝鮮人だ、やっちゃえ、やっちゃえ、とどなるので、内のやっちゃんはなき虫になってしまいました。〔…〕朝鮮人はずいぶんひどいです。

（3）石川尋常小学校（『震災に関する作文』）

①高等科二年女子

二日の朝は、私たちは越中島の原へ小屋をたって、中へ入っていると、朝鮮人が来たから、朝鮮人のものはかってはいけないといってる内に朝鮮人が来て、朝鮮人の頭をぶったりなぐったりして、朝鮮人さわぎになりました。私たちはせっかく地震でたすかって、まるで生きた空がない。皆なは口ぐちにいいました。

②高等科二年女子

三日、四日の内は、ため物もたべつに山に野じくし、夜は木の根をまくらにすごしました。又その内に、朝鮮人さわきで夜もねずでした。

③高等科二年女子

〔二日朝〕どこかで、ばんざいばんざいとさわぐ声がしたから、私は何かと思って、下の叔父さんに聞いたら、兵隊が上陸したのだといった時、私はこおどりしてよろこんで、皆に伝えてやろうと思って、しばの方へかけてった。おしえてやると皆も喜こんだ。〔…〕私は叔父さんに、家の方へ一緒に連れてってもらった。そして家へ入って見ると、五、六人で家の店の物を取って、どんどん運んでいた。その内に運ぶ物がなくなったとみえて、先頭らしい男の人が、赤いはたを持ってどんどんでていった。

④高等科二年女子

〔馬かけに逃げのびて〕〔…〕一日の夜、不安の寝に付きますと、朝鮮人が来て、日本人をやたらに殺すから、男は皆、起きてけいかいしました。女子供は顔でも出すとすぐ殺されるから、出てはいけないと申しました。

⑤高等科二年女子

〔平楽学校がさかんに燃えていた。…二日〕朝になると、竹を持って朝鮮人をおかけているので、外に入れなかった。

⑥高等科二年女子

〔二日〕内へはいる事は出来ず、ろうそくはないので、暗やみで野じくした。朝鮮人がピストルで日本人を殺しにくるといって、大人でも子供でも、皆ぼうをもっている。青年会の人は朝鮮人がくるから注意してくれとまわってきた。すこしたつと、むこうの方では何んだかさわいでいる。そばの人は、朝鮮人がきたのだといったら、畑にいた六、七十人の人は、皆、生きている空はなかった。

⑦高等科二年女子

〔一日夜〕向方の山から男の人が棒を持って「朝鮮人が来たらぶち殺せ」とどなってきた。其のつぎには、血だらけの刀を持って通る人がある。父は朝鮮人がなにかするのかしらとそばの人にきけば、女や子供を殺したり、所々へ火をつけたのだといった。父はそれではここにいてはあぶないというので、下へおり、おばさんの家に妹や私をねかしてくれた。そして、父はおじさんと二人で家の前に棒を持っていた。そのうちに「きたぞ、きたぞ」「やぁやぁ」とどなる声。私は母と妹とおばさんとかたまって家のすみにおりました。其のうちに夜は明けた。

⑧高等科二年女子

〔…二日〕午前二時頃、向の方から朝鮮人とさけぶ声がとぎれとぎれにきこえて来る。人々は竹の棒をもって、朝鮮人の来るのを今か今かと待ちかまえて居る。しかし、朝鮮人はこなくて夜はあけた。

⑨高等科二年女子

二日の朝になって家の様子を見に行くと、幸やけなかったので、其処で飯を炊き、有合せの物を煮て飯をすませた。〔…〕昼頃になると〔…たずねてきた伯父の話によると〕道路、又川にはたくさんの死がいがあったと言うことである〔…〕晩には、朝鮮人の為におどかされたので、二日の夜も寝られなかった。

⑩高等科二年女子

〔…〕〔二日〕この日は、鮮人が井戸へどくをいれるというさわぎ、夜になると、井戸の囲で番をしなければ、あちらでも水を吸んで死んだ、こちでも死だというさわぎ。その時、むこうから、いま兵隊がつきましたら安心して下さいといわれた時のうれしかったのは、わすれることができません。

⑪高等科二年女子

二日の晩、之はとうてい私の頭から去ることの出来ない恐ろしい日、鮮人騒ぎ。あの日を思うと、身振いする。

⑫高等科二年女子

〔二日〕〔…〕恐ろしい光景を前にして、恐ろしい流言は伝えられました。しょしょを全滅した不逞の走は、各所に出没して強盗、虐殺、あらゆる横行をほしいままにして居る。富士も伊豆も噴火している、直に帝国の滅亡だ、など、私達は本当に生きた気もいたしませんでした。

⑬高等科二年女子

こんどは三日目の晩、鮮人のさわぎで又眠ることが出来ない。わいわいとさわぐ人のこえ。どんどんばりばりとひびく音をきくたびに、ぶるぶるふるえる私しは、こんなこわい目に相うなら、一そ地震の時、死でしまえばよかったと思った。

⑭高等科二年女子

二日の十時頃でした。朝鮮人だか何人だか、白い服を着た人が家へ、何んでもいいから食べる物を出せといって来た。家では何もやる物が無かったので、しかたがないので、朝、つけ物屋のやけあとへいってしろってきた、らっきょを少しやったら、それでおとなしく帰って行ったので、皆んなはほっとした。〔…〕ちょうど二日の夜であった。きのう、ねなかったので、うとうとしていました。夜の十時頃で、家の上の男の子が栗の木の下で隣の子と一所にねていた所を、朝鮮が其の上を通ったといって、上の家の子が朝鮮人と間ちがえられて、竹やりでつかれたので、大騒ぎになりました。朝になって、上の家へ行ったら、足をつかれた男の子は、いたそうな顔をしながら、ねていました。私はもうそれから夜がこわくてなりません。

(4) 南吉田第二尋常小学校(『震災記念綴方帖』)

①五年女子

〔五日目の朝、焼場で父母に会う〕太田の山へいこうと思ってお門通へきますと、そこへうんとしんだ人がころがって居ました時、私はきのどくに思いました。又太田の山へ行く途中、朝鮮人がころされて居りました時、いやな心持でした。それから山へ行きますと、にいさんがごはんをたべていました。

②六年男子

あのくろいけぶにまかれ、あの恐い火にまかれて死んぬのがかわいそでした。もうさっきにげてきていたところへいくと、おまわりさんが、朝鮮が、はものを持ってくるから、きたらころしてくださいといってきました。僕はそれをきいたとき、ぴっくりしました。そうして僕は兄さんと、ないふをもって竹林へいって、まっすぐでじょうぶなような竹をとって竹やりを三本こしらえてくると、むとうのほうでは、うわうという声がしますので、声のするほうをみますと、それは朝鮮のくるのをまっている人でした。

③六年男子

もう八時だ、寝ようと思ったが、石油かんがぱんぱん破裂する、ちっとも寝られない。しばらくすると、ワーと云う声で、はっと思って声のする方を見ると、其んなやつ殺しちまえと云っている。僕は鉄棒を持って行って見ると、三人の朝鮮人が大勢の為になぐられて、はや、もう虫の息である。僕はいつまでいてもつまらないと思って、一同のそばへ行った。

④六年男子

〔二日朝〕すると朝鮮人さわぎでした。それはそれは大さわぎでした。井戸の中へ毒を入れたと居ってさわいだりころされたといったりして居た。松山へゆきました。道を通って見ると朝鮮人がころされて居ました。

⑤六年女子

〔地震、水道管の破裂、交番の前に死傷者二、三人↓山↓火の海、石油倉庫の爆発〕私は此の山へ火がつかなければよいと心から祈って居ました。其の中でも一番恐しかったのは朝鮮人の事です。真夜中になると急に朝鮮人が来たので私はふれ上ってしまいました。頭の上では時の声がし、鮮人が来る度に日本人が竹槍を持って追かけて行きます。其の時の恐しさは何ともいえません。お母さんも私も鮮人がこわいから戸部のおばさんの内へ行きました。

⑥四年男子
そのばんに朝鮮地んさわぎにで私はおどろいて、見ず〔水〕をのんでたすかりました。

⑦四年男子
ねてしまってその朝ち人のさわぎで、ぼのおとうさがてつのぼうをもって、まいばんてぼまであるきました。

⑧四年男子
もう日もくれて空は真赤になってしまいました。その時、朝鮮が、ときの声を出して、さわぎました。すると日本人が、竹槍を持って日本人も、ときの声を出しました。もう夜になって、もう朝鮮人が、あまりさわいだので、ねる、まもありません。もう四時半頃にもなりますと、となりの、おばさんがいいました。

⑨四年男子
内へついて夕飯をたべて、しばらくたって眠ろうと思ったが、朝鮮人さわぎで眠むられなかった。

⑩四年男子
〔石油倉のうらの山、石油缶爆発〕そしてしばらくたつと朝鮮人が、うわあい、うわあいといったので、僕はまたこわくてたまりませんでした。それでもがまんして、一日のじくをしました。

⑪四年女子
だんだんしがくれてから山まにいましたが、ちょうせんさわぎでしたから、したのほへゆくと、おとこのしとがいいました。おまえさんたちは、どこへぬくのですかときたので、そこにいました。

⑫四年女子
すると私はおなかがすいたので、お父さんは根岸の方へかいにいきました。お父さんは又畠へいって、おいもをめっかえにいきました。けれどもなんにもないといって、かえってきました、けれどもなんにもないので又かえってきました。すると朝鮮人さわぎに、めをさましてしまいました。〔→車橋〕

⑬四年女子
それでその夜るになると朝鮮人がくるっていって、おうさわぎでしたから、私どもはおとうちゃんに、おっかないから大森のおじいちゃんの内へいこうと、いったら、ではいこうじゃないかといって、そのおひるごろ、でかけて山からおりて、二日目にやっと、つるみまでいきました。それで朝鮮人

をばんする人が、さあ、おっかなかったでしょうといって、その人はしんせつに、じびたのうえに、むしろをしいて、ねかしてくれました。

⑭**四年女子**
後が一面に火でしたから、道じゅう橋を渡って山へにげた時も朝鮮人にあって、ずいぶんひどい目に合いました。明日になって稲なりやまをとおって、中村のおばさんの所へ〔…〕

⑮**四年女子**
それでやっと安心しましたが、こんだは朝鮮人のさわぎで又心酒しました。

⑯**四年女子**
二日のお昼頃、おとうさんにあいましたので、私はどんなにうれしかたかわかりませんでした。夜るになると鮮人さわぎで、夜るもろくろくねむりませんでした。

⑰**四年女子**
ごはんをたべていたら、朝鮮人んじんがてっぽでどんどんとうちましたから、小さくなっていました。

⑱**四年女子**
あすの朝すぐに堀の内にいきました。そうすると朝鮮さわぎですから、おかあさんが、元の所へゆきましょうといいますと、雨がふると、こまるから〔…〕

⑲**四年女子**
舟へのりましたら、つなみがくるといったので、船から、あがって、山まへにげました。ばんになりましたら、朝鮮參がくるといつので、びっくりしてしまいましたら、それは、うそでしたので、あんしんしました。

⑳**四年女子**
私は山へにげました。よるになるとちょうせんじんがきてあさになるとなまひをいいながらとおりました。

㉑**四年女子**
〔まんじびゃうえん〔万治病院？〕石油倉庫が火事。山の上へ〕その夜る、ちょうせんじんが二百人この山の上へ来て、ほうぼうへ火をつけるとしれました。その夜る、ちょうせんじんが一人みえましたから、おおさわぎをしました。おとこのしとたちはみんな声かけて行きました。

㉒**四年女子**

〔山へ〕おとうさんは、おっかさんの事が心配で幾度も幾度もさがしにいって、ちょっとも其にいませんでした。そのばんは其へしなんしました。又夜は朝鮮人さわぎで、私はずいぶんこわくてねられませんでした。

㉓**四年女子**

〔車橋通れない→ようようのことで山のおじさんのうち〕ちょうせんがあパれたのでこわくてねられません。

㉔**四年女子**

そのあくる朝は鮮人さわぎで、よその男の人は、たけのやりで鮮人をころしに行きました。

㉕**四年女子**

やまいにげたときの夜になルと朝鮮人がきました。

㉖**四年女子**

山へにげて三日のじくしました。四日の日に逗子のにいさんがむかいにきました。それからいしやうにいく道にみんながふといぼうをもっていましたから、にいさんにきいたら、あれは朝鮮人を殺ぶつぼうです。といいました。

㉗**四年女子**

〔山へ〕すると夜があけました。ちょ度おひるごろになりますと、山の下三沢のお百しょう家へ来てお米いただい行来ました。お米をいただいて来て見ると、一人の男が竹やりを持ってうちのおとうさのことを、今この山へ朝鮮人が来て、てっぽうやぴすとるをもって来るといいました。それで山へにげた人々にそうだんして、お岡のこうえんへにげることにしました。まもなく岡のこうへ上ろうとした所から上からぼうせきの女工が上からおりて来て、今上で戦がはじまっているから、とても上へはあが〔ページの替わり目で脱落〕なにもほっぽてにげました。〔…〕あとで私は朝鮮人んをかけられたことはずいぶんこわかったと思いました。

㉘**四年女子**

ほっとしたかと思うと、又こんど朝鮮人さわぎになったので、畠の中へにげこんだ。九日も野じゅくして、十日目にいなかへ立った。

㉙**五年男子**

山に逃げました。若い人が七八十であろうお伯さんが血だらけになって、かたでいきをしながらおぶさっていきました。皆なはもらい泣をしない物はなかった。煙りは天一ぱいにとりかこみ、中村の山の下でばくはつする音がどんどんとなって、まるでたいほうをうつおととちっともかわらないのでした。だんだん暮近くになると、日輪のごと月がぼんやりとあがって来た頃、朝鮮人があばれるから用心するように、男人は皆なあつまれといいに来ました。下町は火の海となることは夢ともしりませんでした。

㉚五年男子

そしてそのばんは、おとうさんは山下の所をぐるぐると、おじいたんをさがして、そのばんはそこで避難していると、山の上で朝鮮人さわぎで、あちらこちらからわうというので、僕は元気をだして、そのばんはそこで避難してしまいました。

㉛五年男子

こんなんして山へにげ登りました。〔…〕家の物みんなぶじでしたが、夜の十時ころに朝鮮人んがときのこえをあげていました。それからは、おちついていられませんでした。そこで一夜をあかしました。

㉜五年男子

第三学校の運動場へにげたら、巡査が此処に居ると危険だと言ったので、其処をでて山手へ逃げました。すると又そこを出て、こんどは畠へにげました。そのうちにおなかがすいたので根岸の方へ行ったが、なんにもありませんでした。そのうちに日が暮れて、朝鮮人のさわぎでちっともねませんでした。

㉝五年男子

〔一日、山に着いて、山から姉さんの里へ〕晩になると、朝鮮人のさぎで、そのしはそれで終た。

㉞五年男子

〔となり米屋、山へ逃げた〕その夜、朝鮮人が物を取りにくるとゆうので、蝋燭をつけたのをけし、みんなねころんでしまいました。きたぞと叫ぶので、おきてしまい、その夜は一人朝鮮人がころしてしまいました。

㉟五年男子

真夜中頃、急に山の上がさわがしくなって来た。すると「朝鮮人だ」という声がわきおこった。すると僕等のいる原では「今に朝鮮人が来るから用心してください」といった。すると原にいた人達は「わっ」と声をあげて、にげ出す物もあれば、棒を取って用心している物もある。其の中に「朝鮮人はもうころしたから大丈夫」という声がしたのでやっと安心した。〔その後、山口さんの船に一時やっかいになった〕

㊱五年男子
内の中へ煙が入いていた。すぐにもつを持って山へ逃た。今度は朝鮮人のさわぎですこしもねません。

㊲五年男子
もうそろそろ夜にちかついて来た。すると朝鮮人がおしよせて来たと、お母さんがいった。夜がほのぼのと明けた頃、ここにいてはあぶないと、巡査が注意してくれましたから、西中村が焼けないそうだといって西中村へ降りた。

㊳五年男子
第三学校の運動場へ逃げた。〔…〕今、もえ着くという石油倉を通って、山の手へ逃げた。そして、やがて夕方になったので、盛にもえて居るそばを通って、少しばかり残って居た家へとまった。そして山の方に残って居た家が朝鮮人で、あばれられて居ると言うので山の方へひなんする事になった。

㊴五年男子
〔父母とはぐれ姉と山に逃げる〕一時半頃は朝鮮人で人々は皆な逃げるしたく、その時、人の朝鮮人がきたので人はあわてて、にげる。僕等のはいっているところへ、あわただしくかけこんできた人がある。その人は子供をだいて、すこしのあいだここにいて、又でていった。その時ふと思ついたのは、父母でした。僕は、母又、父は、朝鮮人に殺てしまった。と思うと生きていたくはなりません。夜があけ、朝、太陽のあがるころ父母は、ようようと見けて一あんしんしました。

㊵五年男子
〔山へ逃げる〕夜になったから私はねようとしましたら、朝鮮人といったので私はねません。するとらっぱの音やてっぽうの音がするので私は二夜ねませんでした。

㊶五年男子
たまらなくなって、山へ逃ると朝鮮人が悪いことをするというので大そう大騒さわぎでした。

㊷五年男子
〔南京そば屋から火が出た。山へ逃げた〕三日四日朝鮮人であばれました。其のあした大田しだじへおめそとりにいきました。私のうちはさびしいせいかつをしています。よるは五時にねします。朝鮮人あばれてきました。きんじに大工さん来て、首来ってしまった。

㊸五年男子
〔第三学校へにげた。お巡りさんが山に逃げろといった〕やがて日がくれました。そうすると、朝鮮人がくるというので、

ねられませんでした。やがてよがあけて、やっとあんしんしました。

㊹五年男子

〔藤棚の山へ逃げた〕そうすると、ちょうせん人があばれましたので、僕たちはこやのすみの方にちいさくなっていました。

㊺五年男子

〔第三へ、橋を渡って山の下へ〕ばんは朝鮮人がさわいでいます。

㊻五年男子

〔二日東京へ。その後、横浜へ〕四時頃にあざぶ十番通につきました。着くと潰れた家も少い上に災火はこない。だが心配したのは、朝鮮人が来ましたから、三連隊までの広原に行きました。それが終ったから家に帰りましたが、まだ、朝鮮人が、玉子川のわたしの向に二千人とか、隅田川の向に行って、焼けたところに、行って、爆弾を投げたり、自動車に乗って、人の逃げて来るのをひいて、逃げてしまったりしまいました。

㊼五年女子

橋の落ちない中にせき油ぐらのうらの山のしたに行ってしまいました。〔…〕其のばんとなると、ちょうせんさばぎになりました。男の人がいる内では男の人がぼうやなんかしらもって見まわっているしまつでした　私たちはもうちょうせん人が、きてもにげるばかりにしておいたら、ちょうせんじんもこなくてよいと思っていました。よがあけてきてお昼頃になると、しんるいのお父さんが来て、ほどがやの内へつれてってくれました。

㊽五年女子

〔山へにげた〕しっている人が来てこっちへこいと言のでいくと、ふとんをしいてくれたので小供はそこへねました。小供だけで十二人でしたが二枚しいてくれました。そこへ小供だけねました。大人はみんな起ていました。そのうちに男の人があつまっているから、おとうさんがみにゆきました。すると朝鮮人がみんなを殺すと言ので、おとうさんとおじさんはく原にかくれました。そのうちにだいじょうぶと言ので、みんなは安心していました。よがあける頃まで朝鮮人は来ませんでした。

㊾五年女子

九月二日になると、おしるごろ、ちうせんじんさわぎで大さわぎでした。ばんになると、ちしんをけてくださとどなてきました。私は、おかなくてたまりませんでした。

(50)**五年女子**

私は地震の後は前田へ行来ました。其此で二日ばかり御安かいになっていましたが、朝鮮人さわぎで女な子供はみんな家へはいれと言いましたから家へはいっていましたが、だんだん夜になると、なおさわぎ出したので寝りませんでした。それからこんどは磯子で長らく御安かいになりましたが、やはり朝鮮人さわぎで寝れませんでした。それから其の付近には山が大いので、朝鮮人が見えるからなおこわいのですから、こんどは第二の焼後へバラックを立て、其此におりましたが〔…〕

(51)**五年女子**

〔父母にあって山の上へ〕よそのおばさんにごはんをいただいてねました。ほうばのしとが朝鮮じんがきた、とゆうしらせがきました。皆んながぼうをもったりたけをもったりしてだいぶさわぎました。あさってのあさ、やけないうちのせへだいしやう〔せんだいしょう?〕へいきました。また朝鮮をころしたのを、そばのはしへおとしてばんざいをしました。

(52)**五年女子**

〔→なんきん病院の山へ〕私はそこで二日のじくをしていました。〔…〕その家にちょうせんじんがきたので私はびっくりして山のほをみあげると白いきものをきた人が五六十人ぐらへいました。私はこわくなって、おかあさんにかじりつきました。それからそはだんだんあけてきましたから〔…〕

(53)**五年女子**

〔山→かめのはし渡る→じぞう坂の寺が燃える→山へ登る。二日目〕その日はその日でおわりましたが、夜になると、せんじんがくるというので、私らは山のうちへはいっていました。にいさんたちや局長さなどが、せんじんのばんをしてありましたから、そんなにくろうはしませんでした。

(54)**六年男子**

僕は此の後どうして生活していくのかと思うと、かなしくてたまらない。朝鮮さわぎははじまるし、米はなし、着物はなし、死にたくもない。僕が焼跡へ行くのに橋の下、又は川を見ると、死人が浮出て見える。道ばたに積み上げてある死人を見るたびごとに涙がわき出て来ます。死人の山はきずかれてある。

㊺六年男子

明日の朝になると朝鮮人が来るとゆううわさがはじまった。僕は赤いきれをまいて竹槍を持て、ばんをしていましたが、朝鮮は一人もきません。其の日の夜になると合言葉やら時の声を上げるやら、大さわぎ出した。それもすんで五日ばかりたって、かんづめや米豆などをとりに行きました。途中で死体をたくさんみました。

㊻六年男子

そこでねむくなったから、ねておきると、お父さんがいましたので、いとこのところへいってごはんをたべていると、しょうじんだといって、さわいでいます。〔二日〕そのうちにだんだんしがくれてきました。またしがくれると、しょうじんがかんないのふに百人くみをそろえているというと、僕もお母もみをふるわせています。

㊼六年男子

松山には高山と言う知合の家へ行ってやっかいになる事にした。夜になると朝鮮人さわぎで、おとうさんは鮮人のこないように門のそばで番をする。僕は心配で、其の夜はどうしても寝れなかった。二日の朝早くから家の焼跡へいきました。金庫の中を見ると銀行の通紙へいや×の物がそっくりしてむれていました。それから山吹橋の方へ行くと、角のそばやの所で四人黒こげになって死んでいた。ぽすとのところには一人針金が体中一ぱいにからまっていました。これはきっと逃げる時に急いで逃げたものだから針金につっかかったので、あばれたから尚一ぱいまきつき、其のうちに火が来て死んだのにちがいないと思った。

㊽六年男子

おじいさんが来て、内へこいと言うので行くと、ごはんを出してくれた。それをたらふくたべて、こんどあしたになると、朝せんじんさわぎなので、昼でも、うかうかそとへ出ることが出来なかった。それで夜もろくろくねられなかった。僕は朝鮮人のころされるのを見ないてすごしてしまった。

㊾六年男子

野宿した翌日より朝鮮人さわぎでした。困ったのは食物がないので、きらいならっきょうを食べて居ました。夜になると朝鮮人が来るので、お父さんなどは夜はねずに竹槍や刀などをもって番をしていた。此んなふうで十日はすぎた。

㊿六年男子

〔→松山〕夜ノ八時頃、朝鮮人ガサワギダシマシタ。二日目ニハ人々ハ山川山川ト、ホウボウデ朝鮮人ヲシラベテアルイテイマシタ。三日目ニ父ヤ姉ニアイマシタガ、兄ニガイナイノデ、サガシマシタガ、兄ハ、ウンワルク死ニマシタ。父ヤ僕ハ、ゼイカンヘイッテ、カンヅメヲタクサントッテキマシタ。又コメモトッテ来マシタ。

㉑六年男子

〔↓電車の線路の上↓山〕おとうさんはすぐに中村町から、おかしをうんともってきましたので、僕はそおかしをくっているると、その内にだんだん日がくれて、あたりはしんとしているると、十二時ごろになると、朝せん人だ朝せん人だといってさわぎました。それでとうとうその日はろくろくねられなかった。

㉒六年男子

〔山〕夜になると朝鮮人がくるので私はびくびくしました。するとだんだん夜があけてきました。

㉓六年男子

〔いなり山〕お父さんがたべものをみつかいにいきました。するとゆうと朝鮮人があばれだしたので、みんなはぼうをもってたたかいました。するというと、おとうさんがかえってきましたので、ふれしくなりました。

㉔六年男子

すっかり夜になった。朝鮮人があばれる。とうとう一人の朝鮮人はつかまって殺されてしまった。朝鮮人おうのに山だの川だのいっている。

㉕六年男子

八幡様のおくの山に逃げて畠けで心をおちつけていた。その中、朝鮮人がせめてくると言う人があるので胸がどきどきと又して来たが、僕の居る所にはせめてこなかった。その夜はそこで野に寝て、二日目の朝はやく焼跡に行って見ると、どこもかしこも焼け野原でした。

㉖六年男子

その内に、日はくれて、夜となて、よなかとなりました。その内に朝鮮人はきましたので、山をくだって、竹で竹やりをこしらえまた。僕はこれで朝鮮人は、きたら、僕は竹やりでつきころそとおもいました。その内に東はあかるくなて、朝日はわらいか顔をしてでてきました。

㉗六年男子

夕方下へおりて見れば多勢の人が無惨にも死人となって居りました。八、九時頃から朝鮮人さわぎで日本人がまちがえられて殺されるなど中々大変でした。

㊳六年男子

〔→鬼子母子神山〕さて明日になると鮮人さわぎで、今あそこで人が殺された、其所で人がころされたと、わいわいさわいで、竹槍で鮮人をついたり丸多木でなぐったり、なかなかのさわぎで、心配の上、心配がかさなり、横浜はどうなるのだろうと思った。其の内、好いあんばいに鮮人さわぎがしずまってから家が方々にポツポツと出来て来た。

㊴六年男子

夜中頃になると朝鮮人があらしに来るというので叔父さんはどこからか鉄のぼうをみつけて来て、それをもってばんをして居ました。そういうことが五日六日つづきました。

㊵六年男子

五日ばかの間は〔…〕朝鮮人が来た来たと言うて実におそろしいおもいをいたしました。それから毎日ほうぼうを見てあるきました。その途中で人の死んだのも随分見ました。

㊶六年男子

夜るになると朝鮮人さわぎになって二夜、野宿してしまった。二日の日もろくろくねなかった。

㊷六年男子

〔二日〕夜は明けて来ました。すると人々はさわいでいました。それはたいへんなことです。朝鮮人があばれてきたということです。

㊸六年男子

横浜は火の海、僕は「あ……」と驚いた。青年会の人達は下してくれた。夜になると、たつまきが来たりした。「と」何処からか人々が、朝鮮人が龍小に来た、皆用心しろとゆう叫と声が聞た。〔…〕鮮人が山へ掛登っては龍下へ来ては龍う。「みなみなねられない、僕達も其の夜はろくろくねなかった」〔…〕万治病院跡へ引上た。来て見ると人々の死体、又うめき声が聞える。〔…〕一ケ月頃後、横浜へ兵隊が来たので大変人々は安心して鮮人の心配もなく、夜は安々とねる事が出来た。

㊹六年男子

〔二日〕夜十一時頃、山道通って行きました。其の夜からは朝鮮人があばれるのでこわくてこわくてたまらないので六日の日、港でのじくして天龍という軍艦へ乗って田舎へ行きました。

⑮六年男子

〔一日〕石油庫が破裂しはじめたから〔…〕山へ上っていきました。〔…〕もう、うすぐらくなって〔…〕横浜全体はもうもうとたち上る火にまきこまれていまいました。山の上でやすんでいると〔…〕そこでは朝鮮人さわぎはそんなにしませんでした。

⑯六年男子

「朝鮮人が今夜、刀を持って来くから来をつけろ」と言いましたが、兄さんは「なあに違うよ、地震で驚いた心をおちつけようとしているのだよ。安心してな」と言うが、僕はがたがた歯がうごいて、なんだかおっかなくなってしまいました。其の晩です、果せるかな朝鮮人が刀をもってあばれこんで来ました。そうしてこのうき世を血に染めたのであります。

⑰六年男子

〔一日夜〕空は一面、赤い火の海となっていた。おそくは鮮人等にせめたてられ、いきた心地(ココチ)は致しませんでした。

⑱六年男子

〔一日〕その中に八幡様の方の火がこっちにきたから、又八幡様のおくの山に逃げて畠けで心をおちつけていた。その中、朝鮮人がせめてくると言う人があるので胸がどきどきと又して来たが、僕の居る所にはせめてこなかった。

⑲六年男子

〔狸坂の親類〕三日の朝頃から朝鮮人さはぎで夜もろくろく寝れなかつた。

⑳六年男子

それから五、六日たって、朝鮮人さわぎで夜もろくろくねられないので、おきて見ていると、やけいの人たちがいろいろな武器を持っていて、土橋の上に六、七人で見まわって居てくれたので、安心してねられるようになったのは、それから七日目ぐらいからであった。

㉑六年男子

〔第二学校で避難〕危ぶなくなって来たので今度は石炭倉へと云ったが、憲兵さんがもう此所はあむないから山へ逃げろとさしずするので、〔…山へ登る〕向うの方で朝鮮人だ朝鮮人だと云う声におどろいていると、こっちからもあっちからも棒や竹などを持ってさわぎますので、おちついていることは出来ませんでした。

㉒六年男子

一日二日立つと朝鮮人が来たというので夜はろくに寝ずに

朝鮮人が今にも殺にくるかくるかとまっているとと山の下で掛声がする。僕は此の事は後の世になつても忘れない。

㊳六年男子

〔一日〕日はだんだんに暮れて行く。男や女のどなってさがしている声が方々に聞える。時々朝鮮人さわぎや、ゆり返しが来るので、おちついて居られない。しばらくして下の方を見ると、横浜中は盛にもえている。時々朝鮮人だと言うと、皆竹槍を持って用心する。〔…〕三日頃、焼跡へ行くと、あちらにもこちらにも真黒になった人がころがっている。まるで生じごくへ行ったようだ。

㊴六年男子

〔一日夜〕其時「朝鮮人、朝鮮人、朝鮮人」トイウ声や、「殺してしまえ」「焼ころせ」などと言う声が聞えた。僕は恐しさにぶるぶるふるえながら、様々の事で一夜を明かした。〔二日〕下へおりて来て見ると、あっちこっちには真黒になった死体がごろりごろりと見える。

㊵六年女子

みんなろうそくをちらほらつけている。すると朝鮮人が来たというので、みんな火をけして下さとどなっていた。男の人は棒や竹やりをもってゆく。夜はだんだんふけて、いよいよ明方になった。朝鮮人のさわぎもいく分かおさまった。つぶれてやけない家は皆いろんなものをとってゆく。

㊶六年女子

〔家→第三の橋→万治病院→山〕其時、五つになるこをたのまれていた。其の子は母ちゃん母ちゃんとなくので、叔母さんをさがすと、いたので其の子をわたした時、私の二親はどうしたと思と悲しくなった。其内に早夕方となり、隣の人に玄米をもらって食べ、某夜は朝鮮人さわぎでねられなかった。あした母をさがしたとき、うれしくて口もきけなかった。

㊷六年女子

〔堀内で野宿〕二日めのあさは朝鮮がでて日本の人をころしたりした。二日めのばんは朝鮮がてきてさわいだので、ねることができませんでした。三日めのしるにおとこのしとたちがけんをこしらえで、おうぜいで朝鮮せいばつにいきました。うちのおとうさんが三日めのしるすぎにかえってきた。

㊸六年女子

山はくずれているのでのぼれない。上からは帯だのひもだのをつるしてあげてくれます。其の夜は朝鮮人がくるというので、こわくて少しも眠むらず夜を明しました。

⑧⑨六年女子

〔家→車橋→山〕その内にだんだん暗くなってきました。よるのうちに〔…〕よるの内に朝鮮人が人をころすといって、よるのうちに逃げるしたくをしたくをしましたけれども、みんなが此にいたほうがいいというますから、だんだんやまのきしまでもえてきました。時には日〔火〕の子がとんできました。

⑨⓪六年女子

もうそのうちに橋はおちてしまいました。その晩はごはんもたべずに一夜をすごしました。二日日の夜は朝洋人さわぎでした。四日めには田舎へいきました。

⑨①六年女子

私のいえは、のこりましたのはうれしいけれど、それからは朝鮮人のさわぎと、それからお金をもっていてもかえないというようなありさま。つよい者がよわい者の物をとるというようたこと、まるでせんごくじだいのようであった。いまではもう皆しずまりました。

⑨②六年女子

すぐ第三学校の運動場へ逃げた。〔…〕すると油倉庫が爆発し始めた。今度学校の雨天体操場が焼け始めた。向河岸も焼け落ちたので三吉橋を渡って山の下で一夜を明した。夜になると朝鮮人がときの声を上げてこっちへ来る。みんなは胸がどきどきして寝られなかった。朝鮮人もこなかった。油倉はまだもえていた。

⑨③六年女子

地震がすこししずまったので、此の時だと思って無中で第三の運動場へ逃げた。此所はあぶないというので山の下をさして逃げた。〔…〕草原の上に坐ると急につかれが出たのか、うとうとした時、不意にワーワーという声。「朝鮮人があばれ出したから女や子供はなるたけすみにいろ」と、いうふれが回った。私は其の時．地震でのがれたのに又朝鮮人に殺されるのかと思うと生きている心持は有ませんでした。其の夜は野宿で夜を明した。九月一日後前十一時五十八分はわすれられない時である。

⑨④六年女子

〔第三小学校→橋を山へ〕其の内に日は暮れると〔…〕急にそうぞうしくなつて来ると道時に誰れかが、朝鮮人があばれだしたと、言うけたたましい声が聞こえている。私はもうねるどこの所のことでは有りません。もうむねがどきどきと、はやがねのようになるし、足はぶるぶるふるえながらほうぼうを見ます、と、突前上の方から、下へいったぞ、気を付けろと、いう声がすると、下の方から、おう、と聞こえて来る。

私たちがあんまりこわがりますので、男の人達は皆、大いじょうぶだ、来たらぶっ殺してやるから、と、行ってくれた。未だ火は、あいかわらずもうもうと、もえて天もこがす許りである。皆が大じょうぶだと、言うので伏つぶしになって、居ると、はあはあと言う声が手にとるように聞こえる。其の内、うとうとして居る内に．夜はあけたので、やっと安心致しました。

(95)六年女子

〔まんじゅう病院→山へ〕地震はまだやまない。夜から朝鮮人さわぎでねられない。男の人は手に皆、竹やりをにぎっている。私はもう死ぬのかと思った。〔…〕通る人々は皆、棒だとか竹やりだのをもって通る。

(96)六年女子

たべるものはなし、着るものはなし、其れでも火はどんどんもえている。すると山の上で朝鮮人が来たといったので、皆、棒だの竹だのをもって身がまえをしていた。其の内、夜はしらじらと明けて来た。

(97)六年女子

根岸の内へ来る。乳子やの内の前の山までくると夕方になりましたから、ちちやで乳子をとって皆でのんでねましたけれども朝鮮人のさわぎでねることが出来ませんので、夜の明るのをまっていました。

(98)六年女子

横浜は一面の火事で、実にものすごうございました。其の中、朝鮮人が来るというので、男の人は、年よりまで手に手に棒をもって、いまかいまかと朝鮮人の来るのを待ちかまえていました　とうとう其の夜は私一家の者は山の下で夜を明かしました。

(99)六年女子

夜になりました。山のふもとへ火がついたので又にげました。四方は昼のようでした。袋をしいてすわっていると、朝鮮人があばれまわっていうので、男の人はみんな、そこらにおっこちているぼうをひろって、はちまきをした。一所にかたまっていました。私はむねをどきどきさせていると、うとうとしているうちに夜が明けました。

(100)六年女子

九月二日の夜になりますと、よその男の人が、朝鮮人が来たから用心しろ、とどなっていました。その時ばかりは胸がどきっとしました。よその男の人は皆、竹やりを持って朝鮮人をおっかけています。山の下では病人が泣いていたり、親にはぐれた女の子が泣いていたり、大さわぎでした、それがだんだんと夜が明けてきました。

(101)**六年女子**

そして晩になりますと、こんどは頭の上で、朝鮮人だ朝鮮人だと近所の人たちがさけびました。私は又びっくりして、その晩はとうとうねむられず、こわい一夜をあかしました。

(102)**六年女子**

その中、さかなやのにいさんはふとんをしいて、うわしきでやねをこしらえてくれましたので、おかあさんのことを心ぱいしながら夜をあかしました。其のあくるし、朝せんさわぎで、こわくてこわくて、しょうがりませんでした。

(103)**六年女子**

二日のばんは朝群人さわぎで、こわくてどうしようもありませんでした。三日間、山にいました。四日の朝、保土ヶ谷の在の方へ行きました。

(104)**六年女子**

あんまりしがそばへよってきたから、きんじょうの人とにげだした。車橋の所へくると、おまわりさんが山へ逃げろ逃げろといったから、やまへにげた。すると一人りの男子の人が戸の上へ、しにんをのせてしつまってい来ました。だんだんしがくれてきた。すると一人の男の人が、今、朝鮮人が来るようだから、よく用火をしなさいといった。私はそれをきいて、ちっともねむられなかった。さて、わあわあさけぶのは朝鮮人でした。男の人たちは、ぼうをもったり、むちをもったりして、おっかけていった。私はなんだがしんぱいで、ちっともえませんでした。

(105)**六年女子**

そのうちに日がくれてきました。それに朝鮮人があばれるし、それにこまりました。そこで、とうやいたをしいてねました。〔…〕夜になると朝鮮人が山からがやがやとさわいでいる。内のにいさんは棒をもっておっかけて行きました。

(106)**六年女子**

其のうち夜中頃になると、ちょうちんを付けた人が、朝鮮人が此山へあばれにくるから用心するようにといって来た。私はびくりして、ふたたび真ちゃんを背におい、外へ逃ようと思ったが、市中は一面の火なので行くことが出来ず、草の中へかくれて心配していると、男の人たちは大ぜいで棒きれだの竹槍だのを持、けいかいをしてくれたので、こわごわながら夜を明かした　東の空は明くなった。さわぎもはたとやみ、午後にはお父さんもさがしに来て、皆無事である事を喜こんだ。

⑩⑦**六年女子**

　ソレカラ山ヘニゲマシタ。日本橋ノ方ヲ見ルト、火ハドンドンモエテイマシタ。ヨナカニナルト朝鮮人ガクルトイウノデ、震災デタスカッタノニ朝鮮人ニ殺サレルノカト思イマシタラ、ヨイアンバイニ、キマセンデシタ。

⑩⑧**六年女子**

　だんだん夜中になって朝鮮人をきよつけろ、朝鮮人をきよつけろと人々の叫声がしましたので、私たちはこわくてこわくてたまりませんでした。〔…〕となりのおばさんがふとんをかして下れましたので、其れを皆でかぶって居ました。すると太い火柱が立ったので、火にはおわれて山には朝鮮人というので、こわくてこわくて皆でちぢこまって居ました。

⑩⑨**六年女子**

　夜中頃ニ成ルト朝鮮人ガクルノデ、方々ノ叔父さんハ竹槍ヲ持ッタリシテ払ッテ居ルウ夜ガ明ケマシタ。

⑪⓪**六年女子**

　ほうぼうの人たちが、ちょうせんじんといってさわいでいるので、私はこわくてたまらなくなって、おかあさんにそのことをつげたら、みんないっしょにおきていました。

（5）横浜尋常小学校（『学之友』震災復興号）

①**山田房子**（三年）

「朝鮮人　よわいよわい朝鮮人」

　〔自宅は倒壊、全焼。学校（北仲通六丁目）も火に包まれた。家族と共に小舟に乗って山下町沖へ脱出、舟の中で一泊する〕そのあくる朝〔九月二日〕、いどがやの人が舟でおむかえに来て下さいました。その時は何ともいえないほどうれしうございました。私たちは其お舟でいどがやのおうちへ行きましたので、やっとあんしんいたしましたら、こんどは朝鮮人がいどがやのおうちのちかくへ火をつけはじめましたので、又びっくりしました。夜はろうそくのあかりで町の中はまっくらでした。くらい中を朝鮮人のさわぐこえがして、夜もよくねむれませんでした。此のりっぱな横浜も一じの間にやけのはらになってしまいました。私はそれからじきにいなかへ行きましたが、いなかにおうちがたくさんあるので、又かなしくなりました。

　うた

　がたがたがたがた大じしん
　ほんとにいやな大じしん
　土がわれたり火が出たり

ほんとにこわい大じしん
がたがたがた大じしん
ほんとにいやな大じしん
方々の家がつーぶれて
方々の人がこえたてて
あちらこちらへにげまわる
がたがたがた大じしん
ほんとにいやな大じしん
朝鮮人
よわいよわい朝鮮人
くらいくらい町の中
日本人はこえたてて
朝鮮人をおっかける
朝鮮人はおどろいて
お山の方へにげて行く
ほんとによわい朝鮮人

（『学之友』震災復興号　第八十三号　横浜市立横浜尋常小学校
　一九二四年。横浜市史資料室所蔵『横浜小学校関係資料2』）

②佐々木すみ（五年）

「下駄をはいてねた」

〔日時、場所不明〕七、朝鮮人　朝鮮人が火をつけにくると聞いておどろいてしまった。男の人は皆起きて竹やりをもったり刀をさしたりして警戒している。夜になってうらのやまへ朝鮮人が来たときなどは生きた心持がしなかった。お母さんに手をひかれて下駄をはいてねた。

（同前）

6、当時の新聞記事より

①東京日日新聞（一九二三年九月二二日）

憲政会の書記を自警団突殺す

二十日妻女から検事局へ告訴

憲政会神奈川支部書記、吉野菊四郎（三〇）は去る四日午後二時ごろ南吉田町お三の宮付近で同所鈴木丈太郎のため不逞ものとあやまられ中村町火薬庫内の自警団に引渡されたので吉野の友人、南吉田町四一四　医師岩本常信（つねのぶ）氏が証言に行ったけれどもきかず在郷軍人服の男が突然日本刀で吉野をさし後数人が竹槍で遂に吉野を突き殺し岩本をも殺害せんとしたのを辛くも虎口を脱した吉野の妻子や憲政派の有志は連日さがしていた。二十日に至りはじめて殺害された事実判明したので岩本を証人として二十一日朝検事局に告訴した。

②東京日日新聞地方集刷版（**宮城版**）**一九二三年一〇月九日**

ありとあらゆるものに影響を及ぼした今回の大震災が人心に与えた感動、殊に若き女性に対していかなるショックをもたらしたか。宮城県立第一高等女学校で京浜から避難して来た学生、及び同校の学生で在京中この震災に直接遭遇したものから答案を求めた所、左の二三を得た。ここに転載の分はいずれも摘録した原文である。若き女性の実感を通じての観察がうかがわれる。（記者）

震災に直面して（上）県立第一高女生の感想文

本校一年生　加納敏子

ちょうど其の夜の夜中頃でした。朝鮮人がつけ火をしますから言葉の変な者が来たらたたきころして下さいと青年団の人がいいふれて来ました。私はその夜は一晩おそろしくて眠れませんでした。人々は『世の中は一たいどうなることでしょうね、ただ一刻一刻を生きのびていくばかりですね』などと口々に言っております。私はただおそろしさにうちふるえながら一こくも早く平日にかえるのを祈るばかりでした。

前神奈川高等女学校二年生　沼田壽子

父はいつもの如く会社に務め、家には母と私等妹弟二人と居た。母は書類だけやっと出して表に出た時は近所から発火して火煙はもうもうとして天をおおうっていた。各所から発火した火は皆一しょにもえ広がり、ばたばたと家の倒れる音、人の悲鳴を上げる声を聞きながら私等も小さくなっていた。三人の顔には父の身を案じている優顔が見られた。少さい子は御腹がすいたと云って泣いて居るもいじらしかった。明ければ一面焼野の原になっていた。其の夜も今度は不逞鮮人や社会主義者の為に半鐘は鳴る、ピストルの音は聞こえたりして人々は皆戦々恐々として居た。

③東京日日新聞地方集刷版（福島版）（一九二三年一〇月一〇日）

震災に直面して（下）県立第一高女生の感想文

本校四年生　伊藤信子

従兄と町にローソクを買いに行き二三軒してようよう買い求めたが、パンは何処にもありませんでした。御菓子屋は大部分売切です、これでは食糧ぜめに遇うと思ったので早速家に帰って米屋から玄米を取り寄せたりしました。夕方になっても電灯がつきません。ローソクの光で一晩を過さなければならないと思うとほんとうに頼りなく感じました。自警団の人々はそれぞれ注意に回ってきます。後の一方を除いた三方はまるで火の海です。〔後略〕

前横浜光華女学校一年生　三浦初子

私は自分達だけたすかったのをよろこばないではないけれど、心配なのはお父さんでした。お母さんは悲しそうな顔をしてだまっていられました。およそ四時半か五時頃お父さんの顔を見た時は四人そろってわっと泣出しました。一同が床についたのは十時頃でした。すると巡査が、鮮人が十人か二十人位ずつ組を作ってくるから、ぼうきれをもっていいてくれと言いに来ました。私はねる事が出来ませんでした。私は思わず知らず手をあわせました。其の内、知らず知らず寂しい夢路にたどりついた。

④函館日日新聞（一九二三年一〇月一八日・夕刊）

横浜の大惨虐

避難民や見舞人を惨殺して

死体は川中や火中に投ず

【横浜電話】横浜市に某重大事件発覚し司直の手が動いている。事件の内容に就き探聞する処に依れば九月二、三の両日、昼夜に亘り中村橋派出所付近を中心として根岸刑務所から解放された囚人二十名と同町自警団が××十数名を殺害し同町を通過する避難民、各地から来た見舞人十数名を殺害し種々の金品を奪い取って死体は針金で縛り大岡川に投げ込み或は火焔の中にて焼き捨て犯跡を煙滅せんとしたのである。殊に奇怪なのは某警察署の警官数名が正服正帽の侭で之等掠奪漢に加わり帯剣を突き付けて数名を刺殺したというのである。被害者中には鶴見から見舞に来た二名の外、自治会の鈴木某書記も無残なる死を遂げている。右に就き森岡警察部長は「九月二十日頃そんな噂があったので調査を進めたが警察官が彼等の一味に加わっているという事実は曾てない」と云っているが、若し事実とすれば重大事件である。

⑤名古屋新聞（一九二三年一〇月二〇日）

山ノ手署管内の某重大事件は

四名を斬り殺した横浜本牧町の

自警団の暴行

山手署管内に起れる某重大事件は横浜地方裁判所より二検事の臨場により大体事件の内容判明するに至ったが、同署では目下証拠蒐集に全力を挙げて居るらしい。而して探聞する処によると本牧町柏場付近の自警団員、高木某外十数名は日頃面白からざる感情を有する某々外　名に対し震災後市民を脅かした××襲来の噂に好機を得たりとし九月七、八日頃、夜警に当たり××なりとして日本刀を以て殺害し死体を海付近の山林に埋没したるものらしく、取敢ず前期高木某外二名の直接惨虐行為を行った犯人を本署に引致し厳重なる取調べを行った結果、包み切れず逐一犯行を自白するに至ったもので。猶高木等は此外十数名の日本人を殊更××なりと称し傷害したる事実あり。猶同署で取調べ中で、更に自警団員数十名の検挙を見るらしい。（東京）

⑥河北新報（一九二三年一〇月二一日）
ありとあらゆる惨虐を恣にす
流言蜚語におびえた
横浜付近の住民

流言最初の出所と思われる横浜市は一旦罹災民は火に追われて山々や高台に逃げ込むとモウ其処には鮮人暴行が早くも伝えられ、石川山方面では鮮人が井戸に毒を投じて避難者五名の毒殺を企てたとか、或は根岸方面では婦人に暴行を加えて惨殺したなど、鮮人が残存家屋に片っ端から放火するなど宛ら暴行の現場を見たような流言が流布され、避難民は生きた心地がなかった。その大脅威は避難民中の男子をして極度に反抗心を誘発せしめ、俄に警戒を始め青年団が率先して或は自警団を組織し同夜早くも鮮人を殺せの声が挙げられた。かくて日本刀、竹槍、銃器その他ありとあらゆる凶器を提げ喊声を上げて防御に出動した。一日から四日頃までは市内各所に多数鮮人の惨殺が行われたが、流言の出所を究め得なかったため其の暴挙を見るに至ったもので、僅に残った警察官は鮮人を保護せんとし青年団のため傷害を負わされたものもある。また自衛団は本部の命令だといったのを警察本部と誤聞して却て自衛団と協力した警察官であった程で、殆ど名状すべからざる混乱に陥り、竹槍、日本刀で滅多突きに目、鼻、口に突き立て、殆どなぶり殺し或は叩頭嘆願するものを鉄棒で殴り殺し河中に逃げ込んだものに瓦礫を投じ叩き殺したなど言語に絶した。警察では各署に集めた鮮人七百五十名を華山丸に収容保護を加えた上、中百五十名を朝鮮総督府桜丸で朝鮮に送り、残り二百名は騒擾の静まると共に上陸せしめ、それぞれ労働に従事せしめたが、この騒擾裡に約百四十名の鮮人が殺害されたものと見込まれている。郊外でも神奈川方面では二日朝、流言伝わり、子安自衛団の多くは日本刀を肩に自転車を疾駆し、鮮人一人残らず打殺せとただ今警察から命令が出ましたと態々触れ回った程で、二、三、四の三日間に五十名の惨殺鮮人屍体が鉄道線路付近に遺棄された。その後、鮮人屍体百余を算し或は火中に投ぜられ或は嬲殺された者などあるが、適格には知り得ない。神奈川方面の某会社雑役に従事していた八十名も殆ど一夜にして全滅し眼もあてられぬ惨状を呈した。（東京電話）

⑦静岡民友新聞（一九二三年一〇月二一日）
流言蜚語に惑はされ
朝鮮名士の息閔麟植外鮮人を大虐殺
竹槍や日本刀で目鼻口等を突き刺し嬲殺しにするやら或は鉄砲で射殺

九月一日の震災混乱裡に於いてなされた鮮人一部の暴行は直ちに恐怖心裡より罹災民に増大昂潮して関東一帯に流言せられ通信機関杜絶のため地方警察署の内にも此流言を信じて青年団、在郷軍人団に其防衛方を求めたものもあったとかいう。為めに震災地を中心とし随所に鮮人殺害が行われ東京市と其郊外に亘って殺された鮮人は旧朝鮮名士の息閔麟植（二六）が巣鴨に於て殺されたるを始め、その数数十名に及んで居る。

流言の最初の出所とも思われる横浜市内では大震災の当日、即ち九月一日午後、罹災民は火に追われ、暗黙裡に命辛々市を囲んでいる山や高台に逃げ着いた。其処には鮮人の暴行が早鐘のように伝えられていた。石川山には鮮人が井戸に毒を投じ避難者五名を毒殺せんと企てたとか、或は根岸町付近では婦人に暴行を加えた上、惨殺したとか、残存家屋を片端から放火するなど、宛然暴行の現状を見たような流言に避難民は生きた心地もなく顫え上った。此大脅威は避難民の男子に極度の反抗心を誘致せしめ、俄に殺伐の気が漲り、青年団が率先して或は自警団を組織し、早くも鮮人虐殺の声が揚げられた。竹槍、抜身の日本刀、銃槍其他あらゆる凶器を提げて喊声を揚げつつ走り回った。斯くて一日夜から四日迄に市内各所に多数の鮮人の惨殺が行われたのである。当時は無警察状態の事とて流言の真相を極め得なかった為め、此暴挙を見るに至ったのである。僅に残っていた警察官は鮮人を保護せんとし、自警団の為め傷害を負わせられたものもあり、又自警団員が本部の命令だと云ったのを警察本部と誤聞して誤って自警団に協力した警察官もあって、殆ど名状すべからざる混乱に陥り、竹槍や刀等で滅多切りにした上、目、鼻、口等を突刺しなぶり殺しにし、或は叩頭嘆願するものを鉄砲で射殺し、火災で逃げ込んでいるものを叩き殺した等の蛮行に警察部では各所に集めた鮮人七百五十名を華山丸に収容保護を加えたが、其中百五十名は朝鮮総督府の桜丸で朝鮮に帰らしめ、残り六百名は騒擾の静まると共に上陸せしめ、夫々労働に従事せしめたが、騒擾理に約百四十名の鮮人が殺害されたものと見られて居る。市外では神奈川方面では二日朝から子安の自警団の多くは日本刀を肩にして自転車を疾駆して朝鮮人は残らず打殺せと警察から命令が出ましたとわざわざ生麦方面迄触れ回った程で、これが為め恐怖の町民は奮い起ち、二、三、四の三日間五十余個の惨殺死体が鉄道線路付近に遺棄された。其後惨殺死体は尚お百余名を算し、或は火中に追われ或は海中に放り込まれて適確に知るを得ざるも、神奈川某会社の雑役に従事して居た鮮人八十余名の如きは殆ど一夜の内に全滅し目も当てられざる惨状を呈した。鶴見警察署管内、潮田方面の鮮人二百余名は地震と同時に海嘯襲来の噂に隊を組んで総持寺に避難したので係官は特に注意を払い同夜保護を加えて居た処、二日午前十時頃、鮮人暴行の噂伝わると共に付近住民は武装して鮮人を駆逐するに務め、其の勢い益々悪化したので、警察署では支那人七十名、鮮人三百二十六名、合計三百九十六名を署の楼上に移したが、多数の町民に襲われた鮮人の死体は此方面でも七八を発見せられた。震災当時、川崎方面に居住した鮮人は田島町三百七十、大師町

四十二、川崎町二十五合計四百三十七名で、所轄川崎警察署長の太田清太郎氏は鮮人騒ぎの伝わると共に、之れは何か為にする宣伝か或は不用意の間に流言誤解を求めたに相違ないとの信念を以て、どうしても鮮人を保護してやらなければならぬと、夫れぞれ親方を呼び出し、必ず他出せしめざるよう責任を持たせ保護し、署長は鮮人が毒を入れたかどうか検査して貰いたいと持込んだ清水を、片っ端から飲んで見せて大丈夫だから安心せよと誤解の一掃に務めた程でもある。之れが為に鮮人が多数に居った割合に死傷者の多くを出さなかったが、それでも田島町、野田、塩浜、及び川崎駅前に各一個の死体が遺棄された外、富士瓦斯紡績川崎工場の自警団は二日、倒潰したる箇所の取片付に雇われた鮮人労働者を確め警察の目を忍んで工場に殺到し、逃ぐるを追いまくって遂に二名を惨殺した。其他邦人で寺崎與四郎（六二）は鮮人と見誤られて殺された。（横浜電話）

⑧佐賀新聞（一九二三年一〇月二一日）

正服正帽の警官が
鮮人三名を殺害す
自警団員、之を署長の命と信じ
引続き暴挙に及ぶ

横浜方面の朝鮮人殺害事件で検事局が重大視せるものは、人民保護にある巡査が殺害に加担せることで、之は九月四日午後五時、根岸町自警団に選ばれた朝鮮人三名（内一名は女）が同所立野派出所へ逃げ込み保護を願った処、朝鮮人が持っている風薬を毒薬と思い二人を派出所の電柱に縛り佩剣で惨殺し、戒厳令後の問題を防ぐ為、同夜火葬に付して焼き捨てた。女も同夜二時頃、某所に連れ出し殺害した。之が為、同所自警団員は此の処置を署長の命と誤認し、引き続き暴挙に出た形跡がある。（東京）

⑨東京日日新聞（一九二三年一〇月二一日）

鮮人が井戸に毒を投じたとの誤伝
川崎方面から起る

九月二日午後四時ごろ川崎町富士ガス紡績工場へ臨時に雇われた鮮人人夫、李祥金（三一）、同朴化順（二四）、同江欣生（一九）の三名が工女の惨死体を発掘中、喉がかわいたとて工場正門付近の井戸水を汲みにいったのを、ソバにいた人夫某が発見して『朝鮮人が井戸に毒を投入した』と触れまわったので忽ち三四十名の人夫連がかけ付け、これに表を通り合せた自警団五十余名が加勢して前記三名を追いまわしたあげ句、遂に李、朴両名を殺し、江に瀕死の重傷を負わせ凱歌をあげて解散した。また同夜八時ごろ川崎在田島海岸で同所日本鋼管会社鮮人職工、車泰淑（二三）は付近の土工、佐久間久吉（三一）外十数名のために殺された。なお鶴見神社境内では三日白昼、二名の鮮人土工が百余名の自警団に包囲されて殺され、死体は付近の鶴見川へ投げ込まれた。潮田海岸浅野造船所付近でも三日夜、鮮人人夫一名殺され、生麦及び新子安では二日朝から三日夜にかけて飴売り二名と土工五名の鮮人が殺されて路傍にさらされてあった。

⑩法律新聞（一九二三年一一月三日）

横浜の検挙一段落

横浜地方検事局が県刑事課と協力、連日の大活動で検挙した震災当時の殺人及び強盗事件は十三件に達し、去月二十七日までに全部起訴一段落を遂げ予審に回されたから近く結審の上、公判開廷の運びとなるが、其内重なる事件の犯人は左の通りである。

▲朝鮮人殺害（川崎在田島村小田自警団員が殺害したもの）鶴見町九二六氷商森野廣蔵（三二）　潮田町一八六三時計商横溝善次郎（二八）　鶴見町九二六渡邊彌一方指物商田村勘藏（二四）　同上雇人石崎長次郎（二三）

▲強盗（相澤、山元町方面を巣窟として残存家屋から掠奪したもの）　根岸町猿田一五二八ペンキ職山本德太郎（三七）同一五二九理髪商久保健治（三〇）　同三〇九四ペンキ職富山久俊（二九）　同三一五八山本方沼田末吉（二四）　相澤一五二〇ペンキ職石塚角藏（一九）　根岸町猿田焼場道井徳藏（三九）　同人方坂輪伊之助（二七）　同二九六四坪倉理三郎（二八）　根岸町江吾田二九五九靴商奥田久雄（二七）　同二九四四龜田眞方西兼太郎（二八）

▲強盗（税関倉庫の雑貨を掠奪したもの）根岸三〇一七人夫四方七五三（三八）　同三一三六尾後貫與五郎（三九）　同三一〇九植村照信（二七）

中村町唐沢横浜植木会社を本部として多数の乾兒を武装せしめた山口一派の略奪団　山口憲（三八）外十四名

⑪大阪朝日新聞（一九二三年一一月一九日）

避難鮮人を殺す

横浜戸部署では朝鮮人殺害犯人首領白井善吉（三十一）を逮捕以来、大活動中であったが、十八日午後、程ヶ谷戸塚方面を捜索の結果、金子某外一名を拉致し来り厳重取調べ中で、探聞するところに依れば金子などは前記白井等と共に戸塚方面から避難して来た鮮人金基奈外十数名を片ッ端から殺害したものである。（横浜電話）

⑫東京日日新聞地方集刷版・横浜横須賀版（一九二四年八月二〇日）

憎まれ管理人の旧悪告訴

震災当時の鮮人殺暴露

既報横浜公園内グランド村バラック取壊事件から憤慨した居住民、是永外九十五名は十八日、大挙して所轄加賀町署に押し寄せ、昨秋震災当時における同バラック管理人、松田直

（三二）の鮮人虐殺事件を告訴したので、同署では十九日朝、にわかに狼狽し刑事課に報告、裁判所にも通報、小野警部、石橋司法主任部下数名を従えて殺害当時の現場たる取りこわした二号バラックと便所付近の検証を行い、松田方を厳重家宅捜索した結果、凶行に用いた手斧を発見したので直に松田を本署に引致し取り調べた所、つつみ切れず犯罪の一切を自白した。犯罪が行われたのは昨年九月五日午後六時ごろ、殺害された鮮人は吉浜町一五相田鉄工場自動車運転手であると。

〈※学校関連作文集の出典は以下の通り〉
寿尋常小学校『大震遭難記』（琴秉洞『関東大震災朝鮮人虐殺問題関連資料　朝鮮人虐殺関連児童証言資料』緑陰書房、一九八九年に収録）横浜市中央図書館所蔵
磯子尋常小学校『震災に関する児童の感想』（琴秉洞『関東大震災朝鮮人虐殺問題関連資料　朝鮮人虐殺関連児童証言資料』緑陰書房、一九八九年に収録）横浜市中央図書館所蔵
石川尋常小学校『震災に関する作文』横浜開港資料館所蔵
南吉田第二尋常小学校『震災記念綴方帖』横浜開港資料館所蔵

プロフィール

姜徳相（カン・ドクサン）
編集
(1932～2021)、韓国慶尚南道生まれ。早稲田大学文学部史学科卒業、明治大学大学院東洋史専修博士課程終了。一橋大学教授を経て、滋賀県立大学名誉教授。
主な著作に『関東大震災』（中公新書）、『朝鮮人学徒出陣』（岩波書店）、『呂運亨評伝（全4巻）』（新幹社）、など多数。同評伝3、4巻は韓国独立紀念館第16回学術賞（2020年）受賞。
他に聞き書きによるライフ・ヒストリー『時務の研究者 姜徳相』（三一書房）がある。

山本すみ子（やまもと・すみこ）
編集、解説
1939年、横浜生まれ。小学校教員を務め、その間、横浜市教育委員会の「在日朝鮮人教育の方針」に関わる。
退職後は、隠蔽された横浜の関東大震災における朝鮮人虐殺を明らかにする「関東大震災時の朝鮮人虐殺の事実を知り追悼する神奈川実行委員会」の代表を務めている。

神奈川県 関東大震災 朝鮮人虐殺関係資料

2023年9月1日　第1版第1刷発行
編　　者　姜徳相　山本すみ子
発 行 者　小番 伊佐夫
発 行 所　株式会社 三一書房
〒101-0051 東京都千代田区神田神保町3-1-6
TEL: 03-6268-9714
振替: 00190-3-708251
Mail: info@31shobo.com
URL: https://31shobo.com/
D T P　市川 九丸
装　　丁　Salt Peanuts
印刷製本　中央精版印刷株式会社

ISBN978-4-380-23004-2 C0021
Printed in Japan
定価はカバーに表示しています。
乱丁・落丁本はお取替えいたします。